U0336909

世界巅峰的经济学教室

世界
最高峰の
経済学
教室

[日] 广野彩子——
编著

韩涛 曾睿然——
译

来自著名经济学家的
12 堂课

机械工业出版社
CHINA MACHINE PRESS

本书中文简体字版由 Nikkei Business Publications, Inc. 通过 Bardon
Chinese Creative Agency Limited 授权机械工业出版社在中国大陆地区（不
包括香港、澳门特别行政区及台湾地区）独家出版发行。未经出版者书面
许可，不得以任何方式抄袭、复制或节录本书中的任何部分。

北京市版权局著作权合同登记 图字：01-2024-2563 号。

图书在版编目（CIP）数据

世界巅峰的经济学教室：来自著名经济学家的 12 堂
课 / （日）广野彩子编著；韩涛，曾睿然译 . -- 北京：
机械工业出版社，2024. 8. -- ISBN 978-7-111-76273-7

Ⅰ. F0

中国国家版本馆 CIP 数据核字第 2024DP2002 号

机械工业出版社（北京市百万庄大街 22 号　邮政编码 100037）
策划编辑：顾　煦　　　　　　　　　责任编辑：顾　煦
责任校对：孙明慧　马荣华　景　飞　　责任印制：郜　敏
三河市宏达印刷有限公司印刷
2025 年 1 月第 1 版第 1 次印刷
147mm×210mm・11.875 印张・1 插页・242 千字
标准书号：ISBN 978-7-111-76273-7
定价：80.00 元

电话服务　　　　　　　　　　网络服务
客服电话：010-88361066　　　机 工 官 网：www.cmpbook.com
　　　　　010-88379833　　　机 工 官 博：weibo.com/cmp1952
　　　　　010-68326294　　　金 书 网：www.golden-book.com
封底无防伪标均为盗版　　　机工教育服务网：www.cmpedu.com

前　言

　　经济学究竟有何用处？它的迷人之处又在哪里？当下，我们对它的了解到了何种程度？又有哪些经济研究备受瞩目？作为一名记者，我的脑子里满是这些质朴的问题。事情发生在 2000 年初，当时我刚从一家全国性报社跳槽到出版社成为一名经济杂志记者。

　　在那个年代，虽然互联网尚未普及，社交媒体和智能手机也都未问世，但毕竟已经进入 21 世纪，可在主流媒体上常被提及的经济学家却仍是凯恩斯、弗里德曼、熊彼特等人，偶尔也会有人提及马克思和亚当·斯密。对此，我不禁心生疑惑。这些人虽然都是重量级的经济学家，但他们毕竟是上一个时代的人物了。虽然在日本为人们所熟知的当代外国经济学家有保罗·克鲁格曼、约瑟夫·斯蒂格利茨等人，并且每年都会评选出诺贝尔经济学奖得主，但对于当时既缺乏知识又没有头绪的我来说，似乎只有那些擅长表达、有强烈想法和信念的经济学家才是一流的。

在科学界，每当有新的研究成果问世，它总是能吸引人们的目光，为人们津津乐道，甚至成为各大新闻媒体的头条。而本应为我们生动展现、分析社会生活，近在咫尺的经济学，却似乎永远停留在凝固的时间里了。随着时间的推移，经济环境、政治思想和社会形态都发生了翻天覆地的变化，但为何我们一直在沿用着相同的古典经济学理论呢？这一朴素的疑问令我颇为费解。我感觉一定存在一道厚厚的防火墙，将最新的专业知识与一般大众隔离开来，所以我很渴望探得墙那边的最新动态。现在回想起来，这真是一个不知天高地厚的想法。

不过，作为一名曾经在综合性报社工作过的记者，我对最前沿的讨论总是充满了纯粹的好奇心，而这种好奇心最终战胜了一切。我深信，有一些研究不止于教授知识，更有助于我们理解当今社会。这本书是在摸索中持续进行的，汇总了我近 20 年的采访、探索、编辑和撰写活动，是一部总结性的集大成之作。

本书是在对美国最杰出的 12 位经济学家访谈的基础上撰写而成的。我曾不厌其烦地请教过每一位学者，他们的理论在实践中究竟有何用处？如何运用这些理论去理解当下，特别是如何看待当下社会、政治、经济及商业等领域的一系列问题。

虽然每位学者的研究动机不尽相同，但与他们每一次的邂逅、交往都那么令人刻骨铭心，因为每个人都是独一无二的。通过阅读本书，你将看到那些直到 21 世纪的今天仍备受瞩目的颠覆性的见解是如何被这些经济学家提出的，他们在关心什么，怎样从事研究，以及他们是如何在解决重大社会问题时进行头脑风暴的。

在每一章的访谈部分之前，我专门撰写了关于各位经济学家的概要，特别关注了访谈当时所发生的时事，受访者的兴趣、学术史以及他的人际关系，即记者们通常说的"人物故事"。为了更好地介绍这些经济学家的研究成果和成功背后的故事，对本人的访谈自不必说，我还专门做了大量文献调查，并对相关人士进行了广泛的面对面的访谈以及现场采访。虽然撰写这部分的初衷只是想尽可能地帮助读者理解访谈背后的来龙去脉，但有时其长度甚至和访谈正文的长度不相上下。此外，在访谈中我还穿插了一些提问，并加入了解说。

对于各章中登场的每位经济学家的研究背景、理论概要以及围绕这些理论的各种争论等内容，我专门采访了活跃在日本一线的学者。除了当时的采访录音，在撰写本书时，我还尽可能多地查阅了相关著作、论文等材料，有时也加入了直接从采访者本人那里得到的最新的追加评论。其中有些内容还涉及他们目前正在进行的研究，我在自己理解的范围内尽力总结，分享给大家。对于某些领域可能还存在着视角缺失的问题，那是因为我的能力有限，还望读者多加谅解。不过，幸运的是，在撰写过程中，我得到了很多专业人士的建议以及学者本人的慷慨帮助，在此深表谢忱。

本书的前半部分以"关于人与市场的经济学"为主题，简要介绍了微观经济学最前沿的内容。这一部分涉及人力资本理论、行为经济学、拍卖理论、匹配理论、实证研究以及"生存力"经济学等多个领域。这一部分的访谈对象包括已故的加里·贝克尔先生、理查德·塞勒先生、丹·艾瑞里先生、保罗·米尔格罗姆先生、埃尔文·罗斯先生、约翰·李斯特先生以及詹姆斯·赫克曼先生。

后半部分聚焦于与政策和政治相关的经济学，包括发展经济学、产业政策理论、制度与政治经济学、新资本主义经济学以及金融政策理论。受访者包括阿比吉特·班纳吉先生、达龙·阿西莫格鲁先生、约瑟夫·斯蒂格利茨先生、丹尼·罗德里克先生以及拉古拉迈·拉詹先生。

在受访的这 12 位经济学家中，有 7 位曾获得诺贝尔经济学奖。不过，保罗·米尔格罗姆先生和理查德·塞勒先生在最初接受采访时尚未获奖。

我曾任职于日本朝日新闻社[⊖]，后来转至日经 BP[⊖]的《日经商业周刊》编辑部当编辑。在着手撰写本书时，我的记者生涯已经度过了整整 30 年。大学时期，我在早稻田大学政治经济学部学习，接触了经济学的一些皮毛。进入出版行业后，因为要负责破产企业重组的相关报道，我开始对经济政策与

⊖ 《朝日新闻》是日本三大综合性日文对开报纸之一。1879 年 1 月在大阪创刊。——译者注

⊖ 日经 BP 社成立于 1969 年 4 月，隶属于以发布经济信息为主的世界最大的综合信息机构日本经济新闻集团，是日本规模最大的出版社。——译者注

理论的关系产生兴趣。于是，2003 年我前往美国普林斯顿大学攻读公共政策硕士学位，集中学习了宏观经济分析、计量分析、金融和应用微观经济学等领域的知识。虽然我没能够成为学术专家，但我在那里接受了专业的学术训练，掌握了通过学术来理解现实所需的必要的知识（虽然并非全部）。此外，在普林斯顿大学，我还结识了很多日本经济学家并和他们成为知己，如当时在那里进修经济学博士的安田洋祐先生（大阪大学）、阵内了先生（一桥大学）、中岛大辅先生（小樽商科大学）等。结束硕士课程后，作为一名记者和编辑，我对经济学的前沿发展一直保持着浓厚的兴趣，并一直从事着相关的访谈工作。

从 2019 年左右开始，我在《日经商业周刊》杂志上连载了采访海外知名的管理学者和商业大家的系列文章。我的上一本书《世界巅峰的管理学教室》就是基于这些文章编写而成的。我在管理学领域的工作始于 2012 年，起因是当时刊载了早稻田大学商学院的入山章荣教授、庆应义塾大学的琴坂将广副教授以及加利福尼亚大学圣迭戈分校的乌尔里克·谢德教授等人的文章，但与经济学相比，我在管理学方面的积累还是十分浅薄。尽管我的管理学书籍先行出版，但投入更多心血的作品还是试图抓住经济学最新潮流的这本书。

在担任专栏编辑期间，我主要负责免费注册即可阅读的《日经商业在线》（当时的大多内容现在已无法浏览了，现在是日经 BP 网络版）的编辑工作。为了最大限度地贯彻媒体自由的编辑方针，我负责企划和编辑了专栏"新锐的观点"（后更名为"新锐的经济观点"），邀请活跃于日本国内外的青年经济学者投稿，并连载了关于经济学最新研究的相关文章。经常因投稿、采访等事宜和我保持交流、往来的经济学家，具体的人数虽未确切统计过，但至少在 200 人。

　　或许是多年的付出得到了上天的眷顾，在 2020 年 10 月 10 日和 11 日举办的日本经济学大会上，我有幸获得几位学界大家的邀请，在大会上参与了专题讨论。就经济学该如何在经济杂志上发出自己的声音等问题，我同大阪大学经济学部教授（当时是副教授）安田洋祐先生、NHK 教育节目首席制作人吉村慧美女士（监制过 NHK 教育频道的经济学节目 oikonomia⊖）、日本评论社"the Keizai Seminar"的总编辑尾崎大辅先生等一起进行了讨论。这次讨论的记录被收录在日本经济学会唯一的会刊《现代经济学潮流 2021》（东洋经济新报社）上，感兴趣的读者也可以找来读一读。

　　自 2021 年 7 月起，我在日本经济产业省下属的政策智库机构——独立行政法人经济产业研究所担任了一年的社论评论员。其间，我了解到经济学家在作为政府非长勤研究员时的情况，他们在做什么样的研究，他们是如何参与项目、如何进行讨论的，也了解到他们是如何与以经济产业省为核心的经济政策制定机构进行讨论和交换意见的。我有幸参与了他们的讨论，从一名观察员的角度向他们提出了各种问题，并就一些独特的研究成果专门请他们赐稿，刊登在《日经商

　　⊖　该词是"经济"一词的希腊语，原意是"家务管理"。——译者注

业周刊》的纸质版和电子版上。

由于任期期间正值新冠疫情肆虐，大阪大学传染病综合教育研究中心的大竹文雄特聘教授（行为经济学家）等人发起了名为"循证决策在日本的实施情况"的研究项目[1]。项目内容之一——以"助推理论"（nudge theory）提高疫苗接种率的讨论论文©给我留下了深刻印象。我在采访大竹教授的同时从他那里学到了很多。在本书的第二章中会提到"助推理论"。理查德·塞勒因普及"助推理论"而获得了诺贝尔经济学奖。正是在对他进行采访后，我对经济学理论与实践的联系产生了更加浓厚的兴趣。

本书超越所属媒体范畴的外延，作为把握现代经济学各个领域发展历程、"过去、现在、未来"以及研究者的信念和为人处世的资料，相信在某种程度上会对你有所帮助。

在访谈前的概要部分中出现的一些知识和讨论对于经济学家而言可能已经是老生常谈了，但为了让非专业人士可以通过阅读这些内容来了解和关注经济社会的动向，激发他们的学习兴趣，我还是将最前沿的讨论和引人入胜的知识收入其中。无论是日常生活中的难题，还是社会发展的瓶颈问题，相信读者一定能在其中找到解决问题的线索。

在这个意义上，我希望对经济学感兴趣的上班族、学生、研究人员，以及那些日复一日为改善社会而努力的所有人，

㊀ 讨论论文是由政府首席信息官等专家整理的内容，通过整理议题，收集意见和市场动向信息，激发公开且活跃的讨论，最终旨在提高讨论水平。——译者注

都能够将本书作为思考的素材，认真阅读，因为本书的讲述者都是世界知名的一流经济学家。

在此我想提前说明的是，对于像加里·贝克尔教授一样已经离世的学者，由于已经无法重新做深入的访谈，我较多地参考并引用了诺贝尔基金会官方网站（英语）上的公开信息。此外，在参阅超长的公开论文时，我还借助了翻译软件，以便在短时间内掌握这些论文的整体结构和要点。因此，我深感现在真是一个好时代。其他访谈内容以及未找到官方翻译的英语文献、书籍等的翻译则均由我本人完成。

虽然我只是一名记者，并非经济领域的专业人士，但我相信正因为有涉足多个领域的经验，在访谈和撰写时我更能看到常人看不到的有趣之处，了解研究背景和前因后果，有时甚至还要深入研究人员之间人际关系的微妙之处。当偶然间发现完全不知道的那个人的独特之处时，它所带来的惊喜是无可比拟的，令人着迷。我坚信，以第三方的身份传递这种"有趣"，是新闻媒体人的一个重要使命。

各章之间存在许多内在联系，但如果你有感兴趣的章节或者经济学家，请不必拘泥于顺序，从自己感兴趣的地方开始阅读即可。因为一本书无法穷尽所有的领域，满足所有读者多样化的需求。此外，本书的内容是在受访者同意的基础上共同完成的。当然，这中间也有一些人由于种种原因未能谋面，或者在这次重刊中郑重地表示谢绝。如果在阅读了本书后发现对一些理论和研究十分感兴趣，建议你可以自己再深入挖掘。本书的目的是为读者介绍今后或许会影响社会变革的经济学发展趋势，如果本书能够帮助到你的话，对我来说将是莫大的荣幸。关于现在和未来，世界顶尖的经济学家们都在考虑哪些问题？经济学究竟有何用处？我们将会走向何方？对于以上这些问题，我相信在阅读完本书之后，你或许就能找到答案。

注　释

1. 加藤大贵、佐佐木周作、大竹文雄，《探索促进风疹抗体检测和疫苗接种的"助推信息"的效果验证：基于全国规模的在线实地试验》，2022 年 3 月，独立行政法人经济产业研究所（RIETI）官方网站。

目 录

第二章　理查德·塞勒
行为经济学——"毕竟我们不是完人"

第四章　**保罗·米尔格罗姆**
商场上的经济学

第五章　**埃尔文·罗斯**
市场设计把"人尽其用"变为可能

第六章　约翰·李斯特
将想法"规模化"的经济学

第七章　詹姆斯·赫克曼

五岁以前的习惯和环境培养了一个人的"生存力"

第八章 阿比吉特·班纳吉
增长战略中没有证据可言

第九章　达龙·阿西莫格鲁
用数据更新政治经济学

第十章　约瑟夫·斯蒂格利茨
老龄化带来的附加价值

第十一章　丹尼·罗德里克
新的全球化、新的产业政策

第一章

加里·贝克尔
老龄化社会的"人力资本理论"

人物简介

◎美国芝加哥大学教授加里·贝克尔

1930 年出生于美国的宾夕法尼亚州，父亲是一位从事个体经营的加拿大移民，母亲来自东欧，父母完成 8 年级学业便各自辍学。加里·贝克尔毕业于美国普林斯顿大学数学系，1955 年获得芝加哥大学经济学博士学位，是美国哥伦比亚大学教授，1970 年成为芝加哥大学教授。1992 年，加里·贝克尔因在教育、犯罪等非市场领域中运用微观经济学对人类行为及其相互作用进行分析，获得诺贝尔经济学奖。2014 年逝世，享年 83 岁。

用经济学分析教育和犯罪的加里·贝克尔

"人力资本理论"的创立者

本书首先要介绍的是美国芝加哥大学的诺贝尔经济学奖得主加里·贝克尔教授以及他的"人力资本理论"。

贝克尔因将微观经济学理论应用于市场经济活动以外的人类行为及其相互作用的研究而闻名遐迩。除获得1992年诺贝尔经济学奖外[1]，他还荣获过诸多殊荣，是一位不折不扣的世界顶尖的经济学家。

将人才视为经济增长所需的"人力资本"（human capital）是贝克尔教授提出的创新思想之一。他将"人"也视为一种"资本"，通过对专业或一般性教育的"投资"，在理论和实证层面上深入分析了这对经济增长和人口结构可能产生的各种影响。

他将教育与股票类比，视其为一种可期待回报的"投资"，把受教育者和未受教育者的工资差异视为收益。他认为，能够获取更高的学历从而取得更高的教育投资回报率是教育投资的主要动机。通过提高人力资源的生产能力，可以实现更高的回报，是贝克尔等人的研究所证实的。他的研究使企业和政府看到了对"人力资源"进行投资的重要性。

除了研究"人力资源"，贝克尔教授还运用经济学的分析方法研究教育、犯罪与刑罚、婚姻、离婚、劳动力市场中的歧视等领域的问题。他在种族歧视问题上证明了不仅被歧视者会受到伤害，歧视者也会受到不利影响。换句话说，他是一位将过去主要在社会学领域进行分析的问题，在经济学中进行理论验证的研究者。

从听弗里德曼的讲座到成为一名经济学家

贝克尔在美国普林斯顿大学读本科时主修数学，但逐渐对经济学产生兴趣。不过，大三时，他曾认为"经济学并未触及重要的社会问题"，甚至一度考虑过是否要转向社会学。但最终他还是选择在芝加哥大学攻读经济学硕士学位。

1951 年，贝克尔听了后来的诺贝尔经济学奖获得者弗里德曼教授的微观经济学课程。以此为契机，他下定决心要更加深入地研究经济学。弗里德曼教授强调经济理论不是聪明者进行游戏的玩具，而是分析现实的有力工具，这一点深深地打动了贝克尔。

芝加哥大学经济系的研讨课以激烈的观点对撞著称。上台报告的人往往会被台下的听众批评得体无完肤。贝克尔也不例外。在弗里德曼教授的严厉指导下，他不断地锐意进取，习得了通过坚持自己的主张进而引发众人讨论的技能。

1957 年，他与弗里德曼教授共同发表了一篇论文。基于该论文以及后来的博士论文，贝克尔完成了他的著作。书中运用经济学理论对少数群体的收入、就业和职业中存在的歧视、偏见等问题展开了深入分析[2]。从那时起，他便坚定了自己的信念，即一定要用理论来分析实际的问题。

这在当时被认为是非常激进的研究，因而遭到了其他经济学家和心理学家的敌意对抗和恶意抹杀，在很长一段时间内未能受到关注。然而，以弗里德曼教授为首的芝加哥大学的经济学大家们却发现了其观点的重要性，并对贝克尔给予了极大的支持。

他的著作《人力资本理论：关于教育的理论和实证分析》开创了一个新纪元，这是他离开芝加哥大学，加入哥伦比亚大学和全美经济研究所后参与项目的成果。然而，1968 年哥伦比亚大学爆发了大规模学生示威抗议活动，以反对该校的"地域种族歧视政策和支持越战"的行为。于是，1970 年，贝克尔回到了芝加哥大学。

在提出人力资本理论后，贝克尔主要致力于与家庭有关的研究，包括结婚、离婚以及家庭成员间的利他行为等。1981 年，他将一系列论文结集出版，即著名的《家庭论》。此后，他继续深入探讨家庭结构的变化对社会差距和经济增长的影响。

在获得诺贝尔经济学奖后，贝克尔仍积极参与研究活动并热心于指导后辈。在获得诺贝尔经济学奖 15 年后的 2007 年，他又获得了美国总统颁发的"自由勋章"（The Medal of Freedom），这是继弗里德曼以来第二次有经济学者获此殊荣。这也证明了他已经成为经济学领域最杰出的研究者。

实际上，贝克尔是弗里德曼的忠实学生。每当在公众场合提到弗里德曼，他总是会加上"我的老师"（my teacher）这一称呼。[3]

其实，人力资本理论的现代构成也是由他的导师弗里德曼和西蒙·库兹涅茨开创的。两人计算了特定类型职业培训的回报率，并介绍了职业技能的重要性，还引入了一般人力资本和特殊人力资本的概念。然而，这些观点大多是基于隐性知识的思考和经验法则。在贝克尔接手后，他整理了与人力资本相关的各种文献，并用简明的理论框架将它们整合在一起。[4]

桃李满天下的良师、左右政策的智囊

贝克尔始终怀着对导师的景仰之情，并通过培养众多后继者树立了自己的声望。如畅销书《魔鬼经济学》的作者史蒂芬·列维特和本书第六章登场的约翰·李斯特等世界知名经济学家，都是在贝克尔的指导下取得了斐然成就。

列维特曾说过："他因为能洞见真相而为人们所敬畏。但贝克尔的内心深处却满怀着人间大爱。"[5] 贝克尔的理论对政策产生了广泛而深远的影响。如今，我们在各类媒体中经常听到的"教育投资"这个词，早已成为一种司空见惯的表达。然而，正如前文所言，当这一思想在 20 世纪 60 年代初首次被提出时却引来不少非议。因为在当时将人视为资产，就是将人当作奴隶，被解读为以金钱衡量一切的观念让许多人产生了抵触心理。

因此，直到 1993 年左右，美国才开始普遍接受"对人力资本的投资"这一说法。之后，在布什总统和克林顿总统的竞选活动中也开始频繁使用"对人力资本的投资"（investing in human capital）这一表述。对此，贝克尔曾在自己的著作中感慨："如果放在十几年前的话，我根本无法想象能在总统选举中听到这一专业术语。"[6]

急速受到瞩目的"人力资本理论"

虽然"人力资本理论"十分与众不同且贴近人们的生活，但直到 2022 年前后，这一理论才在日本受到关注。这离贝克尔获得诺贝尔经济学奖已经过去了相当长的一段时间。在此之前，为何这一理论未能在日本受到广泛关注呢？

有一种可能是因为在当时的日本，以已故的宇泽弘文先生为首的日本经济学领域最具影响力的日本经济学家，对以"新自由主义"为代表的芝加哥学派，特别是弗里德曼持有高度批判态度的缘故，认为其理论"不切实际""反社会"。这也难怪，毕竟这一理论即便在美国也曾因为过于新颖而被人们排斥。

曾在美国芝加哥大学贝克尔门下学习，现任日本庆应义塾大学经济学部教授的赤林英夫先生回忆道："当时（日本的经济学者）的论调是如此严苛，以至于我很担心自己去芝加哥大学求学后，将来能否在日本（的大学）找到教职。"即使放眼世界，像已故的保罗·萨缪尔森先生等不少经济学家也对贝克尔提出的理论进行过批评。然而，贝克尔的目的却是故意要引起大家的争论，然后再通过一一反驳将讨论引向深处，这正是他在芝加哥大学练就的看家本领。在当时的美国，几乎所有顶尖的经济学家都卷入了与贝克尔的讨论。

赤林先生介绍说："借用劳伦斯·萨默斯[⊖]的话，贝克尔就是一位试图用经济学解释一切社会现象的'经济学帝国主义'

　⊖　美国经济学家，曾任美国财政部长、哈佛大学校长、美国国家经济委员会主任。——译者注

的'皇帝'。因此，有时其他领域的研究者批评他的研究将所有行为解释为基于金钱动机的合理决策。"[7]

然而，之所以将动机转化为金钱是因为这样的论述更容易引发讨论，更易于理解。近年来，对幸福度的测量等问题引起了人们的高度关注，贝克尔的观点也在专业领域得到了认可。贝克尔从学生时代开始便对社会学领域情有独钟，从他的研究经历中不难看出，贝克尔并不仅仅是关注"金钱动机"。只是在当时，这种思想还很难为人们所理解。

关于这一点，我们还可以在他的其他研究中找到证据。比如，贝克尔曾扩展了经济学中"合理性"的定义，将"对他人的关心 = 利他心"引入合理行为的模型中。家庭成员间的利他心研究就是其中之一。"在贝克尔的模型中，父母的效用函数（通过消费量和价格的关系来表示消费者的满意度）中嵌入了子女的效用函数。也就是说，如果孩子快乐，父母也会快乐。从这一原则出发，利他心也并非非理性的行为。"[8]

的确，像贝克尔这样关注"人类合理性"的研究为我们了解行为经济学的进展奠定了基础。比如，对捐赠动机的研究后来成为行为经济学的重要研究议题。

经济学普及的推动者

贝克尔还不遗余力地投入向普通读者普及经济学的活动。从 1985 年到 2004 年，他在美国商业杂志《商业周刊》（现为《彭博商业周刊》）上，每月与普林斯顿大学的艾伦·布林德教授轮流发表专栏文章，对美国的舆论和社会政策都产生了深远的影响。

从 2004 年开始，他与经济法学家理查德·波斯纳先生一起创建了著名的"贝克尔－波斯纳博客"。从美国政治到社会差距，再到好莱坞等，他对这些话题以独特的视角进行了深入思考，并持续积极地发表言论。这些内容在日本被翻译成《贝克尔教授、波斯纳法官的博客经济学》（东洋经济新报社）一书出版。此外，他的教材《经济理论——芝加哥方法解读人类行为》（宫泽健一、清水启典译，东洋经济新报社）也于 1976 年在日本出版。

贝克尔于 2014 年去世，享年 83 岁。

作为新领域的开创者，贝克尔培养和指导了许多研究者。在本次采访中，我也与他直接交流了有关领导力培养与日本的未来等问题。这次采访于 2008 年发表在实验性的媒体《日经商业管理》杂志上，被列为"贤者的警钟"系列之一。[9]

贝克尔提到，对于培养领导者，需要培养他们独立自主的思考能力，在身边树立良好的榜样，建立能够跨越上下级关系来进行讨论的良好氛围。他还强调，完善的职业培训体系和移民政策将为人口减少的日本带来更多的经济增长机会。

虽然这次访谈是在 2008 年 7 月 29 日进行的，但贝克尔在当时已经敏锐地洞察到了当今日本社会正在直面和讨论的问题，并从他独特的视角提出了解决当前问题的途径。老龄化社会的现状尽管相较于那时已大不相同，他的看法或许仍能成为我们理解当代社会的重要参考。

孕育出"激励经济学"的自负与领导力

作为领导者应具有接受重要批评的态度

　　曾在芝加哥大学任教的贝克尔先生，生前喜欢在波士顿郊外的科德角的别墅中度过夏天。我有幸获准能够直接对贝克尔先生进行采访。于是，我搭乘一架螺旋桨飞机从波士顿飞抵科德角，先是利用空余时间坐上观光巴士参观了当地的历史遗迹，之后乘坐出租车前往贝克尔教授位于山腰的别墅。他那座白色的别墅洒满了落日余晖，餐桌上摆放着几份美国经济报纸《华尔街日报》。在家人陪伴下，贝克尔先生轻松愉快地开始了同我的谈话。我先请教了他有关领导力培养的方法。

　　　　"培育自身的领导力需要观察卓越的领导者，以他们为榜样。在商学院，我认为他们的领导力培育方法并非那么有效，或者更确切地说，仅仅通过教学是远远不够的。

> "首先，领导者应该让自己习惯从别人那里接受面对面的批评。无论对方的年龄或地位如何，都应该平等地进行意见交流。通过这种方式，我们才能获得'超越固有思维的能力'（think outside the box）。
>
> "你的'盒子'中充满了以前的做事方式和经验。通过接受别人的批评，我们能够从全新的角度来思考问题。与思维方式不同的人进行交流，是培养具有创造性领导力的关键。"

贝克尔先生所强调的"接受批评的态度"也是他所在的芝加哥大学的一个传统。这一点是我想在这里特别指出的。在第二章中出现的同样任教于芝加哥大学商学院的理查德·塞勒教授，也是在理解、吸收贝克尔教授思想本质的基础之上才提出自己独到的见解的。

> "我所在的芝加哥大学，在尊重言论自由方面是一所具有领导力的学府。在这一点上，它被认为是最杰出的大学之一。因无法忍受他人言论而生气的人，可能不适合来我们这所学校任教。当然，我们不允许种族歧视或侮辱性言论出现。但是，如果有人认为我的某个政策观点是错误的，他应该有权自由表达。你也可以向我提出不同意见。"（详见第二章。）

在芝加哥大学，贝克尔先生自己就是一位卓越的领导者，成为同事和后辈研究者们的榜样。

> "在经济学领域，数学的方法和技能确实可以在大学期间学到。然而，要进行更加深入的研究，身边有优秀的研究者相伴这一点是至关重要的。你可以通过观察优秀研究者的日常活动来学习他们的方式方法。同样的原理也适用于领导力的培养。在优秀领导者身边学习是最为有效的方式。"

培养思考能力的教育对于经济发展的重要性

实际上，贝克尔先生的门下有很多日本弟子，他也曾访问过日本的大学，还举办过讲座。他对日本社会的了解、对日本社会问题的关切以及对这个国家的情感之深都超出了我的意料。正因如此，贝克尔先生对日本的评价显得尤为鞭辟入里。

> "我曾在日本的大学进行过为期六周的讲座。日本的初等教育在世界上受到高度评价，但高等教育，包括大学和研究生教育，并不能说是被充分认可的。日本的中学和高中的实力的确都非常强大，但到了大学阶段，虽然确实也有一些非常出色的大学，但整体上还达不到称得上是'大学'的水准。我认为这是由两个日本传统所导致的。
>
> "首先，日本的大学生不像美国的大学生那样刻苦努力。虽然他们也会为了进入一所好的大学而努力学习，但一旦进入大学，学习的动力就会减弱。这是需要改变的。

　　"其次，日本的教育不注重培养学生的自主创新能力。他们很少让老师与学生进行意见的交锋，也不鼓励进行批判。而美国的学生则完全不同，他们总是喜欢向老师发难。有时，甚至连我都觉得做得可能有些过头了。

　　"有了批评，老师就会做出反应。好的老师会接受批评，如果有错误，会承认错误，并修正自己的观点。这种互动是必要的。在保持礼貌的前提下，年轻人应该大胆批评自己认为错误的观点。"

　　这是贝克尔先生2008年接受采访时的观点，相较于他来日授课时，我相信现今的大学生应是更加用功学习了。然而，令人遗憾的是，"对权威的批判"似乎还没有达到贝克尔先生所期待的高度。

　　"根据我的经验，迄今为止，在芝加哥大学遇到过的许多日本学生似乎并未在日本接受过相关的培养独立思考能力的训练。当然，这只是一个有没有接受过训练的问题。随着时间的推移，他们也可能会慢慢掌握窍门，逐渐适应，获得独立思考的能力。然而，至少在刚刚入学时，他们对应该如何做似乎是一头雾水。

　　"即使是非常出色的日本学生，似乎也需要一些时间来理解真正的自主思考是什么。换句话说，这不是一个优劣的问题，只是日本学生缺乏这方面的经验。一旦适应了，他们肯定能够做得很好。

　　"培养思考能力的素质教育在经济增长中至关重要。

这不仅得到了许多研究的支持，而且相关研究还证明了教育是经济增长中的一个重要因素。在当今这个新技术不断涌现的世界，受过教育的人更能灵活地运用新技术。

"创造新技术的人也是受过教育的人。而且，受过教育的人更容易适应新环境。他们更富有灵活性。"

日本经验为理论形成提供了启示

这是贝克尔先生提出的"人力资本理论"的基本概念。事实上，贝克尔先生很早就对日本经济的迅猛增长产生了极大兴趣，在构建人力资本理论时，他也从日本的发展中获得了许多启发。阐述人力资本理论的著作《人力资本》的第一、第二版被译成日文《人力资本论：关于教育的理论和实证分析》（佐野阳子译，日本东洋经济新报社）出版。在这本书的序言部分，贝克尔先生向日本读者这样写道：

"日本能够成为本书所提出的各种原理的完美实验场，这一点让我感到格外高兴。日本虽然没有铁矿石，但其钢铁产量却是世界第三，汽车产量位居世界第二；虽然没有油田，却是世界第三大石油消费国；尽管缺乏铜、银、金、煤矿，但在工业产出上却排名世界第二。虽然这个国家国土面积狭小（与加利福尼亚州差不多），且多山，就业人口中仅有 12% 的人从事农业，却能养活一亿多的庞大人口。

"从日本，也包括中国香港、新加坡、荷兰、以色列等国家和地区的情况来看，我们还能否继续相信自然资源对经济发展起至关重要的作用呢？我们是否还能够继续忽视日本、荷兰这样文化和地理相异的国家所拥有的共同基础资源——高技能、高素质的人口呢？本书所希望传递的核心思想是，无论是个人还是国家，只要有积极的意愿，愿意对教育、职业培训、公众健康等人力资本领域进行投资的话，在不搞乱经济体制的前提下，都能够实现最终的成功。"[10]

随着老龄化加剧，对人的投资变得越发重要

在采访中，贝克尔先生还对早已被预测的日本少子老龄化和人口减少进行了深入的洞察。

"在日本，人口的减少是一个对经济造成深远影响的严重问题。由于日本目前出生率极低，若不及时采取措施，未来30年内日本的人口将会急剧下降。许多创新都是由年轻人实现的。不管是对日本而言，还是对其他国家来说，年轻人口的减少都是一项巨大的挑战。当然，这一挑战对于日本而言尤为棘手。因此，企业在制订规划时需要从以下两个方面的因素入手。

"首先，是否有必要考虑将引入外国人或移民作为补充劳动力的一种途径。移民问题不仅是一个古老的难题，也是一个新的挑战。我了解到在日本，对此存在很多反对意见。在欧洲，移民也是一大问题。比如德国，尽管

它曾经对移民持保守态度，但现在也成功地吸纳了大量移民。

"德国和日本一样，曾经是一个对移民持怀疑态度的社会。然而，二战后，德国开始接纳移民。虽然一开始德国人可能有些抵触，甚至现在或许仍有些不满，但无论如何，他们事实上已经接纳了许多来自波兰、土耳其的移民。这些移民都为德国经济做出了巨大贡献。

"我们应在移民问题上权衡利弊，找到社会的平衡点。如果日本政府认真考虑接纳移民，德国可能会是一个很好的榜样。"

在日本，关于移民问题的讨论过去一直是一个争论不休的话题。然而，随着劳动力短缺的现实不断加剧，事实上，日本已经实质性地接纳了大量来自海外的劳动者，这有点儿类似于"移民"的情况。我们应该珍视这些特意选择来到日本谋生的移民，将他们看作宝贵的人力资本。

接纳海外劳动力并不是一件容易的事。德国曾因移民问题引发了激烈的社会动荡，令人记忆犹新。用贝克尔先生的话说，这是"虽然心里不愿，但最终还是接受了"的结果。且与此同时，德国也确实从中获益匪浅。因此，移民是一个不容忽视的复杂话题。

然而，与移民相比，最近日本正在努力的方向似乎更偏向于重新培训老年人上岗就业。而且相对于移民来说，公众对政府这一努力的反感似乎较少，更容易接受。或许我们也可以听听贝克尔先生的看法。

> "另一个问题是，在确定员工年满 60 岁以后仍会选择继续工作的前提之下，公司必须对他们进行'投资'。通过对年长员工的再培训，激发他们的创新潜力。我们需要建立一种机制，让员工能够一直工作到 70 岁，而不是在 60 岁就退休。在身心健康的基础上，长时间工作已经不再是件罕见事。与过去相比，现代的老年人在进行创新性工作方面具有很高的能力。"

根据贝克尔先生的理论，人力资本也存在"减耗"的现象。这种减耗程度可以用数值进行量化，并且这已成为目前研究的焦点。那么，对那些长时间未更新知识和技能、人力资本明显减耗且已经落后于时代的老年劳动者，重新进行投资以积累新的资本是不是一个划算的选择呢？

> "的确，随着年龄增长，'人力资本的折旧'也是不可避免的。换句话说，随着年龄增大，生产力的下降是很现实的。对于这一点，以科学的、前沿的方式对老员工进行再培训可能是一种解决之道。比如说，可以对年长员工进行前沿技术的分享、培训。
>
> "例如，可以让他们学习使用互联网、计算机等新技术。对于老年人而言，系统的培训计划是必要的。
>
> "许多年长者渴望接受再培训，他们也希望能够掌握最新的技能。未来，通用的职业培训和企业培训可能会

更加普遍，我们也期待那一天的到来。

"从成本效益的角度来看，老年员工可能会成为裁员的对象。但是，由于近年雇用年轻人变得更加困难，企业也开始考虑保留年长员工，因为这样的做法更具成本效益。的确，年轻劳动者的人工成本较低，但同时，生产力水平也较低。通过对年长员工进行培训，随着其生产力水平的进一步提高，向其支付更高的人工成本也是划算的。

"有一句俗语说，年纪大了脑袋就僵化了。的确，随着年龄增长，人们对变化的适应可能变得更加困难，但学习的大门永远敞开。我个人也是如此，学习使用互联网是在相当年长之后的事情了。15 年前（1993 年）我开始学习，到现在已经离不开互联网了。"

2018 年，世界经济论坛（WEF）提出了"再培训革命"。为了适应接下来的数字时代，对人才进行再培训成为人力资本理论的精髓，这一点充分体现在了贝克尔先生的回答中。实际上，贝克尔先生在 1976 年的《人力资本》日文版中就表达了以下观点。

"从最终收入层面来看，无论是早先的学校教育，还是后来的职场培训，其效果差异不大。以上都可以看作在对人力资本进行投资。此类培训行为都对被培训者的最终收入产生了相似的影响。人力资本的总投资额及其投资回报率是可以基于某些适当的假设来进行估算的。"[11]

　　贝克尔先生之所以早早就有这样的想法，是因为他敏锐地感受到世界的变化速度正在不断加快，并且他还亲身经历了这一变革的过程。

　　　　"世界一直在不断地变化，每个人都应该时刻记住，我们要孜孜不倦地学习新事物。人力资本不仅仅是成本，更是一种收益。如果劳动者的生产力水平提高，就应该获得更高的工资。这样一来，劳动者的生产力水平与积极性将会进一步提高，企业也将获得更多的利润。因此，建立灵活的薪酬制度十分必要。"

对日本的建议

如今的日本需要的是灵活的激励措施

　　近年来，VUCA（即易变性、不确定性、复杂性、模糊性）在商业领域逐渐成为一个热门词。在社会极具变化、充满不确定性的背景下，我们不得不面对前所未有的经济挑战。现今看来，这一点似乎比贝克尔先生接受采访的那个时期更为显著。美国 OpenAI 发布的生成式人工智能（AI）ChatGPT 引起了社会的热议。AI 的不断发展正在根本性地改变人类工作的性质，因此，如何做出有效的人力资本投资决策似乎也将深刻影响人类的未来。

　　此外，贝克尔先生还就日本另一个重要的社会问题——少子化，提出了一些宝贵的见解。

　　"对于人口减少的问题，其实有很多种解决方法。例如，可以向家庭提供更丰厚的补助金，鼓励他们生育孩子。想通过这个方法根本性地改变出生率低下的现状虽然是不切实际的，但在一定程度上，能够鼓励个别家庭生育更多的孩子。

　　"在我看来，经济学是研究人们对激励（动机）做出反应的学科。为了鼓励人们生育更多的孩子，或是鼓励老年人学习新技能、尝试新事物，我们必须向他们证明这样做是有益的。"

　　激励经济学关注的是对个体的引导。通过对对象的激励与利益展示，它探讨了如何促使理想决策的实现。但有时，即使给予了对象激励，其最终的决策仍然可能不尽如人意。要解释这种现象，需要等待融入了心理学知识的行为经济学的发展。

　　"如今，我们生活在'知识经济'（knowledge economy）的时代。高等教育不仅传授知识，还教导我们如何更有效地获取新知。相比未受过教育的人来说，接受过教育的人更加了解如何充分地利用互联网。

　　"假如你自己患有某种疾病，接受过教育的人就知道提前在搜索引擎上进行检索学习。如此，他们就能在下次就医时向医生提出更有针对性的问题。"

　　贝克尔先生将其称为"知识经济"而非"信息经济"，其中蕴涵着深刻的内涵。教育的本质并非仅仅将信息片段化地授予人，更为关键的是要教导人们如何筛选信息，并将其与其他知识相融合，逐渐发展成为实用且具体的知识。这才是教育的关键所在。

> "接受与自己想法不同的人的批评，即便对方比自己年轻；开放对移民的接纳；通过激励性政策来提高生育率，激发老年人对学习新技能的热情，提高他们的适应能力。这正是当下日本所需要的。"

如果日本维持现在的生育政策，可以确定的是，日本社会少子化的趋势将会继续加剧，在未来数十年内将不会有改善。然而，就像我之前说过的那样，对老年群体进行再培训，或可带来巨大的发展潜力，从这一点来说，日本社会还有希望。

> "在第二次世界大战后，日本从一无所有成长为世界上最富裕的国家之一。我相信，在日本这样一个行动力极强的国家，推行上述计划（提高生育率，对老年人群再培训）是绝对可能的。日本应该善于发挥自身的长处，如国家协调性强、国民努力勤奋等。在灵活运用自身长处的同时引入新事物，实际上这才是最具挑战性的。
>
> "除此以外，在与中国、印度等众多国家的竞争中，还必须具备灵活性。我认为缺乏灵活性可能也是当前日本面临的问题。"

在日本这样一个倾向于单一文化的国家，实现多样性的呼声已经存在了很长时间。我们需要具备理解和聆听各种观点的灵活性，而不是排斥并将不同意见视为异端。为了培养这种心态，在组织教育时，需要有意识地建立能够自由进行讨论的机制和环境。

贝克尔理论追随者眼中的贝克尔

同我一起共事过的专家学者当中，有两位是贝克尔先生的弟子，他们分别是前文提到的庆应义塾大学经济学部的赤林英夫教授和一桥大学大学院经营管理研究科（HUB）的社会学者小野浩教授。

2014 年贝克尔先生辞世之际，他们两位为贝克尔先生撰写了一篇极具启发性的追悼文章，发表在《日经商业周刊》的电子版上。最后，我想通过引用追悼文中贝克尔先生的言论来结束本章。

> "最后的道理说出来可能每个人都能理解，可是在贝克尔先生开始研究之前，这些似乎都是无人注意到的事情。而在他的研究之后，这些事情就变得如同自明之理一般透亮。参加他的讲座就是在体验这种发现的喜悦，就像哥白尼一样。他能看到其他人看不到的事物背后的逻辑。（略）
>
> "贝克尔先生在指导我的论文时经常说，'经济学的研究要么是有趣的（interesting），要么是重要的（important）。但世界上大多数的论文既不有趣，也不重

要'。提出一项'有趣'或'重要'的新研究，实际上是一项非常困难的任务。(赤林英夫语。)[12]

"我向贝克尔先生请教了一些私人问题。当时我正在考虑是否结婚，于是问了他关于婚姻的看法。贝克尔先生非常热情地谈到，'因为我做了很多关于婚姻、生育、家庭内分工等方面的理论研究，所以经常被误解是不是对现行的婚姻制度有什么意见。但实际上就我个人而言，我认为婚姻是一项极为出色的制度。两个人通过深厚的纽带相互联系，建立亲密关系，这是非常美好的。看看弗里德曼夫妇多么幸福吧（当时他们已经结婚 60 多年)!别再犹豫了!'"（小野浩语。)

注　释

1. Gary S. Becker-Biographical. NobelPrize.org，Nobel Prize Outreach AB 2023. Mon.6 Feb 2023.

2. 同上。

3. 小野浩，用经济学原理分析人们行为的先驱者——贝克尔教授，《日经商业在线》(现《日经商业电子版》)，2014 年 5 月 7 日。

4. Heckman, James J.，"Gary Becker: Model Economic Scientist,"*The American economic review.* 2015, vol.105, no.5, pp.74-79.

5. Steven Levit, "Gary Becker, 1930-2014", Freakonomics.

6. Gary S. Becker. *Human Capital*, Third Edition, The University of Chicago Press, 1993 年（初版发行于 1964 年）。

7. 赤林英夫，跟诺贝尔奖得主、"经济学之王"贝克尔教授学习"不屈之心"，《日经商业在线》(现《日经商业电子版》)，2015 年 1 月 26 日。

8. 基于 2022 年 2 月 7 日笔者对一桥大学商学院小野浩教授的采访。

9. 广野彩子，活用人力资本　争论之中　加里·贝克尔，《日经商业管理》Vol. 3，2008 年，日经 BP。

10. 加里·S.贝克尔，《人力资本理论：关于教育的理论和实证分析》，佐野阳子译，东洋经济新报社，1976 年，P257。

11. 同上。

12. 同赤林英夫（2015）。

第二章

理查德 · 塞勒
行为经济学——"毕竟我们不是完人"

人物简介

◎美国芝加哥大学商学院特聘教授理查德·塞勒

　　1945 年出生于美国的新泽西州。1974 年获得罗切斯特大学经济学博士学位，曾在康奈尔大学、麻省理工学院（MIT）等校任职，自 1995 年起任现职。因其在行为经济学领域的卓越贡献，2017 年理查德·塞勒获得诺贝尔经济学奖，著作包括《行为经济学的逆袭》（日本早川书房）、《赢家的诅咒：塞勒教授的行为经济学入门》（钻石社）、《助推实践　行为经济学完全版》（日经BP）等。

斯密、凯恩斯、西蒙、弗里德曼……实际上非常传统?

"助推理论"在社会应用中的贡献

本章介绍美国芝加哥大学商学院特聘教授理查德·塞勒。因其在行为经济学领域的卓越贡献,2017 年塞勒获得了诺贝尔经济学奖。

自 20 世纪 80 年代起,塞勒便开始在引入心理学相关原理的基础上从事经济决策的研究。他特别关注人们"不完全理性的行为倾向""对公正和理性的感知"以及"自我控制力的缺失"这三个心理因素。这些发现在很大程度上对后来的经济学研究与政策制定等诸多领域产生了重要影响。此外,他的研究还对"社会的实际应用"做出了巨大贡献。这些都是他获奖的原因。[1]

塞勒提出的"助推理论"恐怕不少读者都耳熟能详。虽然"助推"(nudge)一词的字面意思是"用肘部轻推""轻轻在背后推动",但在行为经济学中,它是一种根据证据改进措辞和选择项的制作方式,指导人们选择更安全方向的工具。比如,你可以通过摸清人们的行为模式、设计菜单的排版等方式,来引导人们在吃自助餐时选择更加健康的菜品。这便是"助推理论"的一种运用。

"助推理论"作为一种易于理解的工具,已经被社会广泛接受。包括日本在内,行为经济学在全世界掀起了一股热潮。它被看作理解人类行为和决策"习惯"的工具。由于成本几乎为零,因此在日本,它也被看作"循证决策"(EBPM)的工具之一。例如，当发生暴雨灾害时，如果使用"你的及时撤离将挽救其他人的生命"这样的标语，就可以有效提高居民在发生灾害时自主撤离的积极性（广岛县实证实验）[2]。除此以外，在减少食品浪费方面，通过呼吁"吃多少点多少"，就可以有效减少"过度点餐""食物浪费"等现象（横滨市实证实验）。此外，在学术研究方面，也有"助推理论"的应用。例如在本书的前言中介绍的，由大阪大学的大竹文雄特聘教授等人在经济产业研究所进行的题为《探索促进风疹抗体检测和疫苗接种的"助推信息"的效果验证：基于全国规模的在线实地试验》的研究。然而，"助推理论"不同于基础性的学术思考方法，其过度的应用也导致了一些误解的产生，遭到了一些学者的反对。有人将其视为操控和引导人的工具，但塞勒先生表示："助推仅仅是在告知人们危险的前提下，让他们决定自己该怎么做而已。"并且，"助推理论"只是行为经济学概念中的一小部分。

行为经济学的源头是亚当·斯密

行为经济学以迅猛的速度被社会所广泛接受，然而在经济学界，它长期以来被视作异端。

我曾有幸四次采访塞勒教授。首先，让我们看看，在其中的一次采访中，他是如何解释行为经济学的。

"首先，让我们将行为经济学与传统经济学进行一个对比。传统经济学假设每个人都是理性的，完全能够自我管理。他们既不会吃得太多，也不会喝得太多，随时都能做出理性和正确的选择。然而实际情况是，人们并不总是理性的。基于这一前提，行为经济学旨在分析人们的行为对市场交易的影响。"

接下来的部分是我对"助推理论"的总结。由于涉及专业内容，这一部分我请塞勒教授审阅过。

尽管行为经济学长期以来一直被看作"异端"，但它却是随着传统经济学逐渐发展起来的。根据伦敦政治经济学院的阿什拉夫·纳巴教授、加州理工学院的科林·凯莫勒教授以及卡内基-梅隆大学的乔治·罗文斯坦教授的说法，行为经济学的根源可以追溯到被誉为经济学之父的英国哲学家亚当·斯密那里。[3]凯莫勒教授和罗文斯坦教授同样是世界级的行为经济学家，完全不逊于塞勒先生。

亚当·斯密于1759年在他的第一部著作《道德情感论》中主张，人类行为取决于"情感"（passion）和"公正的观察者"之间的斗争。情感包括饥饿、性欲等冲动，也包括恐惧、愤怒等，这些都是行为的动机。他认为，人们的行为直接受情感控制，但通过从外部观察者，即"公正的观察者"——一位道德监督者的角度审视经济人的每一个举动，人们可以克服被情感支配的行为。[4,5]

打开实证经济学大门的弗里德曼

关注实际问题并开创实证经济学的先驱是第一章中介绍的加里·贝克尔的导师——米尔顿·弗里德曼。弗里德曼在其于1953年发表的经典论文《实证经济学方法论》的开篇中，引用了英国经济学家约翰·内维尔·凯恩斯（约翰·梅纳德·凯恩斯的父亲）于1891年出版的著作《政治经济学的范围与方法》

一书的内容。弗里德曼通过引述老凯恩斯的话，对实证经济学进行了深入的论述：

"……这并不是否定经济理论的相对优越性，只是更加肯定了经济（现实）问题的相对性。如果不谨慎、中立地区分这一点，就可能夸大前者（经济理论）的相对性。正是由于这种区别被忽视了，导致对方法论观点的分歧被夸大。在这种争论中，一方主要考虑理论问题，另一方考虑实践问题并进行讨论。因此，它们更容易陷入无知蒙昧的谬误。"[6]

弗里德曼进一步指出，老凯恩斯认为"（理论和实证的）混淆是很常见的，这已经导致了许多愚蠢的错误"。他强调了在政治经济学中清晰地认识实证科学的重要性。[7]

弗里德曼随后将"实证科学"（positive science）定义为"关于某一事物的系统化知识"，而将"规范科学"（normative science）定义为"关于应有标准的系统化知识"。他指出，"实证经济学不像老凯恩斯所说的那样，处理的不是'应该是什么'，而是'事实上是什么'。实证经济学的任务在于提供一套可用于对所有情况变化的结果进行正确预测的一般理论"。[8, 9]

接下来，弗里德曼又进一步强调，"实证经济学和物理学一样，是'客观'的科学，这是完全可能的"，并表示"（实证经济学的）假设构建的是一种由灵感、直觉和启示驱动的创造性行为，其本质是在熟悉的事物中发现新联系。这个过程不是通过逻辑范畴而是通过心理学范畴来讨论的，不是通过科学论证的论文而是通过自传、传记来研究的，不是通过三段论、定理而是通过格言与实例来推动的"。[10]

现代行为经济学的鼻祖是凯恩斯

京都大学大学院经济学研究科教授依田高典是日本杰出的行为经济学学者之一。他指出，约翰·梅纳德·凯恩斯在与主流的新古典派经济学的对抗中，首次确立了"宏观经济学"。他详细讨论了不确定性对人类心理的巨大影响，以及未来期望最终在宏观层面上导致失业问题的表现，因此被认为是现代行为经济学的奠基人。[11]值得一提的是，依田教授在京都大学的学生时代就专攻当时被称为"经济心理学"的行为经济学。他在研究生阶段，首次在研讨课上阅读的论文就是塞勒教授关于时间偏好的研究（所谓时间偏好指的是选择当前消费而不是未来消费的程度）。

"应有"与"实有"

那么，塞勒究竟是在何时真正地投身于行为经济学的呢？在采访中，他分享了一段这样的经历：

"那是在我读经济学专业研究生的时候。我开始留意到很多人的行为与经济学教科书中描述的大相径庭。我的导师是一位葡萄酒收藏家，他曾在20年前以10美元的价格购得一瓶葡萄酒，现在这瓶酒的价格在市场上涨到了100美元。然而，他只在特别的时刻品尝一下这瓶酒，决不出售。当然，他也没有再花100美元买一瓶同样牌子的葡萄酒。按照经济学的理论，对他而言，当葡萄酒的实际价值低于当下市场价格的100美元时，他理应售出。当实际价值超过当下价格的100美元时，他应该趁机再购入一瓶。但他只是单纯地享受手头现有的这瓶葡萄酒而不进行任何交易。我觉得这与经济学理论是不符的。

　　"于是，我开始收集这些无法被合理解释的'奇葩'案例。在思考如何用理论解释这些行为的过程中，我逐渐看清了研究的方向。最终，我花费了 40 年的时间构建起了行为经济学的理论。"[12]

发展西蒙的"有限理性"理论

　　接下来，让我们详细地看一下，塞勒是如何对这些问题进行展开的。关于这一点，在他的代表作之一《赢家的诅咒：塞勒教授的行为经济学入门》（篠原胜译，钻石社）的第一章中为我们提供了更为详细的解释。

　　在书中，他介绍了前文提到的《实证经济学方法论》中所描述的，后来对经济理论产生重大影响的理性选择模型。对于这个模型，塞勒指出了其脆弱性。

　　在这本书中，弗里德曼指出，如果人们发现基于合理假设的预测是正确的，即使他们没有进行经济理论模型中所包含的计算，他们也会表现得好像进行了这些计算一样。[13] 然而，塞勒反对到，因为实际情况中经常出现违背理性的案例，所以弗里德曼的论点是不成立的。

　　对于那些在经济学中系统地违背理性的案例，塞勒试图总结出它们的规律。他指出，在经济理论中，使用相同的模型来"规定"应该发生的决策和"描述"已发生的决策是有问题的。[14]

对理性选择模型的批评，先于塞勒的另有其人，他就是1978 年获得诺贝尔经济学奖的行为经济学的又一位重要学者赫伯特·西蒙（Herbert Simon）。他在著作《管理行为》（日文版为《经营行为》，钻石社）中提出了"有限理性"的概念，这是行为经济学理论的又一基石，也是构建行为经济学理论的出发点。有限理性是指"对于决策，人并不能拥有完全的信息和知识，人的计算能力也存在局限"。

西蒙通过阅读现代管理学创始人切斯特·巴纳德于 1938年出版的著作《经理人员的职能》受到启发，开始从决策的角度看待管理，并将人的行为视为"决策过程"。在分析组织行为时，他强调了理解人的行为的重要性。[15]

西蒙的名著《管理行为》为解开企业组织行为的奥秘奠定了基础。由于有限的知识和计算能力以及实际的不确定性等原因，人们的决策往往是"寻求令人满意的选择"而不是"追求最优选择"[16]。值得一提的是，西蒙在认知科学、人工智能领域以及系统工程领域也取得了杰出的成就，在日本他更为人所熟知的身份是 AI 和系统工程专家。[17]

尽管西蒙的"有限理性"概念未能取代现有的经济理论，但在其基础上发展出的行为经济学理论影响巨大。2002 年，美国普林斯顿大学名誉教授、社会心理学家，同时也是塞勒的挚友丹尼尔·卡尼曼和实验经济学分析方法的奠基人弗农·史密斯，凭借对西蒙的"有限理性"概念的进一步发展，共同获得了诺贝尔经济学奖。数理心理学家阿莫斯·特沃斯基先生曾是卡尼曼先生的合作者，直到 1996 年去世前他一直是美国斯坦福大学的教授，如果当时还在世的话，可能他也会一同荣获诺贝尔经济学奖。

卡尼曼先生和特沃斯基先生提出了在不确定情境下的决策模型"前景理论"（指在获利的情境中优先确保获利，并在可能出现损失的情境中优先最大限度地回避损失的行为心理）。这是在西蒙先生凭借"有限理性"获得诺贝尔经济学奖的次年，即 1979 年提出的。卡尼曼等人运用心理学对西蒙的"有限理性"进行了实证论证。

除了前景理论之外，人们在决策和行为中还存在各种偏见（偏差），如"损失回避""参考点"等。在这种情况下，最大化利益是困难的，正如西蒙所指出的那样，结果往往是满足于较好而非最佳。塞勒是卡尼曼和特沃斯基的合作者，从某种意义上讲也是他们的继承者。卡尼曼和特沃斯基是由心理学领域走向经济学领域的先驱，而塞勒的贡献则在于将行为经济学的理论嵌入传统经济学的理论中，挑战弗里德曼的理性选择。

在塞勒之前，美国耶鲁大学教授罗伯特·希勒在将行为经济学应用于分析投资者心理的行为金融领域取得了突出成就，于 2013 年获得了诺贝尔经济学奖。

近年来，希勒先生在从事一种被称为"叙事经济学"的研究，与之相关的内容就像传染病一样在社会中迅速传播。

他指出："专业经济学家在解释过去或预测未来时，几乎不引用商业人士或新闻记者的想法，更别提询问出租车司机的看法了。但要理解复杂的经济，就必须考虑与经济决策相关的许多相互矛盾的社会叙事和观念，这些观念正确与否并不重要。时代和生活中的'故事'在不断地变化，进而影响、改变人们的行为。"[18]

实际上，社会的"信念"在经济的重大变动中发挥着不可忽视的重要作用。其实，塞勒就是这一领域的创始人之一。他一直认为解释由人们的心理所带来的各种"不合理"，对于社会的进步非常重要。

行为经济学并未完全背离传统经济学，它是以亚当·斯密、老凯恩斯、西蒙、弗里德曼的主张为基础，借鉴了社会心理学等不同领域的观点，从而产生的新理论。

理论的实际应用

塞勒说："我的朋友（丹尼尔·卡尼曼先生）曾这样评价我，'理查德最大的长处就是懒惰'。具体的原因不知道，不过，他说'这是一种赞美'，'因为你只专注于真正重要的事情'。"[19]

塞勒一直专注于研究"真正重要的事情"，他的研究涉及非理性倾向和自我控制力缺失等问题，并且已经以"助推"的形式在各级政府的施政中得到了实施与检验。塞勒于2017年获得诺贝尔经济学奖时，行为经济学的世界影响力也在逐渐增强。正如获奖理由所说：他的贡献不仅限于经济学理论，还在于对政策制定的直接帮助，即对"社会实际应用"的贡献。

本章的采访分为两个部分。一部分是以塞勒与卡斯·桑斯坦合著的书《助推》（当时的日语版名为《实践　行为经济学》）为主题进行的访谈，另一部分是单独对塞勒进行的长访谈。

当时塞勒来日本参加《助推》一书的签售会。芝加哥大学商学院在寻找对采访经济学者感兴趣的记者，得益于当时在外资公关公司工作的西村章子女士的牵线搭桥，2009 年初我有幸采访到塞勒，并开始迷上行为经济学。他在访谈中详细解释了政策中运用行为经济学思想的制度设计与传统制度设计的区别，以及如何消除人们的"过度自信"等问题。

　　在普林斯顿大学读研究生时，我曾有机会选修卡尼曼先生的行为经济学的课程，但最终由于和必修课时间冲突未能实现，这也成了我的一大憾事。后来我还特地刨根问底地向班上同学打听详细的授课内容。有了这层原因，我当时在采访塞勒时感到异常兴奋。

呐喊了 **40** 年真理的少年

以相田光男的话为座右铭

首次采访塞勒先生时，他稍许迟到了一些，原因是他在来的路上顺便去了一趟相田光男[⊖]美术馆。我对此感到好奇，所以在采访正式开始前，我首先问了问他参观的感受如何。我们的对话就从塞勒先生因对相田光男感到意外而兴奋不已地赞美开始。

> "我来到日本后，马上就去了相田光男美术馆。当然，这是我第一次去那里。他诗中的语言非常美妙，令人折服。其中，我印象最深的是'幸福总是由自己的心决定'和'毕竟我们不是完人'这两句话。其背后的逻辑与行为经济学有相通之处。
>
> "如果相田先生还在世，我肯定会邀请他成为我的下

⊖ 日本著名诗人、书法家。——译者注

一个合著者，我是认真的。我深深地被他打动，甚至不假思索地跑去买了一件'相田光男 T 恤'。相田先生对人的看法与传统经济学的视角完全不同。今后，我也打算以'毕竟我们不是完人'为座右铭。在过去的演讲中，我也引用过他的诗句。"

塞勒先生的"对相田的热爱"不仅仅停留在 T 恤上。据他透露，他还购买了相田的书法并将其贴在研究室的门上。那么在塞勒先生看来，相田光男的诗都体现了哪些"行为经济学"的特点呢？

"从相田光男书法作品上的诗句来看，我甚至觉得他肯定是一位行为经济学家。传统经济学理论构建的前提是，人都是理性的，并总是能做出最优选择。在传统经济学中出现的'人'总是不受情感的影响，非常擅长于自我控制，而且他们不会错误地判断事物，也不会因喝得太多而导致宿醉。

"但是，行为经济学所考虑的'人'是不同的。他们有时会受情感的影响，经常会做出错误的判断，有时候甚至会因喝得太多而宿醉。因为人类有'心'，所以这些事情是无法避免的。真的就是'毕竟我们不是完人'。

"因此，传统经济学所假定的'人'可能不是人类。他们可能是理性的、聪明的，总是能够'最大化效用'的'经济生物'，但一定不是'人类'。与之相对，相田光男先生的诗歌非常巧妙地表达了行为经济学所设想的'人类'。"

在另一次采访中，他提到了相田先生诗中的另一句话："'跌倒了也无妨，毕竟我们不是完人。'这种思维方式与行为经济学的逻辑十分相似。相田先生的诗歌巧妙地捕捉到了人类之所以为人的原因。'毕竟我们不是完人'这一句话可谓精辟。除此之外，还有一句诗也深得我心。'迟早，迟早，一边辩解着，一边太阳落山了。'可以拖到明天的事绝不今天做，这是我的又一个座右铭。"[20]

何谓"助推理论"？考虑选项的专家——"选择架构师"

塞勒与卡斯·桑斯坦合著的《助推》一书明确了传统经济学中的"理性人"和人类的区别，并结合丰富的事例，以简单的方式解释了行为经济学的内涵。关于"助推"一词，如果按照塞勒先生的解释直译的话，就是"用肘部轻轻地推"。当时，两人为何选择"助推"一词来阐述他们的理论呢？

"我们所说的'助推'就是指'选择架构师'（choice architect）做的工作。

"即通过设计底层选项，引导人们进行期望的决策。"塞勒进一步解释到。

"接下来，让我来详细阐述一下。例如在芝加哥大学，我现今工作的那栋建筑物里有一个宽敞的室内中庭，连接3楼到5楼。如果你想的话，只需走到走廊上，便可以看到各楼层的情况，甚至可以真切地听到每个房间的声音。不必使用昏暗的应急楼梯或是密闭的电梯，你也能轻松地向其他楼层的人搭话。这样，即使身在不同

的楼层，人们也能感觉到彼此之间的亲近，并由此形成
了轻松交流的氛围。

　　"这样设计的结果就是，人们会在室内中庭的楼梯
上上下下，互相之间的交流变得更加活跃。这是一个有
意思的设计，而做出这样的设计就是选择架构师的工作。
像这样的设计，是'助推'的表现，你也可以称之为'选
择架构'。"

　　实际上，塞勒先生的导师卡尼曼博士早在 2008 年 7 月接
受新加坡一家商业报纸的采访时，就谈到过这种室内中庭的设
计效用。他认为，在制定政策时考虑设计效用，或许能够有效
提高人们的幸福感。"巧妙地对建筑进行规划是有益的。促进
人们互动的建筑设计可以优化我们的生活体验，同时这与提升
我们的幸福感也息息相关。"[21]

　　"在大学的自助餐厅里，有负责制定菜品的人，也有决定
菜单上菜品陈列位置的人。在这里，'助推'就是以合理的顺
序安排菜品的位置，以引导人们选择更多健康的食物。

　　"假设餐厅菜品的陈列顺序会影响学生的饮食选择，比如
说，最前和最后的位置更容易被选中，就不会将甜点放在这两
个位置。决定这个顺序的人就是'选择架构师'，而这个顺序
本身则是'选择架构'。为了让学生在大学里有一个平衡的饮
食，制定菜品的人和决定菜品陈列顺序的人同样重要。

　　"再来介绍一个例子。从我家到芝加哥大学的通勤途中有
一段湖滨快车道，它有一个危险的弯道，这个弯道的道路标识

线与正常相比更窄。当驾车通过时，人们看到这个较窄的标识线后，会产生自己正在超速行驶的错觉，从而不由自主地减速。出于安全的考虑，引导人们进行减速的窄标识线设计也是'助推'，它本质上是一种引导的过程。当然，在弯道处也有'请减速'的标志，但这种利用错觉引导减速的方法实际上更为有效。"

虽然并未直接感受到被"管理"的感觉，但驾驶人的行为却在某种程度上受到了限制。当时，塞勒先生用"libertarian paternalism"（自由－家长主义）这个词来阐释这种限制。libertarian 是自由主义者的意思，"paternalism"指的是，无论其本人意愿如何，强势方都像家长一样，秉持一种"为了他好"的单纯想法介入弱势个体的选择。尽管这并非强制性的干预，但其中隐含着强烈的暗示与引导。那么，"自由－家长主义"究竟是什么含义呢？

既不强制也不自由放任的第三条路

"激进的人往往会选择通过强势地介入或者使用强制的法律来解决问题。例如，在美国，有人呼吁在学校禁止可口可乐，因为它对健康有害。这是一个极端的例子，这种做法本质上是一种自上而下的管制，而非人性化的对待。

"相反的极端例子是'放任自流'，即自由放任主义的方式。这种方式认为人们知道什么是对自己最好的选择，因此政府不应该介入，而应该让人们自由选择。

"'自由－家长主义'的思想走的是中间道路。这是一种

‘我们不会强迫你，但我们会提供帮助’的立场。不强制，但引导人们朝着真正理想的选择去，或者说帮助他们走向那个方向——这就是这种机制的含义。

"有人认为，将‘自由主义’和‘家长主义’这两个词放到一起有一些讽刺。但是，这两种思想是可以共存的。我们也写了一篇论文反驳自由主义和家长主义不能共存的质疑。

"在我们的语境中，‘自由主义’的含义是‘保留选择的余地’。而‘家长主义’原本是指家长替子女做出选择的意思，当然从某种程度上说，其中带有一些强制性的含义，但从我们的角度来看，它只是‘单纯的帮助’。在一定程度上提供帮助的同时保持自由，给对象留有选择空间，尽可能引导他们朝着理想的方向前进。这就是自由－家长主义。"

就像厨师推荐的套餐

"自由－家长主义"一词最早来源于塞勒与卡斯·桑斯坦于 2003 年在权威期刊《美国经济评论》上发表的文章" Libertarian Paternalism"。文中谈到，"在反对自由－家长主义时，存在一个错误的假设与两个误解。这个错误的假设是指人们总是会做出对自己最有利的选择。第一个误解是人们总是认为有替代自由－家长主义的可行方法，第二个则是认为家长主义总是带有强制性"。[22]

"自由－家长主义"的意义在于，在不带有强制性的前提下，帮助对象朝更好（一般风险更小）的方向前进，促使其做出更好的决策。尽管塞勒等人在发表论文后受到了许多批评，但这一观点正是"助推"的核心。换句话说，助推是"自由－家长主义"的社会实施工具。

"绝不强制。想象一下，因为豆腐对身体好，所以你希望孩子多吃豆腐。如果你给豆腐取名为'米奇老鼠豆腐'，孩子可能会高兴地吃下去。对于理性的人来说，豆腐是否叫米奇老鼠豆腐，跟他们吃不吃豆腐没啥关系。而如果对方是人类，这样的设计的确非常有效。无论如何，重要的是雇用专业的选择架构师，来制订风险最小的、合适的计划。

"在日料店，有'厨师推荐的套餐'吧？你可以想象一下，就是那个样子。作为普通的食客，可能对众多的菜品不太了解，但他们仍然希望尽量能够自己来选择食物。'厨师推荐的套餐'就是首先由专业厨师费尽心思地为顾客准备的一些选择，之后再由顾客来做最终的挑选。

"我很喜欢日料，但专业厨师对日本料理的了解一定远比我深，所以我相信他们为我挑选的套餐一定更为合理。从这个意义上来讲，'自由－家长主义'与'厨师推荐的套餐'非常相似。"

最应消除的是过度的自负

我们已经介绍了"助推"在政策领域的应用，那它在商业领域的应用又如何呢？

"这种思考方式不仅适用于个人，在企业战略决策时也是非常有效的。我在商学院还教授企业经营的有关课程。课上，在谈到为什么人们会在决策中犯错误时，我认为其中最重要的一点就是人们会被自己的自负心所蒙蔽。因此，我的建议是'准确地把握（客观的）预测'。

"例如，芝加哥大学想从其他大学挖来一位杰出的教授。由于这是一位杰出的人才，不仅是芝加哥大学，包括斯坦福大学、哈佛大学和宾夕法尼亚大学沃顿商学院在内的一些有名的学校也都理所当然地向他发出了邀请。

"于是我问我的同事，'那这个教授选择来芝加哥大学的概率是多少？'他们总是回答，'有 80% 的机会'。我又问到，'明明有 4 所顶级学校为他提供职位，为什么会是 80%？有什么依据吗？'他们回答，'因为我们是最好的学校。而且在面试中，他说他最喜欢芝加哥。'

"我再问，'那么如果是你正在找工作，而这时你收到了斯坦福大学的邀请，你在面试时会怎么说？''我当然会说我最喜欢斯坦福。'换句话说，尽管他们都明白这个道理，但每次都会因为盲目的自负而无法做出正确的判断。

"如果那位教授恰好选择来到芝加哥大学的话，同事们的'自负'就得到了兑现。因此，我在这种情况下会说，'好吧，我们来打个赌吧。反正你赢的概率是 80%，而我是四分之一'。像这样，当我冷静地为他们分析客观概率时，他们就会突然意识到自己的偏见。

"因此，在做决策时，消除由自负产生的偏见是非常重要的。在商学院，我给学生们提过这样的建议，'建立一个总是能够向上司提出不同意见的环境非常重要'。实际上，过去失败的政治家和企业家往往是那些不愿意这样做的人。"

"助推"在政策领域的实际运用：为明天储蓄更多！

这一部分涉及在后半段的采访中也将提到的一个概念："有动机的推理"——由于自负而产生的刻板观念。在做决策时，为了消除这种刻板观念，需要一个能够自由表达不同意见的环境。

塞勒先生介绍了一些"助推"在政策领域的实际运用。其中一个是养老金固定缴款计划的参加机制和选项的设计，一种方法是选项设定为"是否加入"，另一种方法是将初始设定更改为自动加入，如果不加入则必须特意选择退出。结果，将初始设定更改为自动加入后，参与计划的人数显著增加，甚至有超过 90% 的情况。

塞勒先生在 1998 年提出了 "save more tomorrow"（为明天储蓄更多）的口号。[23]

"每当人们获得加薪时，公司就会邀请他们参与这项养老保险计划。而通过'选择退出'的方式，加入养老保险计划的员工增加了，缴费比例上升，公司养老保险的储蓄率也提高了。之所以将其命名为'为明天储蓄更多'，就是希望员工的未来能够得到保障。首个采用这一方式收缴养老保险的公司，其养老金缴费率增加了三倍。现在，全美范围内各家公司都在使用这种机制。在'助推'的实际运用成果得到了社会认可后，我也向政府提议，在制定政策时，不仅应听取经济学家的建议，还应听取心理学家的建议。"

"这是我首次公开出书，它被翻译成了许多种语言，受到了世界各地读者的广泛好评。我感到非常幸运，也非常有成就感。如果相田光男先生还在世，能看到这一切的话就好了。"

以上就是 2009 年采访的所有内容。在交谈的最后，当我问他是否认为将来自己会获得诺贝尔经济学奖时，塞勒先生笑着说："哈哈，这就得看瑞典人了。"最终的结果，我想各位读者都已经知道了。

重视"多样性"

2018 年，塞勒先生再次来到日本，这是在他获得诺贝尔奖之后了。在询问了他本人的意愿后，塞勒先生说"一定会找时间接受广野的采访"。于是，我就和当时的总编辑东昌树、副总编辑尾岛岛雄、大竹刚副等人一同前去，再一次采访了塞勒先生。

当我问他"日本人现在需要做什么改变吗？"的时候，他这样回答道："我一直认为日本人过于强调权威，学生不敢反驳老师的教导，也少有人敢说'这是错误的'。日本应该在教育中更加鼓励学生提问。然而，最近我参加了日本大型企业组织的活动，在那里我看到的情况与以往的经验有所不同。在少数人参加的会议上，负责人说'因为大家都是日本人，所以可能没人会提问'。可结果是，在接下来的两个小时里，我被问了一连串的问题。日本人也和以前大不一样了。""日本人不喜欢提问"这一点，贝克尔先生也有所提及，但塞勒先生似乎察觉到了变化。

此外，他还谈到了近来备受关注的逆全球化的问题："逆全球化源于恐惧，而且是不合理的恐惧。美国是一个完全的移民国家，但也存在问题。现在的美国人几乎都是在过去 500 年里来到这里的移民及其后代。这样一个国家竟然要（在与墨西哥的边境上）筑墙，真是最糟糕的决定。在美国，移民在各个阶层都是不可或缺的。硅谷的公司几乎都是由移民建立起来的。加利福尼亚州是比很多国家还强大的经济体，它在科技和农业领域的领先地位，也多是由移民建立起来的。我也参与过资产管理公司的运营，在投资领域，分散投资被认为是好事。国家也是如此，多样性很重要。"他强调了多样性的重要性，并从投资管理的角度，提出了多样性的观点。

2021 年 11 月，塞勒先生在与三菱 UFJ 研究咨询公司的小林庸平一同登上"日经商业 LIVE"时，曾说过这样一段话，令人印象深刻："人类的自控力是有限的，人也不是总能做出最佳选择。此外，人类之间的关爱对人类行为产生的影响远比经济学家所认为的要大得多。"[24] 他的讲话中强调了"关爱""信任"等伦理因素的重要性。

"助推理论"提出 14 年后，塞勒的一些想法

近年来，行为经济学在政策制定中和商场上都得到了广泛的应用，这引起了社会的关注。与此同时，这门学科是不是一种科学也受到了强烈的质疑。在此背景下，塞勒教授于 2022 年在日本发行了经过大幅修订的《助推实践　行为经济学》的再版——《助推实践　行为经济学完全版》（日经 BP）。笔者也

借此机会，与塞勒教授又进行了一次深度的访谈。[25]

采访中，塞勒教授说道："人类被认为是非理性的，经济学界认可这种观点花费了 40 年的时间。"此外，他还强调了"助推应该基于善意"的原则。对于我来说，除了"日经商业 LIVE"上的那次对话以外，这是我对塞勒教授的第三次采访，这次采访的时间非常充裕，我们聊了很多。相较于 2009 年，我深深地感受到了塞勒教授心境的变化以及自他的理论被广泛认可后，他的一些复杂的情感。

"《助推实践 行为经济学》这本书在世界范围内成为畅销书，让'助推'这个词变得广为人知。无论是我，还是与我合著的卡斯·桑斯坦教授（美国哈佛大学法学院），我们都对此感到非常欣慰。"

"我们的基本理念是通过设计机制，帮助人们更容易地实现他们想要做的事情。助推是指导组织或政府行动的一种方法，是在引导对象选择更好的方向。"

持续呼喊着"皇帝没有穿衣服！"

在传统经济学中，长期以来一直以"人类是理性的，能够做出最符合自己利益的选择和行动"为前提。然而，塞勒教授通过自己的论文和《助推实践 行为经济学》等书籍，对这一观点提出了坚决的反对。"人类是不理性的，经常不做最优的选择"这一理念在经济学领域长时间内未能被主流研究者认同。塞勒教授感慨万千地回顾了这段历程。

"在安徒生的童话中，只有一个少年敢于说出'皇帝没有穿衣服'的真相。其他人都选择保持沉默，赞美了赤裸的皇帝。这是非常危险的。在历史上，从众心理往往会导致极为不好的结果。有时候，只有小孩子才敢一直说'不'。在经济学领域，我就像那个故事中的少年一样。传统的经济学家认为人类非常理性，不受情感影响，极其聪明，不容易犯错。这是传统经济学的前提。而我一直指出'不，人类只是人类，是（感性的、容易出错的）普通人'。大约40年前，当我开始写这篇论文时，经济学家们认为我疯了，实际上我相当不受他们欢迎。我觉得自己就像那个童话中的少年。也许是我有问题？如果其他所有人都在赞美皇帝的'衣服'，那么或许真是我一个人有问题？否则，就是除了我之外的所有人都有问题。为了使我们的观点得到认可，我们花了很长的时间。但在过去的40年里，经济学发生了翻天覆地的变化。在行为经济学领域深耕的年轻经济学家越来越多，呼喊真相的少年们也越来越多。然而，助推只是行为经济学所涵盖思想的一小部分。现在，全世界有数百个国家和城市设有所谓的'助推团队'，致力于在社会层面应用助推。目前这种团队的数量太多了，我们已无法逐一了解每个团队正在做什么。"

世界上第一个助推团队是2010年在英国成立的"行为洞察团队"（BIT）。在购车人完成了汽车税支付手续后，这个团队邀请购车人成为器官捐献者，以此来增加器官捐献者的数量。此外，日本环境省也设有"日本版的助推团队"。

"2022年11月，我去了伦敦，拜访了英国的几个助推团队，他们的情况看起来非常好。助推需要'选择架构师'，也就是助推工具的设计者。因为每个国家都有其独特的法律，通常基于自己的立法机关、行政机关、司法机关来做决策。因此关于谁应该做什么，很少有人会听取经济学家的意见。"

"助推理论"的前提是人的善意

"事先告知存在的风险，之后让对象自行做出决定"，这是助推的基本理念，但这一切都应该建立在善意的基础上。当然，助推并不能解决所有问题。比如，在政策的制定上就可能需要对助推实施严格的管控。

"例如，在我们刚刚经历的新冠疫情中，日本的管控就比美国要严格得多。对于疫情，每个国家的应对方式都不同，政府的最终目标就是做出对本国来说最优的决策。虽然，对于疫情管控，我们目前仍然不清楚哪种策略是最好的。

"自由放开与严格管控是两种不同的策略。在亚洲的许多地区，人们的自由受到了部分限制，但患病和死亡的人数似乎较少。总之，无论如何，经济学家并不负责做最后的决定，做出最终决定的还是各国的总统或首相。

"不管怎么说，我们能做的就是为政府提供政策制定的工具，并为它们提供需要的帮助。事先告知存在的风险，之后让对象自行做出决定，这就是助推。再次强调，它应该建立在善意的基础上。"

最近，一些企业也对能否将助推用于商业表现出了兴趣。这可以说是以盈利为目的的助推。对于塞勒来说，他是如何看待此事的呢？

"这次，我为了提醒自己接受采访的时间，专门在手机上设置了提醒闹钟，这也是一种自我助推。当然，助手后来也给我发送了提醒。助推首先应是一种自我管理的工具，这也是我们所期望的。

"早上，为了准时起床，我会设置闹钟；为了不忘记还信用卡，我会设置银行账户的自动扣款。做这些事情的目的，是帮助我们在生活中不需要记住太多的事情。

"助推在商业中的尝试非常之多。据我所知，美国亚马逊拥有约400名经济学家（采访时），每当用户访问其网站时，他们就会收集其行为数据并进行研究。这既是为了赚更多的钱，也是为了提供更好的服务。

"这并没有问题。正是通过这种方式，亚马逊优化了它们的服务，从而得到了许多消费者的支持。

"但我们不希望将所有努力改变人们行为的事情都称为'助推'。如果某个商店为了找到让人们购买更多牙膏或是电子产品的最佳方法而进行助推……那就不是'善意的助推'，而仅仅是'为赚钱而进行的助推'。因为这并不一定符合消费者的利益。

"助推也可以用于不好的目的。因此，每当有人要求我签名时，我总是签署'nudge for good'（要助推为善）。"

英国脱欧是一个糟糕的反例

善意有时候也可能对对象造成困扰，甚至成为工作推进中的重大阻碍。塞勒教授以英国2016年脱欧公投中脱欧派的竞选活动为例说明了这一点。

"即便出发点是善意的，也不能确保助推就一定是有益的。就比如在英国脱欧的竞选活动中，脱欧派使用了'take back control'（夺回掌控权）这个行为经济学中的措辞。顺便一提，我个人认为脱欧是非常不明智的政治选择。

"人们不喜欢失败，讨厌失去。而使用'夺回'这个词，就意味着已经失去了某物。由于人们喜欢掌控，通过使用'take back control'这个口号，脱欧派其实在暗示民众，（因为欧盟的原因）我们失去了一些政治掌控力，而现在，选择脱欧就可以夺回这种掌控力。

"我认为脱欧派的竞选活动实际上是非常不合逻辑的。自脱欧之后，英国社会的自我管理相较过去并未得到实质上的改善。相反，由于英国公民不再拥有欧盟成员国的护照，想要（跨越英吉利海峡）到达对岸时，他们就必须排队等待更长时间。也就是说，即使出发点没有恶意，也不能确保助推一定会带来正面的结果。

"制定'take back control'这个口号的人肯定对行为经济学的理念非常了解，他本人一定坚定地认为脱欧就是正确的政策。然而，可以确定的是，他自己也一定知道，对公众使用这个宣传口号并不一定是有益的。

"即便出发点是善意的，也并不能保证助推就一定对个人或社会有益。我想再次表明一下我的观点，脱欧是非常不明智的政治选择。"

正如塞勒教授所说，助推可能会对人们的行为和心理产生深远的影响。很多时候，面对一个事件，尽管所有人都知道当中存在问题，却无人发声，在问题存在的情况下选择默默接受，这被称为"多元无知"。而借助助推，能否改善这种情况呢？

"人们可以选择忽略事实。但是有时候也确实需要我们认识到真相，这是肯定的。在心理学中有一个概念叫作'动机驱使的推理'，是指为了让自己相信自己正在做正确的事情，人们很多时候往往不会依赖于证据，而只是基于自己的主观愿望来进行判断和决策。在很多情况下，人们往往会过分自信。

"比如，我曾经在伦敦给学生上课的时候，在学期开始时，我问了一句'你认为在这个班上你能排到前10%吗？'有八成的学生认为自己能排到前10%。这当然是不可能的，只有一半的人能够超过平均水平。但是，他们想要相信自己能够排到前10%。这就是动机驱使的推理。"

"助推理论"无法解决太大的社会问题

是否可以更广泛地运用"助推理论"来解决更大的社会问题呢？例如，为了保护地球环境，减少二氧化碳的排放等，除了国际合作和技术创新外，还需要改变每个普通人的不环保行为。在这里，能够运用"助推"吗？

"仅仅依赖'助推'是无法解决气候变化问题的，这个问题太大了。在应对气候变化问题时，最关键的是要设定（碳税的）额度。全球所有经济学家普遍认为应该征收某种形式的碳定价，但问题就在于，持有这种观点的似乎只有经济学家。碳税在政府中极不受欢迎。

"最近（2022 年），在美国，拜登政府通过了一项鼓励人们购买新能源汽车（EV）和太阳能发电装置的法案。然而，虽然谈到了补贴，却完全没有提及税金。对于高油耗汽车，政府可以征税；对于新能源汽车，政府可以提供补贴。但两者相比，补贴这一措施或许更具实施的可能性。

"碳税的额度设置必须合理，解决气候变化问题的任务必须由整个产业来共同承担。改变消费者行为确实很重要，但现在更关键的是如何清洁地发电，如何绿色地运输产品和食物这一类的问题。企业对成本是很敏感的，如果选择先污染后治理的费用比选择清洁生产的费用更高，企业会自主地采取行动。

"然而，在某些特定领域，我们仍然可以采用'助推'的方法制定政策。例如，将电费在高峰时段设定为较高的费率。在美国的加利福尼亚州，由于持续高温，当地电力公司担心供电不足，于是向该地区的所有人发送了消息：'紧急情况！请提高恒温器的温度，减少空调的使用。'这一举措非常成功。

"这是在提醒人们'目前的电力供应并不稳定'。没有人喜欢停电，如果大家都能接受几个小时的不适，那么整夜停电的情况就不会发生，这当然比停电更好。"

在美国，能源领域最引人注目的问题之一就是汽油价格的上涨。2022 年开始，随着通货膨胀的加剧，这已经成为一个严重的问题。

"汽油价格如此引人注目的原因有两个。首先，每次加满汽车油箱时，人们都会看到价格。如果给汽车加满油需要 100

美元，这无疑会让人瞠目结舌。与此不同的是，在超市购物时，人们并不会去看所有商品的价格，只会关注自己所需物品的价格。此外，美国法律规定，加油站必须在站口标牌处大大地标明价格。因此，尽管我自己开电动汽车不用加油，但我也知道汽油价格。在这个例子中，你既能看到经济学的理论，也能看到心理学的影子。

"政客们知道，油价飙升会让选民非常愤怒。这是因为相比其他物品，油价上涨更加明显，更为引人注目。"

相反，你也可以说汽油的成本价格被很明确地公示了出来。这就要谈到，在某些信息披露不足的情况下，可能存在消费者被剥削的情况，这被称为"隐藏成本"。"隐藏成本"指的是一些隐藏在商品价格之中的附加费用，类似于打印机墨水一类的花费。行为经济学家泽维尔·加贝克斯和戴维·莱布森在2006年的一篇论文中使用了这个术语，来描述商品价格未真实反映实际成本的情况[26]。商家试图用一种心理上的偏见，通过引导消费者只关注眼前的商品，来"剥削"消费者。

与塞勒合著的法学家卡斯·桑斯坦曾于2011年在白宫担任信息与管制事务办公室主任，他曾提出解决这类问题的方法——"智能披露"，并就此问题召开了会议。[27]智能披露是指将复杂的信息和数据标准化为机器可读的格式，并及时公开，以便消费者在做出决策时能够了解清楚具体情况。然而，实际情况是，无论怎么做，"隐藏成本"仍然存在。例如，在日本盛行的"隐形涨价"，即在不改变商品价格的情况下减少供应数量的做法，就是一个例子。

　　"实际上，最近我计划了一次旅行。虽然最终没有去，但我预订的酒店里隐藏了各种各样的收费。房费只是其中之一，此外还有所谓的'度假费'。我很想知道那是什么？我查了一下，原来是每晚 30 美元的额外收费。但这个费用并没有给我带来任何实质性的好处！此外，如果你有车，停车费会非常高昂。如果你在酒店购物，估计更会充满各种隐藏的费用。在你未察觉时，就又被'收费'了。最开始，你应该是清楚费用几何的，但是商家的核心策略，就是让价格变得模糊，这是产生'剥削'的根本原因。然而，如果旅行 app 广泛地运用'智能披露'的话，消费者的情况可能会好一些。"

清淤

　　在《助推实践　行为经济学》的再版中，塞勒教授引入了一个新词——"胡推"，用于描述助推引起不好结果的情形。该词最初的意思是"sludge"（污泥）。本来，助推的含义是温和地引导人们朝着更安全的方向前进，但若是"胡推"，就可能使得被引导的对象失去主动选择的意愿，或者促使选择者做出对他们来说并不理想的选择。

　　如耗费大量时间的文件整理工作等，烦琐的事务工作可能会让人感到痛苦。由于这种痛苦存在，我们最后可能会选择逃避这类事务，这个过程就是一种"胡推"。我们是否能够克服"胡推"呢？

　　"被称为'胡推'的很多东西实际上只是设计不合理而已。由于各种各样的原因，很多东西被设计得过于繁杂。

"就像是，当你试图教孩子如何系鞋带时，你必须从零开始回忆，一步一步应该怎么做。系鞋带本来是一旦记住了，以后就可以不加思考地做到的事情。但是为了向孩子解释，从某种意义上说，你必须再次回忆整个过程。

"设计手机软件和 UI 的设计师也是如此。他们当然知道如何使用手机软件。然而，他们很容易错误地认为每个人都知道这一点。

"当用户获得新智能手机时，他们必须从零开始学习如何使用这个新事物，其中，那些能够快速、轻松地教会用户的手机公司最终会取得成功。美国苹果公司产品的易用性就是一个例子，它们的成功之道也在于此。

"负责制度设计的人应该深入地了解人们的意愿。制作软件的人则应该认识到，使用者从一开始并非就理所当然地理解软件是如何使用的。"

在 2022 年 10 月的一次采访中，特斯拉创始人埃隆·马斯克计划收购推特一事在媒体上掀起了轩然大波。塞勒教授是推特的重度用户，他是如何看待这个事情的呢？

"埃隆·马斯克深知，批评某事要比实际去改变它容易得多。马斯克喜欢使用推特，并且愿意在上面吐槽。但在实际拥有它后，他意识到运营社交媒体并不是一件容易的事情。

"在平台上，如果有人散布虚假信息或是假新闻显然是有害的，但判断其新闻来源的真实性却非常困难。我所在的芝加哥大学，在尊重言论自由方面是一所具有领导力的学府。在这一点上，它被认为是最杰出的大学之一。因无法忍受他人言论而生气的人，可能不适合来我们这所学校任教。当然，我们不允许种族歧视或侮辱性言论出现。但是，如果有人认为我的某个政策观点是错误的，他应该有权自由表达。你也可以向我提出不同意见。

"我认为，尊重每个人持有不同观点的权利，有助于创造一个更好的社会。如果你不喜欢你们大学，你还有很多其他大学可以选择，如果你想要一个更加封闭的环境，那就去其他地方，这道理很简单。推特也不是每个人都需要使用的东西。

"然而，作为一种学术性的工具，推特是很好用的。经济学家们在那里分享论文，相互讨论，研究生中也有通过推特找工作的。推特除了很有趣的小猫视频之外，也具有实用性。如果失去了推特，那将是非常遗憾的。"

"助推理论"已不再升级更新

距第一版出版大约 15 年过去了，对于塞勒先生来说，《助推实践　行为经济学》的再版是一项充满感情的工作。

"决定再版《助推实践　行为经济学》是因为新冠疫情，大约是在 2020 年 2 月还是 3 月，出版社联系我，询问是否能再为《助推实践　行为经济学》写点儿介绍性的文字。在接下来的几个月里，我度过了一段在家里轻松的，甚至有点儿得意忘形的时光。就像是陷入了一个家居翻修的陷阱，我原本只是想稍微写点儿东西，结果变成了再版（笑）。因此，关于'助推理论'，我觉得这本书是我的终极版本。

"我已经不再是那个必须独自呼喊'皇帝没有穿衣服'的

孩子了。因此，我决定以一种能够留存后世的方式来再版。关于助推的思考在《助推实践　行为经济学完全版》中完全结束了。"

塞勒先生宣布，他对于助推理论的完善已经结束了。那么，继"助推理论"之后，他是否有计划再提出什么新的概念呢？

"（公布新概念的）可能性我并不否认。我不能做出承诺，但是……了解第一版《助推实践　行为经济学》的人，如果阅读这个修订版，会出乎意料地发现当中其实涉及很多新话题。实际上，我在再版中确实加入了很多新的思考。因此，对于你这个问题，我并不否认有这种可能。

"在进行再版修订工作时，我强烈意识到，阅读这本书的人不仅有日本人，还有世界各地的其他读者。当我写第一版时，我没想到它会在全球范围取得成功，因此当时还是主要以美国为中心来写的。所以在再版中，我致力于让其成为一本适合世界各地读者的书。"

最后，在采访后的闲聊中，当被问及"爱，毫无道理可讲"这个话题时，塞勒先生这样回答：

"爱无法用理性来解释。我曾经开玩笑地告诉妻子，'爱就是（统计学的）残差'。我可以列出我喜欢妻子的原因，我也可以一一解释为什么我认为她值得喜欢。但这不是爱，爱是无法书写的、无法解释的。这就是我对爱的定义。"[28]

以上，就是关于"助推理论"的介绍。但是除此以外，塞勒先生的著作和理论成果还有很多。例如，在 2021 年一场网络研讨会的演讲中，塞勒先生表示，"我计划修订我大约 30 年前出版的著作《赢家的诅咒：塞勒教授的行为经济学入门》。"[29] 本章中，我也引用了这本书，这本书是塞勒先生独著的，其内容涵盖了他与卡尼曼先生、特沃斯基先生等人的合作研究，是一本内容更广泛的经济学启蒙书。在未来，我们一定还有机会听到塞勒教授对于行为经济学的新见解。

注　释

1. Richard H. Thaler-Facts. NobelPrize.org. Nobel Prize Outreach AB 2023. Wed.5 Apr 2023.
2. "暴雨灾害时的避难助推"，自治体助推共享平台。
3. "运用助推理论减少食物浪费"，横滨市门户网站，2022 年 10 月 4 日。
4. Ashraf, Nava, Colin F. Camerer, and George Loewenstein, "Adam Smith, Behavioral Economist," *Journal of Economic Perspectives*, 19 (3): 131-145, 2005. DOI: 10.1257/089533005774357897.
5. "公正的观察者"这一翻译参考了堂目卓生的《亚当·斯密"道德情操论"和"国富论"的世界》(中央公论新社，2008)。
6. Keynes, John Neville, Felix, David, *The scope and method of political economy*. New Brunswick, NJ, Transaction Publishers, 2011, ISBN1-351-47448-0.
7. Milton Friedman. "The Methodology of Positive Economics," In Essays *In Positive Economics*, Chicago: Univ. of Chicago Press, 1953, pp.3-16, 30-43.

8. 同上。

9. 详见富田重夫的 "M. 弗里德曼著《实证经济学方法论》",《三田学会杂志》,庆应义塾经济学会,1955 年,Vol.48(9),pp.723(73)-726(76)以及泷泽弘和 "重温弗里德曼的《实证经济学方法论》:基于语义论理解的再评价",《经济学论纂》,中央大学经济学研究会(= *The journal of economics.* 2012, vol.52, no.4, pp.239–275.)

10. 同注释 7。

11. 基于 "对话京都大学大学院经济学研究科教授依田高典 行为经济学因为有用所以喜欢",日经 BP 杂志书《新经济教科书 2014-2015 年版》第 57 页以及之后的采访内容。

12. 东昌树,'毕竟我们不是完人'的本质　对话诺贝尔经济学奖得主理查德·塞勒,《日经商业周刊》2019 年 1 月 14 日(笔者在现场聆听了采访)。

13. 同注释 7。

14. 理查德·塞勒,《赢家的诅咒:塞勒教授的行为经济学入门》,篠原胜译,钻石社,2007 年。

15. 赫伯特·西蒙,《人类活动中的理性》,佐佐木恒男、吉原正彦译,筑摩学艺文库,2016 年。

16. Herbert Simon, " Chapter 5, A Taste of Research: The City Manager's Association ", *Model of MY LIFE*, pp72-73, The MIT Press, 1996.

17. 赫伯特·西蒙,《人工科学》第 3 版,稻叶元吉、吉原英树译,Personal-media、1999 年。

18. 罗伯特·希勒,《叙事经济学》,山形浩生译,东洋经济新报社，2021 年。

19. 同东昌树（2019）。

20. 同东昌树（2019）。

21. "商务时间　亚洲金融基地观察　为什么人们会做出错误的决定?"，2008 年 10 月 30 日，日经 BP 杂志书《日经商业管理》Vol.3.pp108-111。

22. Thaler, Richard H., and Cass R. Sunstein. "Libertarian Paternalism." *The American Economic Review*, vol.93, no.2, 2003, pp.175-79.

23. Ayako Hirono. "The Japanese poet who inspired Nobel economist Richard Thaler", Nikkei Asian Review, (Nikkei Asia), 2017, October 12.

24. 同上。

25. 日经商业周刊编，"塞勒教授（下）改变行为的钥匙是'信赖'日本人为何对'助推'充满戒备?"，日经商业 LIVE "资本主义的重建与创新复兴"研讨会，2021 年 10 月 22 日。

26. Gabaix, Xavier and Laibson, David I., Shrouded, "Attributes, Consumer Myopia, and Information Suppression in Competitive Markets," April 11, 2005, MIT Department of Economics Working Paper No.05-18.

27. 卡斯·桑斯坦，"通过智能披露告知消费者"，白宫，2012 年 3 月 30 日。

28. 同东昌树（2019）。

29. 同日经商业周刊编（2021）。

第三章

丹·艾瑞里
"利他行为"的经济学

人物简介

◎美国杜克大学心理学与行为经济学教授丹·艾瑞里

生于 1967 年，1991 年毕业于特拉维夫大学，1994 年在北卡罗来纳大学教堂山分校获得认知心理学硕士学位，1996 年获得同专业博士学位，1998 年在杜克大学商学院获得管理学博士学位。2000 年至 2010 年，艾瑞里兼任麻省理工学院商学院和媒体实验室教授，同时还在加州大学伯克利分校、普林斯顿高等研究所等高等院校和研究机构工作，自 2008 年起任现职。因证明昂贵的假药比廉价的假药更有效，艾瑞里于 2008 年获得了搞笑诺贝尔奖。其著作有《可预测的非理性》《非理性的积极力量》《不诚实的诚实真相》《丹·艾瑞里教授的"行为经济学"入门》（均由日本早川书房出版）。

为什么人总是不像预想的那样理性

在理查德·塞勒教授之后出场的是行为经济学家、美国杜克大学的丹·艾瑞里教授，他拥有《可预测的非理性》等多部畅销书。本章是我与艾瑞里教授之间的简短对话。

艾瑞里教授没有经济学博士学位，即便是在"奇葩"众多的美国行为经济学领域，他也被认为是一个颇具个性的人物。他一直在行为经济学领域进行自由的探索。如果访问他的个人网站，你会发现里面有许多有趣且特别的视频和图片。[1]不过，随着行为经济学影响力的增加，有人对该领域的研究"是否具有复现性"提出了质疑，艾瑞里教授的代表性研究也成为怀疑的对象。对此，他竟亲自检验了过去的研究，并十分坦诚地宣布不具有复现性。[2]于是，2012年，他在学术期刊上发表的原始论文也被撤回。[3]

这篇被撤回的合作论文的研究成果在其著作《不诚实的诚实真相》（日本早川书房）中也有介绍。该研究通过让民间企业参与实验，证实了在填写文件时，在纸张顶部签名能够唤起人们的道德感，从而避免虚假报告的出现。

为了介绍行为经济学，我们已经用了很长的篇幅介绍塞勒教授了，但我还是想将艾瑞里教授的访谈也收录进来。艾瑞里教授以其创新的研究和他的著作在社会上产生了巨大的影响力，值得关注。另外，尽管这是2014年的访谈，但其中也提到了最近被热议的关于"利他行为"的研究。"利他行为"是一个近年来经常被跨学科探讨的主题，颠覆了我们不少认知上的常识。

例如，医学博士迈克尔·克雷格·米勒先生说道："利他主义可能是一种进化而来的冲动，它指责甚至惩罚那些只为自身利益行动的人。"[4] 换言之，"利他"绝不是"为了他人"而产生的冲动。正如俗话所说的那样："好心总会有好报。"这和塞勒教授的"毕竟我们不是完人"一样，都能在日语俗语中找到简洁明了且直击本质的表达。

此外，令人意外的是，艾瑞里教授还与将在第五章中介绍的诺贝尔经济学奖得主、市场设计师埃尔文·罗斯、阿克塞尔·奥肯菲尔斯开展过合作，他们于 2005 年共同发表过关于拍卖设计的相关研究论文。他们证明了改变拍卖的机制会对投标者行为产生巨大影响。艾瑞里教授与首位在行为经济学领域获得诺贝尔经济学奖的心理学家丹尼尔·卡尼曼先生也有密切的联系，他们为新领域的发展做出了贡献。

为什么人们会"如预期地不合理"呢？行为经济学不同于主流经济学的原因又是什么？通过对上述问题的提问，不难发现分歧点就是对"利他主义"的看法不同。

思考人类行为时，正因为略带悲观，才有趣

用艾瑞里教授的话来表达传统经济学和行为经济学的区别，可以这样说：

"首先，传统经济学从非常简单的假设出发。它假设人们是完全理性的，拥有坚定的偏好。相反，行为经济学不做这样的假设，它以观察实际行为作为出发点，通过实验来进行研究。

"也就是说，观察是主要的，而不是理论优先，这符合所谓的'设计思考'的概念。

"接着，我们会确认那些偏离经济理论所描绘的'理性'的行为，并阐明背后的原因。因此，行为经济学更加具有现实性。我们对人的看法比传统经济学更显悲观，但也正因如此，才更有趣。"

确实，在行为经济学视角下"利益无法最大化"，以传统经济学的标准去评价的话，这可能并不理想。然而，艾瑞里教授却认为这是"有趣的"。

"有时候，有人说行为经济学不是经济学，这是站不住脚

的。行为经济学正在从全球范围内收集数据，并正确地处理、分析这些数据。我本人也喜欢传统经济理论，它确实描绘了人类性质的一部分。

"但是，当在现实中引入新税制、建设新医院，或者建造新机场时，是否真的能够假设纳税人、医院患者或机场使用者的行为是完全理性的呢？这样想的话是否过于简单了呢？"

目前，世界上对行为经济学感兴趣的人越来越多，对此，艾瑞里教授有何看法？

"我认为有两点原因。首先，由于 2008 年的金融危机，人们开始对人类和市场的理性产生明显的质疑，开始寻找能够解释社会的其他理论。

"金融理论也会假设人们会完全理性地行动，但正如我们都知道的，股票市场上发生的事情明显证明这种假设是错误的，人们显然不是完全理性的。如果市场是完美的，人们又怎么能赢过市场呢？人们买卖或交易的原因是他们认为自己比市场更能了解未来。人们知道市场是非有效和非理性的，所以他们才会参与交易。"

这里，艾瑞里教授批评的金融理论是指有效市场假说。有效市场假说是金融领域的基本概念，认为"金融市场是有效的，股票和债券的价格等于其内在价值"。它认为股票价格反映了预期未来价值的现值。但正如我们前面所说的，人类存在"有限理性"，所获取的信息也是有限的，同时人的情感和偏见也会左右我们的判断。行为经济学就是从这里入手的。

"行为经济学有很多研究课题，例如，在早期有很多关于赌博的研究。这在当时还属于未被深入研究的领域，比如是选择 20% 的概率能够获得 8 美元，还是选择 80% 的概率获得 4 美元？抑或是 100% 确定获得 3 美元？

"此外，它还会研究人们日常生活中对特定食物（如咖啡或葡萄酒）的某种偏好、民众排队等待购买奢侈品的消费者行为，或对音乐沉迷成瘾的粉丝行为等。

"行为经济学观察这些日常生活中的人类行为和其独特之处，为我们理解这些行为提供了解释。这也是为什么它能够吸引众人。"

行为经济学以"心理学"为基础，研究对象从个体到社会，尤其关注那些涉及金钱的日常问题，这使得它在一般的消费市场和投资市场中更具亲和力，更受欢迎。对于行为经济学在实际中的应用，艾瑞里教授是怎么看的呢？

"在商业领域，所有与人打交道的行业都可以从行为经济学中学到很多东西。

"例如，汽车设计师需要去了解人们能够集中注意力的时间段。政府在设计医疗保健体系时，了解人们是如何阅读药物说明书，如何使用药物的也非常重要。除此以外，在老师给学生评分时，了解学生关注成绩的动机也是有益的。所有与人打交道的职业都需要关注人的动机、决策习惯以及各个对象的个体能力。在这些领域中，行为经济学都是非常有用的。"

传统经济学中被认为是错误的"利他行为"

据我了解，在行为经济学领域内，相关研究正在深入地分析"利他行为"。对此,艾瑞里教授有何看法呢?

"人的利他行为是一个非常有趣的主题。从传统经济学的角度看,利他行为被视为一种'错误'。

"让我们从一个简单的例子开始思考。在外国城市用餐时,面对一个可能永远不再见面的服务员,为何还要因其服务让我们满意而特意给小费呢?这类小事也算是一种'利他'的行为。我们再来考虑一个更极端的例子。

"假设一位老妇人在街头遭遇抢劫。这时,周围的人可能会与老妇人一起追赶抢劫犯。在这个时候,追赶抢劫犯的人,从某种意义上说,为了帮助老妇人而将自己置于风险之中。这种行为的动机又是什么呢?人类存在着利他的一面,我们不能忽视这一存在,将其视为'不合理'。

"在经济学之外的社会科学中,利他主义被认为是社会功能中非常重要的一部分。利他的态度作为我们的本能,可能不具'合理性',但一定是我们'价值判断'的结果。

"人与人之间互相帮助,在小范围集体中是显而易见的理性之举。同样,对于整个社会来说,虽说也有例外,但利他的行为在大多数情况下也是符合逻辑的。"

由一段住院经历开始了对行为经济学的研究

艾瑞里教授对行为经济学的兴趣始于他 18 岁时经历的严重烧伤。

"我对行为经济学产生兴趣的契机可以追溯到我 18 岁的时候。那时,我全身 70% 的部分被严重烧伤,在医院里整整度过

了三年。在这段时间里，我对一直照顾我的护士们的做法产生
了疑问，他们用一种对患者来说非常痛苦的方式更换绷带。而
护士们似乎认为他们的操作没有问题，尽管他们是平日里最关
心我们这些患者的人。

"即使是那些非常关心患者的护士，也缺乏对患者痛苦的
理解，存在先入为主的观念。故此，我产生了一种强烈的想
法，想要去研究那些无法从经验中学到的东西，想要去研究不
断重复错误的人类行为，并最终为改善这个社会做出贡献。"

艾瑞里教授是因为极为个人的经历而对行为经济学产生了
兴趣。在采访时，艾瑞里教授深入介绍了他针对自私行为和利
他行为所进行的行为经济学实验研究。在这个过程中，他最为
惊讶的是什么呢？

"几乎我做出的每个实验结果都让我感到惊讶，但最近
（2014 年）有一个实验让我印象深刻。这个实验探究的是，喜
欢饮酒的人是更自私还是更利他的问题。按常理来说，我们可
能会认为他们更自私。然而，实验结果显示，他们更为利他，
更具有社会正义感。这是我最为惊讶的地方。"

关于利他行为，人类学、医学等多个领域已经进行了深入
研究。在哲学和人类学的话语体系以及经济学和管理学中，这
一主题早已成为研究的焦点。塞缪尔·鲍尔斯和赫伯特·金蒂
斯等人是这方面的权威。利他性通常被认为与良心和善良有
关，但正如本节开头所提到的，最近的科学研究，尤其是涉及
实验的研究发现情况并非总是如此。通过对艾瑞里教授的采
访，我们可以了解到当时的利他行为相关研究的部分成果。

最后通牒游戏中的经济学

从艾瑞里教授的访谈中不难看出，人的本质是自私的，对自身利益有偏好，因此，他人的自私行为更容易引起人们的关注。于是，人们便产生了"为自己着想"而促进利他行为的意识，是这样的吗？这种（自私行为的）带有惩罚性质的情绪会将我们带向何处呢？想要理解这种被利他性所掩盖的惩罚情绪，有一项研究或许可以提供一些线索。

美国埃默里大学的人类学家约瑟夫·海因里希等人设计了一项社会心理学经济实验——"最后通牒游戏"。通过这个游戏，他们思考了文化对经济行为的影响。[5]

最后通牒游戏是博弈论中的一个概念。这个游戏由两名玩家组成，提出者向另一名玩家提议一定的分成方案。被提出方可以选择接受或拒绝。如果接受，他会收到这笔金额，而提出者将获得余下的部分。如果被提出方拒绝提议，则二者都将一无所得。在理论上，即使在可以获利的情况下，人们也会讨厌不公平的分配。

然而，海因里希等人的实验结果大幅偏离了博弈论的预测。具体而言，在包括洛杉矶和东京在内的多个城市进行了相同的实验后，他们发现，在秘鲁东南部热带雨林散居的马奇健格族表现出与工业国家实验对象完全不同的行为。

马奇健格族甚至在面对极低的不公平的提议金额时也选择了接受。他们认为提出者获得多少对于自己并不重要，他们更为关注的是自己是否能够获得金币。这一事实表明，选择的偏好和对公平的定义，都是由文化差异决定的。也就是说，文化差异对决策会产生影响，在不同的行为模式下，"公平"的内涵也不尽相同。

为了维持社会的正常运作，我们需要社会规范在群体生活中稳定地约束人们的行为。与此相同，利他行为实质上是"为争取更大利益"的一种行为模式。它逐渐成为科学研究的对象。[6] 近年来，随着人们生活方式和技术环境的变化，一些古老的社会规范开始落后于时代，例如在某些国家和地区，男性和女性在社会和家庭中的角色固定不变，这与变化了的社会显得格格不入。[7] 但传统的社会规范具有"黏性"，难以改变。

对于这些研究结果，我们不仅需要理解个体的行动机制，同时，也要关注群体文化中根深蒂固的不合理结构，如果不去改变这种结构的话，就难以解决当下的社会问题。

注 释

1. Hi I'm Dan Ariely. https://danariely.com/all-about-dan/.
2. Kristal, Ariella S., A. V. Whillans, Max Bazerman, Francesca Gino, Lisa Shu, Nina Mazar, and Dan Ariely. "Signing at the Beginning vs at the End Does Not Decrease Dishonesty." *Proceedings of the National Academy of Sciences* 117, no.13 (March 31, 2020).
3. 美国科学院院报官方网站。
4. Michael Craig Miller, "The Truth about altruism," Harvard Health Publishing, January 5, 2016.
5. Henrich, Joseph, "Does Culture Matter in Economic Behavior? Ultimatum Game Bargaining among the Machiguenga of the Peruvian Amazon." *American Economic Review*, 90 (4): 973-979, 2000.
6. Jean Ensminger, Joseph Henrich, *Experimenting with Social Norms: Fairness and Punishment in Cross-Cultural Perspective*, Russell Sage Foundation, 2014, p.492.
7. Bertrand, Marianne and Cortes, Patricia and Olivetti, Claudia and Pan, Jessica, "Social Norms, Labor Market Opportunities, and the Marriage Gap for Skilled Women." IZA Discussion Paper No.11382.

第四章

保罗·米尔格罗姆
商场上的经济学

人物简介

◎美国斯坦福大学教授保罗·米尔格罗姆

　　1948年生于美国的底特律，1970年毕业于密歇根大学，之后从事保险精算师工作数年，于1978年在斯坦福大学商学院获得博士学位。米尔格罗姆自1987年起一直在斯坦福大学任教，其著作包括《经济学、组织与管理》（合著，NTT出版）、《拍卖理论与实务》（东洋经济新报社）等，2020年，因在拍卖理论方面的研究与罗伯特·威尔逊先生共同获得了诺贝尔经济学奖。

开创拍卖理论

本章介绍的是 2020 年因在"拍卖理论"领域的突出贡献而获得诺贝尔经济学奖的两位得主之一的美国斯坦福大学保罗·米尔格罗姆教授。本章的内容主要基于 2014 年 2 月对米尔格罗姆教授的专访，讨论了"拍卖理论"和"组织经济学"这两个微观经济学领域的内容。

当时，博弈论是微观经济学理论中唯一享有知名度的理论。2001 年，由演员拉塞尔·克劳主演的美国经典电影《美丽心灵》以数学家约翰·纳什获得诺贝尔经济学奖的故事为基础进行改编，这部电影极大地提高了博弈论的知名度。这也成为一个契机，使经济理论开始在分析现实事件中得到更广泛的应用，并伴随着技术创新迎来了多方面的发展。我希望在本章介绍这一领域的最新动态。

推动拍卖理论发展的是米尔格罗姆教授和他的同事罗伯特·威尔逊名誉教授。诺贝尔经济学奖的授予是对他们在频谱使用许可证售卖等领域使用拍卖理论取得成果的高度认可。

在罗伯特·威尔逊的研究之上添砖加瓦

拍卖理论的实际应用始于 20 世纪 60 年代至 70 年代。最初，共同获奖者威尔逊先生发现了一个关键点，即当各个投标者掌握的价格信息不同时，那些过度评估价值的人往往会成为最终的中标者。值得一提的是，威尔逊先生还是米尔格罗姆博士论文的主审老师。

话说回来，过度评估价值的结果就是，中标者会遭受损失，往往需要支付比实际价值更高的金额。这被经济学家称为"赢家的诅咒"。威尔逊先生在 20 世纪 60 年代至 70 年代就致力于研究这个"赢家的诅咒"是如何发生的，他还发现，"赢家的诅咒"可能会导致买家过于谨慎。

此外，威尔逊先生还负责美国内政部矿业权拍卖的咨询工作，在这个过程中，他注意到一个事实：谁也不知道地下到底埋藏了多少石油或天然气，而且石油或天然气的价格在未来是不稳定的。

在这种情况下，尽管每个投标者都参与拍卖，会给出自己的个人预测价格，但由于对储量的估计因人而异，所以这导致他们给出的价格差距较大。最终，内政部拍卖中投标者的预测价值或许也不尽准确，但在这里，威尔逊先生引入了一个"共同价值"的概念。

这是什么意思呢？之前的拍卖理论研究主要侧重于私人价值模型，即商品的价值仅取决于每个投标者的评估，但对于像石油和天然气这样的商品，最终对每个人来说它们都应该具有相同的价值。这是不同于私人价值的，是共同价值。在拍卖拥有共同价值的商品时，我们可以在拍卖的过程中窥见其真正的价值，并且可以随着拍卖的进行调整自己的估价。

另外，米尔格罗姆在 1993 年之前就发现，"英式拍卖"（以低价开始，不断抬高价格）相对于"荷兰式拍卖"（以高价开始，不断压低价格）更有利于减轻赢家的诅咒。这是因为投标者在拍卖过程中获取了关于商品价值的更多信息，而更多信息就意味着更高的收益。[1]

米尔格罗姆作为共同研究者，发展了威尔逊先生的理论，并创建、完善了一个可以囊括私人价值和共同价值的模型（相关价值模型）。

值得注意的是，拍卖理论在经济学中首次引起关注，是在后文中米尔格罗姆所提到的威廉・维克里的研究中。维克里于1996 年获得了诺贝尔经济学奖。他获奖的原因不仅是他在拍卖理论上的开创性工作，还因为他在非对称信息（即在经济主体之间，持有的信息质量和数量存在差异）下制定的激励理论。仅凭借对拍卖理论的发展而获奖的，当然是 2020 年的米尔格罗姆和威尔逊二人了。现在拍卖理论正被广泛应用于解决实际的商业和社会问题当中。

米尔格罗姆在美国开创了频谱使用许可证的拍卖方法，这一创新被认为是他获得诺贝尔奖的原因。由于频率在不同地区存在各种类型，因此，他设计了一种实用的拍卖方法，可以灵活地分别或打包出售频谱许可证，这一方法后来在世界各国都得到了应用。[2]

在"组织经济学"领域同样声名远扬

米尔格罗姆不仅是一位拍卖理论家，他还因与约翰・罗伯茨先生合著的兼具开创性、系统性的组织经济学教科书《经济学、组织与管理》（NTT 出版）而备受推崇。这本教材在日本、美国以及全球范围内屡次再版重印，被称为"米尔格罗姆 – 罗伯茨之书"。

在米尔格罗姆的母校——斯坦福大学商学院取得博士学位

的早稻田大学伊藤秀史[⊖]教授负责了米尔格罗姆－罗伯茨之书的翻译工作。据伊藤教授介绍，组织经济学的内涵是，将组织内部视为不同于市场的"交易场所"，并在其中利用经济学原理进行分析。

伊藤教授表示，20 世纪 80 年代，许多商学院为教授必修的微观经济学雇用了大量经济学家。在斯坦福大学，负责指导 MBA 学生的商学院经济学家们不仅需要履行作为导师的职责，同时还作为研究者致力于探讨、发展博弈理论、拍卖理论等最前沿的经济理论。

伊藤教授指出："当时，教授们认为，如果能将授课内容同他们（MBA 学生）的就业经验相结合的话，那么在传授知识时会更加容易。"正是在这样的慢慢摸索中，"组织经济学"诞生了。米尔格罗姆教授在 20 世纪 80 年代初期专注于研究拍卖理论，在那之后，他在应用博弈论方面，包括组织经济学在内，做出了重要的贡献。然后，在 20 世纪 90 年代中期以后，他回到拍卖理论领域。[3] 后文将详细介绍这一情况。

在 20 世纪 80 年代的斯坦福大学，经济学家和学生的相互交流推动了研究领域的创新，促使了研究工具的更新换代，也开创了新的应用领域。

拍卖理论与组织经济学的关联

采访米尔格罗姆的那段时间，我一边负责处理经济学者的

⊖　伊藤教授 2017 年由一桥大学转入早稻田大学。——译者注

投稿和采访工作，一边负责策划几乎每年都会出版的日经 BP
杂志书"新经济教科书"系列。当时，我正希望介绍那些在商
业、社会中实际运用的经济学理论。于是，2014～2015 年，日
经 BP 杂志书的副标题就是"将'经济学'变成在商业中能够
使用的武器！"。

　　其中，组织经济学和拍卖理论是我一直没有深入了解的重
点目标。米尔格罗姆在这两个领域都享有盛誉，因此他自然成
了我最想采访的研究者。

　　虽然米尔格罗姆在研究者眼中是拍卖理论的国际权威，但
我认为如果想了解组织经济学，初学者还是从《经济学、组织
与管理》开始更为容易。最重要的是，由于我本人也对组织经
济学很感兴趣，所以，采访便从关于《经济学、组织与管理》
的问题开始了。在整理采访内容时，我发现拍卖理论和组织经
济学都是在互联网出现后取得了重要发展，并且它们之间是相
互联系的。

　　本次采访的内容在整理时由米尔格罗姆亲自审定和编辑。
此外，关于拍卖理论的相关叙述也得到了大阪大学安田洋祐教
授的审查和建议。在此向他们表示衷心的感谢。

　　那么，现在就让我们进入访谈部分吧。

为何经济学可以运用到商场上

1992 年，米尔格罗姆教授在美国出版的 *Economics, Organization and Management* 是一本广受好评的组织理论教科书，全球各大商学院都在使用。这本教科书涉及企业存在的一系列问题，例如企业如何在调整个体活动的同时激发员工积极性等，它提供了许多从市场经济理论中获得的创新思路。编写这样一本教科书的初衷是什么呢？

基于独特框架编写的教科书《经济学、组织与管理》

"1992 年，我负责斯坦福大学本科生的课程教学，教授一门名为'企业的经济学'的课程。而（合著者）约翰·罗伯茨教授恰好也在商学院教同一门课。于是，我们将这门课非正式地称为'那个事'。也就是说，在当时，对于经济学家来说，还没有一个合适的名词来准确地描述我们授课的内容。

"当时，对于经济学家是否能够为学生传授关于组织的实用的知识，存在一种质疑的氛围。尽管当时并没有确切的答案，但我和罗伯茨教授决定使用我们所掌握的知识，着手创作一本最优秀的教科书。我们希望将我们的知识整理得贴近实际。

"这本教科书的初稿受到了许多学生的好评。如今，我偶尔会遇到以前教过的学生，他们还会说，'老师，那门课对我很有帮助。现在我能够从不同的角度思考组织问题'。

"鼓舞人心的反馈让我们深感手忙脚乱，于是我们继续从其他经济学研究中汲取见解，并将其融入我们的框架中。通常而言，经典的教科书会力求忠实地反映它所引用的原著的内容。然而，我们在编写过程中，针对'组织内在本质'问题，除了采纳了一些有用的观点，还融入了我们自己的想法。"

"组织经济学"的发展沿革

接下来，让我更为详细地介绍一下"组织经济学"。

谈到经济学中研究组织和企业理论的起源，首先要提到的是赫伯特·西蒙（1978 年诺贝尔经济学奖获得者，有限理性）和罗纳德·科斯（1991 年诺贝尔经济学奖获得者，他通过在 1937 年的论文中引入交易成本概念，成为新制度经济学的奠基人）。

此外，肯尼斯·阿罗在 1974 年出版的演讲集《组织的极限》中的讨论，以及奥利弗·威廉姆森（2009 年诺贝尔经济学奖获得者，1975 年以来，他将交易成本引入经济理论，并讨论了"企业边界"）的"交易成本经济学"也对经济学和管理学产生了深远的影响。

在组织经济学发展的过程中，一开始主要关注的是市场运作。随后，那些易于用经济学理论解释的，在"企业边界"下进行的交易研究变得兴盛，再之后，关注点逐渐转向对组织内部结构、制度以及个体行为的研究。在"交易成本经济学"中，关注的点在于所有涉及交易的成本，包括劳动力。与探索不确定的新交易伙伴相比，与之前合作过的伙伴再次合作可以节省时间和"劳力"。因此，特殊的关系就形成了，双方变得越来越离不开对方，互为必要。

如何获得与伙伴之间的排他性关系，以及如何在新的交易伙伴之间减少因此产生的"成本"以获取更多利益，决定了企业组织和市场活动的思维方式。[4]一个清晰的例子就是汽车行业的供应链。

虽然这种在市场上进行的组织分析在经济学理论中早就存在，但从科斯的研究首次问世，到威廉姆森在 1975 年发表相关论文，花费了大约 40 年的时间。威廉姆森指出，其原因在于"在这期间，经济学家的研究主要集中在数学建模上，追踪交易的成本在数据上非常困难"。[5]

此外，专注于企业行为的组织经济学想要成为经济学领域的一个独立主题并不容易。其中一个原因在于，企业管理研究领域中一直以来的主流是以提高工厂生产效率为出发点的生产管理方法研究，而通过经济学分析组织架构的方法一直以来都没有被广泛地采用。

带来巨大冲击的"信息经济学"

但到了 20 世纪 80 年代，情况发生了变化。斯坦福大学和哈佛大学掀起了一股利用经济学理论来分析商业业务的热潮，同时，在经济学教育领域，也开始有了新的尝试。

伊藤教授回顾说："20 世纪 80 年代，斯坦福大学的米尔格罗姆、罗伯茨等人致力于创建组织经济学，为本科生和 MBA 学生教授经济学。同时，哈佛大学也设立了一个名为'商业经济学'的项目。该项目规定第一年的课程与经济学博士课程相同，第二年则与 MBA 相同，这是一项创新的内容。此外，我的斯坦福大学前辈、1985 年取得博士学位的罗伯特·吉本斯，在麻省理工学院的教学重心也逐渐转向组织经济学。"哈佛大学项目初期的毕业生中，有以《重塑资本主义》等著作而闻名的丽贝卡·亨德森教授。

波士顿大学经济学部教授（当时是哥伦比亚大学商学院教授）雷蒙德·费斯曼表示，"信息经济学"的出现促进了组织经济学的大规模发展。信息经济学考察了人们在市场中无法合理行动的原因，其研究角度是信息的不对称性和不完全性。[6]

科斯、威廉姆森等人开创了组织经济学，而阿罗则开创了信息经济学，之后由乔治·阿克尔洛夫、迈克尔·斯宾塞以及约瑟夫·斯蒂格利茨三位经济学家发展。他们三位凭借在信息经济学领域的研究，于 2001 年获得了诺贝尔经济学奖，得到了社会的认可。

西蒙的"有限理性"理论解释了即使人们试图做出理性的决策，但他们能够认知到的必要信息的范围是有限的。阿克尔洛夫等人从信息不完全的角度对此进行了分析。这些理论与组织经济学结合起来，呈现出新的发展面貌。

费斯曼指出，随着 IT（信息技术）革新的推进，信息经济学也发生了变化。在经济学中，"因不完全信息导致市场失败"的假设不再成立了。一旦发现市场失败，人们就会利用技术进行修正，设计出更能实现相关资源合理分配的市场。这也引发了"市场设计"这一概念的兴起，该概念认为应该根据目标设计市场，而不仅仅是基于市场的现状来思考。

从伊藤先生的讲述以及上述发展沿革中，我们可以理解在 20 世纪 80 年代到 90 年代初期，即 IT 技术普及的过程中，为何未能出现系统的面向学生的"组织经济学"教科书了。当时，组织经济学本身还在发展初期，而信息经济学的研究也才刚刚步入正轨。实际上，组织经济学的发展很大程度上得益于米尔格罗姆等人所编写的这本教科书。伊藤先生还补充道："也是由于在此之前的一些积累，那之后组织经济学的研究发展越来越快。"

凭借提出"动态能力"[7]（运用管理资源应对动态环境变化的能力）概念获得 2021 年科睿唯安"引文桂冠奖"的加州大学伯克利分校商学院的经济学家戴维·蒂斯，对米尔格罗姆也颇为熟悉。据他所说，米尔格罗姆还曾研究过日本企业在二战后发展得如此迅猛的原因。[8] 1994 年，米尔格罗姆在与罗伯茨合著的一篇论文中指出，日本的企业是一个"超级模块系统"。他们观察到，日本企业的系统及制度，总是能与其他企业的系统及制度完美融合，相辅相成。他的这项研究实际上受到了青木昌彦在 1988 年发表的研究成果的影响[9]。

吸纳麦肯锡的研究成果

那么，在信息交流工具受限的情况下，米尔格罗姆在撰写这本涉及"新领域"的教科书时，有哪些特别关注的方面呢？

"理论家在编写教科书时可能过于注重专业术语的严密性和准确性，这会使读者群变得狭窄。尽管由于逻辑的严密性会受到一些人的赞扬，但对于大多数人来说，这样的书可能会显得晦涩难懂。

"大多数经济学家的研究内容与实际的商业关系不大。最近几年（2014 年）我在与尼克·布鲁姆教授合作，基于《经济学、组织与管理》这本教材，举办了多次的讲座，内容与最初的和罗伯茨教授开始撰写此书时相比，有相当的变化。

"就比如说，像是道德风险、委托代理理论、公司所有权等内容，我仍然会基于原来的理论来讲。但除此以外，我还加入了许多关于麦肯锡公司经营研究成果的内容。"

⊙专栏

组织经济学典型内容的举例

经济学能够解读这些管理问题。

1. 为何学历主义难以消失？

因为求职者的学历是企业评估学生能力的重要"指标"。

2. 为何会发生保险金欺诈和利益冲突？

在雇佣契约或保险契约中，一方如果拥有另一方所不知道的信息，例如一方实际上是一个不守时的人，或最初就隐瞒了事故记录，就可能会导致道德风险的出现（欺诈或失职）。

3. 绩效主义是否可取？

基于委托代理理论，可以使用基于绩效的激励来规避由委托方和代理方的信息差异产生的道德风险。然而，这需要在工作设计等方面进行巧妙的安排。

在课堂中引入针对大型咨询公司的经营研究，您的目的是什么呢？

> "我们致力于巧妙地将经济理论同对麦肯锡公司的经营研究相结合，同时，期望根据亚当·斯密、马克思、大卫·李嘉图等人的研究，全面地向听众解释组织是如何发展、变化的。换句话说，我们努力将经济史、主流经济理论以及针对实际管理领域的研究成果巧妙地连接起来，以便全面地开展教学工作。"

为了让听课者尽可能轻松地理解这样前所未有的课程内容，他们开始在理论讲解中融入实践的经验。

这是一个经济学家活跃于 IT 企业的时代

在 21 世纪的第一个十年，企业雇用经济学家的倾向非常明显，特别是 IT 企业。企业社会与经济理论之间的隔阂开始缩小。

在前往斯坦福大学采访米尔格罗姆教授的前后，我采访了两位在美国主要企业中任职的经济学家。一位是哈尔·瓦里安教授，他自2002年起在谷歌担任首席经济学家，同时也是加州大学伯克利分校的名誉教授。在采访瓦里安教授时，我还邀请了大阪大学的教授安田洋祐（时任政策研究大学院大学助理教授）作为与谈人出席。当时，安田教授正在与斯坦福大学副教授小岛武仁开展合作研究，暂居美国。

　　另一位则是米尔格罗姆教授的学生，曾担任微软首席经济学家的苏珊·阿西女士。她表示，亲眼看见学术进步如何应用于业务和让现实变得更好，让她感受到了巨大的活力。

　　瓦里安教授当时已经指出实验经济学的受欢迎程度在不断上升。他还强调了经济学和机器学习融合的重要性，并阐述了利用机器学习进行分析的关键所在，他认为，我们不仅仅要关注相关性，还要关注因果关系。[10]

　　阿西女士曾获得被誉为小诺贝尔经济学奖的"约翰·贝茨·克拉克奖"，她被看作未来可期的年轻经济学学者。当时的微软首席执行官史蒂夫·鲍尔默在阅读介绍她获奖的杂志文章后联系了阿西女士，这成为她加入微软的契机。她热切地表示："随着大数据分析的发展，社会科学正在经历一场革命。"[11]

　　事实上，正如诺贝尔经济学奖得主乔舒亚·安格里斯特教授和霍恩·斯蒂芬·皮斯克教授在2010年的论文中所写的那样[12]，当时正在发生一场使用因果关系和相关关系揭示研究的"可信性革命"（值得一提的是，和安格里斯特教授一起获得2021年诺贝尔经济学奖的吉多·因本斯教授是阿西女士的配偶）。

　　这些社会变革是否对米尔格罗姆教授的讲座产生了影响呢？

> "人们的意识发生了变化。不仅企业开始雇用经济学家，经济学家中对企业经营感兴趣的人也越来越多。"

为追求心上人，远赴旧金山

那么，接下来我们将回顾一下米尔格罗姆教授的个人职业生涯，一直追溯到"拍卖理论"之前。米尔格罗姆教授的职业生涯在他成为研究者之前颇具独特性。他并非一开始就专心于研究。他的职业生涯是从一次"失恋"开始的。

> "我最初是在商业领域开始我的职业生涯的，而且当时相当冒险。在密歇根大学学完数学后，我追随着一位心仪的女士来到了旧金山……
>
> "但是由于与那位女士的进展并不顺利，我突然发现自己不得不在旧金山找一份工作。由于没有找到理想的工作，最终我利用数学知识成为一名保险公司的精算师。然而，我渐渐觉得自己的工作领域有些狭窄，于是决定报读美国斯坦福大学的 MBA 课程。
>
> "入学后不久，我对 MBA 课程中教授的分析方法产生了兴趣，同时也对教学内容产生了怀疑。一方面，我对新的数学方法竟能直接应用于商业感到惊讶，并对此产生了兴趣。
>
> "另一方面，我觉得 MBA 课程中教授的内容过于简单，过于普遍。我认为我能够比教授做更深入的思考。于是我确信'教授们不应该在这里教这些内容'，并亲自

向教授提出异议。结果，教授告诉我说，'你选错了地方。你应该去攻读博士学位，而不是 MBA'。尽管我对商业领域很感兴趣，但最后意外地走上了研究者的道路。随后，我开始关注如何利用自己的知识解决实际问题。"

政府全盘接受了他的拍卖理论

米尔格罗姆教授是如何参与美国政府频谱拍卖项目的呢？

"在我的学生时代，我阅读了经济学家威廉·维克里撰写的一篇关于拍卖的论文，从那以后我就对博弈论和经济学产生了兴趣，并将拍卖作为我博士论文的主题。然后，幸运女神降临了。美国政府从 1994 年正式开始进行频谱拍卖，以出售通信业务许可证。

"1993 年，美国联邦通信委员会（FCC）首次公布了拍卖规则的文件。制定这份文件的专职政府经济学家，在成为政府经济学家之前曾是耶鲁大学经济系的教员，并且阅读过我的论文。

"然而，他所提出的方案非常复杂。由于频谱使用许可证的种类繁多，根据频段和地区的不同，存在无数种组合，接受提案的通信公司一开始不知所措。于是，一些大型通信公司联系我，寻求建议。其中，太平洋贝尔公司是第一个给我打电话的。

"我和同事罗伯特·威尔逊教授（当时）一起研究了政府的拍卖方案，但我们发现这对太平洋贝尔公司来说

> 是不利的，因此我们提出了这样的建议，'明白了，我们
> 一起考虑一个对贵公司和政府都更好的方案吧'。这就是
> 我参与拍卖设计的契机。"

换句话说，由于政府的拍卖提案过于复杂，导致民营企业
感到困扰，为了改善情况，米尔格罗姆教授等人参与其中。这
与第二章中理查德·塞勒表达的复杂的设计最终导致"胡推"
相呼应。

使用最新的技术和理论，简化复杂的制度设计，创造出更
简单、更好的结果，这是一项重大的社会贡献。

> "然而，我们只是学者。说实话，我并没有足够的知
> 识来真正设计实际的拍卖。但是，在仔细理解了政府的
> 提案后，我确信'虽然我可能不太了解实际的拍卖设计，
> 但我肯定做得比目前的方案更好'，于是我和威尔逊教授
> 决定投身拍卖设计。
>
> "拍卖理论看上去似乎很简单，实际上非常复杂。然
> 而，它所带来的好处是巨大的。有机会用自己的知识对
> 现实产生影响，这是一种令人激动的经历。
>
> "最初在政府提案中使用的拍卖理论非常基础。然而，
> 我们设计的拍卖（同步竞拍）从 1994 年开始在美国运作
> 得非常顺利，随后在全球范围内被模仿，在许多国家都得
> 到了应用。当时，我们在短短 6 周内完成了这个设计。"

仅用 6 周的时间就完成了改变世界的拍卖设计，这实在令
人惊讶。

> "因为政府已经提出了提案，所以我们必须提出替代
> 方案。截止日期是 6 周后，提交后我们又等了 6 周，等
> 待反馈和评论，然后再做修改。我们在 12 周内完成了这
> 项工作，最终政府完全采纳了我们的提案。那真的让人
> 惊讶。"

在那之后，拍卖理论在全球范围内广为人知，并得到实际应
用。那么他们设计的频谱拍卖机制究竟解决了哪些具体问题呢？

> "数百年来，拍卖的机制一直被用于确定最高且最具
> 竞争力的价格。而我们尝试的是，通过同时进行多种不
> 同商品的拍卖，来考虑如何以适当的价格将这些商品卖
> 给最适合的买家。在这个意义上，频谱拍卖的机制是一
> 个可以同时兼顾频谱的商品化、拍品与买家的匹配程度，
> 以及价格合理化的良好工具。"

尽管有着做精算师的经验，但在实际工作中对细节的通透思
考，他又是从何得来的呢？他是否经常有机会向企业提供建议？

> "我经常向企业提供建议。这与哈尔·瓦里安教授在
> 谷歌的工作可能类似。我提供的建议包括竞标建议、拍
> 卖设计以及投标的策略等。"

"拥有不同寻常的经历，日后会大有裨益"

米尔格罗姆的理论在研究者和商业从业者中都逐渐得到认

可，或许其中一个原因就是他的曲折经历。开创组织经济学的
诺贝尔经济学奖得主罗纳德·科斯先生最初是学商业的，据说
科斯先生也十分热衷于到企业现场进行观察和采访。

> "我深知将核心的专业知识传递给普通的商业人士是
> 一项非常重要的技能，我似乎也擅长这方面的工作。在
> 尝试之前，我从未想过我可能擅长这项工作（笑）。然
> 而，正因如此，我相信我们的提案能被政府采纳。
>
> "对于许多经济学家而言，接受标准教育之外的经历
> 都是非常关键的。最重要的是，这样的经历能够展现出
> 其与众不同之处。我最初是数学专业出身，曾是精算师，
> 正如我之前所提到的。
>
> "自从学习经济学以来，我也一直在跟数学方面的研
> 究者打交道，正是这些人推动了经济学的不断演进。这
> 或许是因为他们接受了不同于传统经济学家的教育，拥
> 有与平常经济学家不同的经历，这无疑能够为我提供不
> 同的视角。"

米尔格罗姆对于培养经济学家的方式也有独到的见解。他
认为，与其在大学里直接进行纯粹的经济学教育，倒不如拥有
一些不同寻常的经历，这样在将来在研究中将会更有裨益。

> "当前存在的一个问题是，那些在本科或研究生阶段
> 接受了直接的经济学教育并成为经济学家的人，很多时
> 候无法在实践中取得与他人不同的成就。当然，其中也

有一些极其杰出的人。但是在涉足经济学之前，拥有一些不寻常的经历，往往能够在未来提供更多的帮助。"

激励，拍卖理论的新发展

2014 年采访时，米尔格罗姆正深入参与设计新的美国拍卖制度。

> "我目前正致力于可能是拍卖历史上最为复杂的新的频谱拍卖设计。政府似乎计划在 2015 年 6 月实施（采访时）。在美国，政府面临的挑战不再是通过拍卖销售新的频谱使用许可证，而是不得不购买现有的运营商的频段，然后再将其重新销售给新的无线宽带公司。因此，我们正努力设计一种能够同时执行买卖的拍卖机制（这种机制被称为激励拍卖）。
>
> "目前，因为与加拿大和墨西哥的协调工作需要时间，所以进展较为缓慢。在国境附近，我们必须避免频谱的相互干扰。此外，有限频段的需求急剧增加，在这一点上我们也需要进行利益协调。我们期望能够获得两国的合作支持。"（米尔格罗姆先生的这项工作于 2016 年 8 月以频带激励拍卖[13]的形式得以实施。）

本章除了介绍米尔格罗姆的观点外，我还概述了经济学是如何被运用到政策实践中的。在下一章中，我将会介绍开创匹配理论的埃尔文·罗斯先生。

注　释

1. Melissa　De Witte, " The bid picture : Stanford economist explain the ideas behind their 2020 Nobel Memorial Prize in Economic Sciences ", November 19, 2020, *Stanford News*, Stanford University.

2. 广野彩子，日经商业 LIVE，"通过采访视频解读世界大脑"，2020 年 12 月 17 日，《日经商业电子版》。引自"米尔格罗姆教授（2）的诺奖成果——'拍卖理论'的厉害之处"中的庆应义塾大学经济学部坂井丰贵教授的发言。

3. 广野彩子，新经济学教科书 2014　公司内不讲道理的"交易"也可用经济学来解释　对话一桥大学大学院商学研究科伊藤秀史教授，《日经商业在线》，2014 年 4 月 22 日。

4. 伊藤秀史、新原浩朗、鹤光太郎，"奥利弗·威廉姆森获 2009 年诺贝尔经济学奖的意义：'组织经济学'的前沿及其对企业分析的适用性"，独立行政法人经济产业研究所 BBL 研讨会，2009 年 11 月 30 日。

5. Williamson, Oliver E. " On the Nature of the Firm: Some Recent Developments. " Zeitschrift Für Die Gesamte Staatswissenschaft / *Journal of Institutional and Theoretical Economics* 137, no.4 (1981): 675–80.

6. 广野彩子，"对话费斯曼教授　为什么看似'无用的会议、多余的管理层'却是合理的"，日经 BP 杂志书，《新经济学教科书 2014—2015 年版》，日经 BP，2014 年 4 月发行。

7. 详见伊藤秀史、沼上干、田中一弘、轻部大编的《现代经营理论》，有斐阁（2008 年）以及戴维·蒂斯的言论。

8. Milgrom, P., & Roberts, J. Complementarities and systems: Understanding Japanese economic organization. *Estudios Economicos*, 9(1), 1994, pp.3-42.

9. Aoki, M. Information, incentives and bargaining in the Japanese Economy: a microtheory of the Japanese Economy. 1988. Cambridge University Press.

10. 哈尔·瓦里安、安田洋祐，"前沿经济学理论创造了谷歌帝国　最新经济理论现在已成为商业工具"，日经 BP 杂志书《新经济学教科书 2014-2015 年版》，日经 BP，2014 年 4 月。瓦里安的话引自 Varian, Hal R. 2014. " Big Data: New Tricks for Econometrics," *Journal of Economic perspectives*, 28(2): 3-28. DOI: 10.1257/jep.28.2.3.

11. 广野彩子，"斯坦福大学商学院教授苏珊·阿西：'大数据分析将改变世界'"，日经 BP 杂志书《新经济学教科书 2014-2015 年版》，日经 BP，2014 年 4 月。

12. Angrist, Joshua D., and Jörn-Steffen Pischke. "The Credibility Revolution in Empirical Economics: How Better Research Design Is Taking the Con out of Econometrics. " *Journal of Economic Perspectives*, 24 (2) 2010, 3-30.

13. 保罗·米尔格罗姆，《价格的发现：复杂约束市场中的拍卖设计》，安田洋祐监译、熊谷玲美译，早川书房，2022 年。

第五章

埃尔文·罗斯
市场设计把"人尽其用"变为可能

人物简介

◎斯坦福大学教授埃尔文·罗斯

生于1951年，1971年毕业于哥伦比亚大学。1973年，罗斯在斯坦福大学获得运筹学硕士学位，随后于1974年取得博士学位。罗斯曾在美国伊利诺伊大学、匹兹堡大学和哈佛大学担任教授，于2012年获得诺贝尔经济学奖，自2013年起任现职。其专业领域涵盖博弈论、匹配理论和市场设计，著作包括《共享经济：市场设计及其应用》[⊖]等。

⊖ 此书中文版已由机械工业出版社出版。

寻求理论与现实的"意外收获"

"改变经济学思考方式的革命"

本章主要是对斯坦福大学教授埃尔文·罗斯的访谈,他将经济学中的"匹配理论"应用于市场设计与体制设计,并因此而闻名。2012 年,他同美国加州大学洛杉矶分校名誉教授罗伊德·沙普利因对"稳定配置理论与市场设计实践",即匹配理论及其应用的研究,共同获得了诺贝尔经济学奖。

如何以最佳的方式匹配不同的市场参与者,这是经济学中的一个重要挑战。沙普利在理论上解释了各种匹配方法,而罗斯则利用这些理论解释的结果,分析了实际上市场是如何运作的。此外,通过实证研究和实验,罗斯还揭示了匹配的成功与"稳定性"密不可分。[1]

作为经济学市场设计领域的领军人物,正如获奖理由所说,罗斯教授的研究不局限于市场设计,还涉及博弈论、实验经济学等多个领域。在获得诺贝尔经济学奖之前的 2011 年,美国麻省理工学院发行的刊物《MIT 斯隆管理评论》曾这样介绍罗斯的研究:

"埃尔文·罗斯是博弈论、实验经济学和市场设计方面的专家,他致力于让经济学家更密切地参与资源分配,尤其是在无法靠价格来辅助匹配的复杂情况下。"[2]

当时,他以博弈论为主要专业,其次是实验经济学。值得一提的是,在实验经济学领域,本书还介绍了约翰·李斯特教授的研究,以及罗斯与丹·艾瑞里合著的论文。

根据罗斯教授的学生兼前同事、东京大学大学院经济学
研究科教授小岛武仁⊖的介绍，获奖的匹配理论及其应用，即
市场设计，"确实可以说是改变经济学思维的一场革命"。[3]在
2011 年的杂志中，"市场设计"被列在罗斯教授专业的最末位。
这是因为在最初阶段，他的确致力于研究博弈论，但在研究途
中，他发现博弈论很多时候偏离实际，因此才转向市场设计
领域。

罗斯教授在实习医生和医院的匹配，以及肾脏移植中
供体和接受体的匹配方面，设计了能够最大程度反映双方期
望的机械程序（算法）。此外，他对"禁忌交易"（repugnant
transaction）也进行了研究，这涉及器官供应的交易市场，以及
与"非法交易"相关的思考，这始于他于 2007 年发表的论文
"Repugnance as a Constraint on Markets"（《作为市场制约的嫌
恶感》）。在本章的访谈中，他透露了自己正打算出书，目前已
经开始了研究与撰写工作。他的这本书后来在日本出版，名为
《共享经济：市场设计及其应用》。

匹配理论的源头

首先，什么是匹配？借用罗斯教授在书中的说法："在我
们的生活中，匹配是指在进行选择时，也被对方选择了的一种
经济学术语。""新市场设计理论则希望为匹配机制和市场带来
科学的方法。"[4]

⊖ 小岛武仁教授 2020 年由斯坦福大学转入东京大学。——译者注

对于匹配理论，小岛先生做出如下解释："它是研究各种拥有不同偏好的人之间如何进行匹配，以及如何以最佳方式分配有限资源的理论。"从这个意义上说，第四章中提到的保罗·米尔格罗姆教授的拍卖理论与此市场设计有着深刻的关联。

小岛先生进一步补充道："创建一个巧妙的制度，尽可能以每个人都满意的方式分配有限的资源，这就是市场设计。"[5]因此我们可以说，在未来，市场设计应用到实际中的可能性相当大。

匹配理论的源头可以追溯到与罗斯一同获得诺贝尔经济学奖的罗伊德·沙普利教授。最初，他与已故的大卫·盖尔教授一起发表了一篇论文。他们将男女之间的婚姻问题设定为"数学问题"，并发现了一种算法，可以使男女之间的关系"稳定"，即找到规避婚外情或离婚风险的配对组合。这在当时是一篇数学论文，但在 1984 年罗斯教授发表的一篇论文中，他发现了这一理论的"经济价值"。

在美国，医学生和医院会提供希望匹配的对象名单，匹配的主办方会根据这个名单使用算法来决定分配结果。这种匹配系统是通过 20 世纪 50 年代的反复试验形成的，但罗斯教授在 1984 年发现，这种在"实习医生匹配制度"中使用的算法与盖尔教授和沙普利教授在婚姻问题上的算法本质上是相同的[6]，都是在强调，"稳定"对于关系建立的重要性。

他的发现表明，通过数学理论得出的结论与实际医疗工作者通过试错找到的现实解决方案是相同的，尽管他们没有进行信息交换。这一发现为研究人员提供了新思路，即抽象的理论也可以运用于实际的市场，同时，研究现实中的制度也可以推进理论和实践的发展。[7]可以说，这是数学理论与现实的邂逅。

此后，罗斯教授开发了一个系统，它不仅可以匹配实习医生和医院，还可以匹配学生和学校，以及前文提到的器官提供者和患者。这也是他获得诺贝尔经济学奖的理由之一。[8]

设计市场

传统经济学通常将市场和社会制度视为已经"固定"的存在，并致力于对它们的运作进行分析。然而，在市场设计理论中，市场和社会制度被看作需要"构建"的元素。市场设计理论旨在通过观察和研究当代社会中出现的"市场失败"现象，寻找"修复市场"的措施并加以实施。

"市场失败"是指市场上的交易无法顺利达成。造成这种情况的原因有很多，其中一个原因是"摩擦"（friction）。摩擦是一个专业术语，是指因市场主体间交流困难而不易找到交易伙伴，或者市场主体难以判断交易优劣的情况。

为什么交易伙伴难以找到？为什么交易优劣难以判断呢？第一个原因是信息不足。为什么信息不足呢？这是因为一个人获取信息的范围和能力是有限的，信息量也是有限的，同时信息的可信度也因缺乏线索而难以确定。

例如，对于二手车的买卖，卖方当然了解车辆的使用情况，而买方只能从卖方提供的信息以及眼前车辆的实际状况中获取信息。因此，信息在双方之间无法充分共享，经济学称这种情况为"信息不完全"。由于"信息不完全"等各种原因，交易难以达成，或是交易达成得不合理都会阻碍最佳交易结果的达成，这就被称为"市场失败"。[9, 10]

市场设计理论在日本的实践

在 2020 年之前，小岛先生一直与罗斯教授在斯坦福大学开展合作。小岛先生在市场设计和匹配理论领域取得了世界一流的成就，是相关领域日本杰出的研究者。但他发现，在日本，"市场设计理论的社会运用"发展较为缓慢[11]，于是他创立了东京大学市场设计中心（UTMD），并亲自担任中心主任，致力于推动日本"市场设计的社会实施"。

在这里，我想再详细介绍一下小岛先生所坚信的到底是什么。"新古典派、凯恩斯经济学等传统经济学一直致力于阐明市场是如何运作的。例如，它们通过设计某种税收制度，分析和预测个人或企业将如何行动。通过多次的实践，它们就能逐渐预测到实施某项制度后可能导致的结果。而市场设计正与之相反，运用逆向思维，以'期望的结果'为出发点设计现实的经济和社会制度。"[12]

在第二章中介绍的，由理查德·塞勒等人提出的行为经济学，从社会心理学的角度切入，为传统经济学弥补了从理论到现实的鸿沟。而市场设计则是从根本上颠覆了对市场的定义。行为经济学关注人类的外在行为，市场设计则关注市场机制，虽然切入点存在很大差异，但其共同目标是谋求社会福祉和民众幸福。

　　小岛先生同 Cyber Agent 的研究人员开展合作，在他们的努力下，日本正在稳步推进理论在实际制度设计中的应用。其中，关键词是"人尽其才"。

　　例如，在日本，由于保育师数量不足，许多儿童需排位才能进入托儿所，而匹配理论的应用就很好地解决了这一问题。使用"immediate acceptance"（即时接受）的方式来分配托儿所，会出现"排位不透明""比自己后申请的人却优先入所了"等一系列问题。因此，小岛先生提出，日本需要引入波士顿的学校匹配制度"deferred acceptance"（延迟接受）。此外，为了解决 0 岁到 5 岁儿童 6 个年龄组的不匹配问题，他指出，需要更新目前匹配机制的算法。根据 21 世纪 10 年代后期山形市的数据进行估算，使用新算法有望减少 63% 的儿童排位入所错配情况。[13] 2022 年 4 月，东京多摩市接受了小岛等人的提议，在托儿所中引入了"延迟接受"的方式。

　　大企业也在逐步推动匹配理论机制的落地。希森美康（Sysmex）于 2021 年，Bridgestone 于 2022 年开始使用匹配算法为新员工分配工作，在这一机制下，员工和部门双方的匹配意愿都能得到满足。[14]

后起之秀的一鸣惊人

　　罗斯教授有一名学生与日本有着很深的关系，他就是我曾经采访过的哈佛大学商学院的斯科特·科明纳斯教授。作为罗斯教授的得意门生，他的研究领域也十分广泛，涉及博弈论、匹配理论、计算机科学等。[15]

　　科明纳斯教授是小岛先生学术上的后辈。2020 年，我曾邀请两位参加了我在夜间举办的网络研讨会系列"通过采访视频解读世界大脑"，并进行了现场演出。研讨会最初计划请求科明纳斯教授录制一段视频播放，然后由小岛先生作为前辈在线上对视频内容进行解释。然而，当得知届时小岛先生会发表见解时，科明纳斯教授表示"这听起来很有趣，我想加入！"于是，他也在线上参加了这个活动。

　　科明纳斯教授在哈佛大学经济学院跳级取得了博士学位，颇具才华，他非常喜欢参与各种有趣的事情，是弗里德曼一类的人物。尽管科明纳斯教授和小岛先生都是罗斯教授的学生，但两人的学年相差了大约 5 年，本来在校时期并不会有太多接触。然而有一次，罗斯教授对小岛先生说："有一个非常出色且有趣的学生，何不试试与他交流一下？"[16] 由此，小岛先生与科明纳斯教授因罗斯教授的介绍而结识。

　　科明纳斯教授被人所熟知是因为他设计了学校入学考试机制（与小岛先生的共同研究）和难民安置机制。与此同时，他还积极参与商学院的企业案例研究等工作，不断地扩展着他的活跃领域。我第一次与科明纳斯教授见面是在 2019 年，哈佛商学院日本研究中心主任佐藤信雄先生为我引荐了来日考察初创公司 Raksul 的科明纳斯教授。当时，我还尝试以研讨会的模式，通过视频提问的形式对科明纳斯教授进行了采访。直到后来，我才很惭愧地意识到小岛先生和科明纳斯教授的关系原来如此之近。

探索现实与理论的一致性

根据公开的信息和与小岛先生的谈话，在这里，我想更详细地介绍一下罗斯教授的前半生。

罗斯于 1951 年出生在纽约市的皇后区。他的父母是一所公立高中的老师，专门教授速记与打字，即"秘书学"的核心内容。他们的学生主要是一群踌躇满志、计划毕业后成为秘书的年轻女性。

1958 年，小学一年级的罗斯在教室里听到广播中说，美国发射了人造卫星"探险者 1 号"。这使他深信"研究科学可以成为一项职业"。同时，他的哥哥泰德就是一位对科学充满热忱的科学家，这对他今后的发展产生了深远的影响。

继哥哥之后，他也在哥伦比亚大学的"科学荣誉项目"中表现出色，高中未毕业就进入了哥伦比亚大学工程学院。大学期间，他专注于科学研究的同时，还加入了空手道部，成为日本空手道协会纽约支部森正隆大师的一名徒弟，修炼松涛馆流空手道。也正是这一缘分，使罗斯教授在获得诺贝尔经济学奖后，被日本空手道协会授予名誉黑带七段。[17]

从哥伦比亚大学毕业后，他进入了斯坦福大学，攻读运筹学博士学位。在参加了以色列希伯来大学的著名博弈论研究者迈克尔·马希勒教授的客座课程后，罗斯对博弈论产生了浓厚的兴趣。

然而，在这时，罗斯的生活出现了转折。在博士考试中，他有一科成绩未能通过。也正是在这个时候，罗斯接触了保罗·米尔格罗姆教授的理论。而后，他重新选择了罗伯特·威尔逊教授（原是保罗·米尔格罗姆的导师，在罗斯之后也获得了诺贝尔经济学奖）作为他的导师。

罗斯教授回忆道："鲍勃（指威尔逊教授）即使在休假中，每周也愿意花一个小时与我见面。如果我没记错的话，我们曾有过这样的对话。当我详细解释为什么我无法继续时，鲍勃会说，别气馁，然后语重心长地开导我一番。当我抱怨研究中有什么阻碍时，他就会给我推荐一篇论文。尽管有时在查阅论文后，我发现这篇论文与我遇到的问题并无直接关系，但最后总会发现，其中的一些思路是极为有益的。"

在导师温暖的指导下，罗斯教授于 1974 年成功地凭借其对博弈论的研究，获得了运筹学博士学位。

他与经济学的关系始于他的第一份工作，在美国伊利诺伊大学香槟分校商学院的工作。在那里，他与一位社会心理学者成了同事，两人一起进行了很多实验，并共同发表了 12 篇论文。罗斯教授表示："纳什的博弈论模型固然美丽，但无法清晰解释在实验中观察到的行为，我确信这就是博弈论研究陷入困境的原因。"[18] 在职业生涯的初期，他始终对现实与理论之间的差距保持关注，并秉持着一种不回避的研究态度。

值得一提的是，在撰写本文时，我特地查阅了罗斯教授的博客"Market Design"。结果发现，罗斯教授在博客中发表的与"禁忌交易"有关的文章中有两篇被谷歌删除，另外两篇则受到了警告。

罗斯教授对此表示："我有时会写或谈论一些有争议的话题，我知道有些人对我发布的内容持反对意见，还有些人甚至不欢迎我写这些东西。"他的确使用了一些可能会引起误解的标题。然而，罗斯教授对这些言论所引发的社会关注表现出了很浓厚的兴趣。小岛先生表示："在器官移植方面，自愿捐赠是被允许的，但交易是不被允许的。罗斯教授对这类问题非常感兴趣。"

罗斯教授将继续努力探索现实和理论现实的一致性。现在他表现出了对种族、性别、宗教等"禁忌"领域话题的浓厚兴趣。他是否能够找到数学理论与这些领域现实的一致性呢？这是一个值得期待的问题。

在跑步机上接受采访

接下来，我们将进入对罗斯教授的采访。他在 2014 年 12 月 19 日来到大阪大学社会经济研究所参加劳伦斯·R. 克莱因的纪念讲座（自 1997 年起由宾夕法尼亚大学和大阪大学共同举办 [19]，目的是纪念《国际经济评论》创始人劳伦斯·R. 克莱因博士），得益于此，我们能够对他进行采访。

在罗斯教授来日参加讲座前，我通过电子邮件向他提出了面对面采访的请求。但他回应说，由于行程安排得很满，只好在来日前接受线上采访。故此，我们最终通过 Skype 采访了罗斯教授，并于 2015 年 2 月 2 日在《日经 BPonline》上发表了采访的相关内容。尽管采访的时间有些久远了，但其内容主要围绕理论解释和罗斯教授的研究思想展开，所以直到现在仍有学习意义。

值得一提的是，在此次采访内容发布后，罗斯教授在他的博客"Market Design"上也分享了这次采访。"在本次的采访中我主要谈到了'禁忌的交易'和'市场设计'相关的话题。对于日语读者来说，这篇采访非常具有参考价值。"[20]这样的评价让我倍感荣幸。

此外，在采访的视频画面中，罗斯教授一边回答问题，身体一边在规律地左右摇摆，这让人感到好奇。当被问及原因时，罗斯教授解释说："我在跑步机上散步呢。"由于长时间伏案工作导致腰部不适，他在研究室里添置了一台跑步机。他还设计了一种桌子，可以安装在跑步机的前端，这样一来他就可以边走路边工作了。

这个小插曲的背后实际上蕴含着罗斯教授市场设计的思想，他已经将这种思想直接运用到了生活的方方面面。

最后，我要感谢小岛武仁先生，虽然他非常繁忙，但在撰写本文时仍抽出宝贵的时间，给予我许多关于内容的建议。在这里我要向他表示感谢。

◎访谈部分

构造更好的市场所面临的挑战

凭借稳定配置理论及在市场设计实践上所做出的贡献，2012 年罗斯和沙普利共同荣获了诺贝尔经济学奖。具体而言，他们基于数学匹配理论，成功建立了一套能够反映实习医生和医院双方期望的匹配机制。那么，最初他设计这样一个机制的动机是什么呢？

匹配即好的"市场"

在开始研究之前，我就听说过 20 世纪 50 年代美国在匹配实习医生和医院时所遇到的各种问题。比如，当实习医生的配偶也是医生时，要不要将他们分配到同一家医院呢？等等。对我来说，这种匹配的"场景"就是一个能够运用经济学理论的出色"市场"。

这个"匹配市场"非常完善，且已经实现了电子化，这使得我可以更方便地了解这个市场的独特规则。

很多市场中都存在着（隐含的）规则，它们很难被明确定义。在这个市场中活跃的人可能熟知这些规则，但作为一个外人，要了解哪些规则是重要的，哪些规则是不重要的，这往往非常困难。然而，在实习医生和医院的"市场"中，规则是清晰的。研究市场的功能和结构时，这是一个非常容易上手的对象。

与组织经济学或拍卖理论一样，计算机能力的飞跃性进展以及互联网的技术创新对匹配理论的发展也产生了巨大影响。

> "如今，互联网上存在着无数由计算机自动演算的市场，比如谷歌的广告拍卖市场。我们在访问互联网时，这些市场就会随之出现，与我们进行信息交换。实习医生的匹配程序可以算是这些（自动演算）市场的初级形态。"

近年来，人工智能正在加速这些自动演算市场的发展，可以应用匹配机制的领域也逐渐扩大。随着人的交易、交涉慢慢被机器取代，像匹配理论这样的市场设计方法还可以应用在什么地方呢？

市场是人创造的，是属于我们的

> "我认为市场设计理论在许多领域中都是可行的。从农业时代开始，人类在数万年间创造了无数的市场，即使在石器时代，也有市场的存在。考古学家研究了距今几万年的石器分布，他们发现其中一些石器与最初的生产地距离很远。这表明当时就存在着一种石器交易的市

场。换句话说，市场与人类相伴已久。

"利用市场其实和我们使用语言一样，你和我现在正在用英语交谈，但实际上我们并没有创造英语，我们只是在'接受'已经存在的英语。英语先于我们存在，我们在使用它。市场亦是如此，但有一点不同的是，市场由特定的人创造，被特定的市场参与者所使用。因此，相较于改变（人们广泛使用的）语言，改变市场要容易得多。

"市场是人创造的，是属于我们的。如果市场不按我们所期望的方式运作，我们就必须考虑改变其运作机制。市场是我们的东西。"

事实证明，的确可以运用匹配理论来设计肾脏移植或实习医生的匹配机制。然而，许多人可能更希望将其运用到金融市场、劳动力市场当中，以解决更为广泛的社会问题。

"当然，在这些市场上应用市场设计理论也是可行的。我有一个学生，名叫埃里克·布迪什，在芝加哥大学（当时）研究金融市场的高频交易。最近他发表的一篇论文指出，在如今的金融市场中，交易的速度变得过于重要，竞争不再是在价格上，而是在速度上。我们必须改变这样的机制，将竞争重新拉回价格之上。"

交易不该是竞速而应是价格竞争

"对此，布迪什建议在一些市场中减缓计算机的处理速度。许多金融交易基本上已经实现了电子化。虽说计算机和程序也是由人来管理的，但很多时候，由于计算机的处理速度过快，交易都是在没有监督的情况下进行的。在这种情况下，交易就变成了速度的竞争。当纽约证券交易所和芝加哥商品交易所之间出现价格差异时，获得利润的将是最快的交易者，而非提供最佳价格的交易者。"

罗斯教授在这里提到的布迪什的研究，在他的著作《共享经济：市场设计及其应用》中有更为详细的介绍。以下便是我从中引用的部分内容。

在交易时，卖方和买方通常都更喜欢"厚重的市场"。这个市场鼓励双方在交易之前进行充分的沟通。然而，由于计算机的广泛使用，金融市场的交易速度变得非常之快。布迪什注意到了其负面影响，拥有速度优势的交易者运用新技术便可以获取利润，这当然不符合"厚重的市场"的理念。

芝加哥的价格波动信息传至纽约的交易者仅需几毫秒的时间。只有那些投入了大量资金来建设高速光纤电缆的公司才能利用这几毫秒的时差来获取利润。长此以往，越来越多的公司将会投入高达数十亿美元的资金来建设速度更快的光缆。从整个社会来看，这无疑是对有限资源的浪费。

因此，布迪什与他的共同研究者彼得·克拉姆顿、约翰·辛提出建议改善金融市场机制，以恢复适当的价格竞争，消除利用通信速度进行的投机。具体而言，他们的提议是，放弃即时成交的交易方式，改为以秒为单位进行交易，同一秒内

下单的用户共同进行一次交易。每秒积累的订单中，需求和供
应价格相匹配的交易者就可以达成交易。换句话说，提出出价
最高的买单和出价最低的卖单的交易者将成交。[21] 他们的这个
建议无疑关注了更多相关方的利益。

寻找激发市场潜能的方法是经济学家的使命

在采访的一开始，罗斯教授就使用了"经济工学"这个词。
作为经济学家和工程师，他今后将如何为社会做出贡献呢？

> "市场对人类来说至关重要。在美国，即便是政治
> 家，他们讨论的大部分话题也都与市场有关。尽管美国
> 的政治家们都喜欢谈论'自由市场'，但'自由市场'
> 的含义仍然模糊不清。
>
> "如何构建市场机制才能使之顺利地运作呢？这是经
> 济学家的工作，更具体地来说，这是'市场设计'研究
> 者的工作，即寻找市场能够有效运作的'规则'。"

正如前面的章节所提到的那样，许多顶尖的经济学家进入
了美国的 IT 公司中，并深度参与了它们的业务架构，这已经
不再罕见。在日本，类似的情况也越来越多。不仅仅是 IT 行
业，各行各业似乎都在如火如荼地推进经济学的实际应用。对
此，罗斯先生有何看法呢？

> "许多公司现在都在利用信息技术自己创造市场。谷
> 歌通过广告创造了新市场，微软通过软件创造了新市场。

为此，它们还争夺了软件工程师。

“许多公司都是通过创造前所未有的市场实现了极其快速的发展。在美国，有一个名为爱彼迎（Airbnb）的网站通过联系民宿、酒店和用户，创造了新的需求市场。优步（Uber Technologies）也是通过移动 app 创造了新的网约车市场。谷歌、亚马逊同样如此。”

高屋建瓴还是细致入微

“不仅要参与旧市场，还要创造新市场，这正逐渐成为企业活动的重要内容之一。在此背景下，企业雇用经济学家提出建议，指导如何应对旧市场、创造新市场，可能是一个不错的选择。”

在采访时，法国巴黎经济学院托马斯·皮凯蒂教授的《21世纪资本论》（日本 Misuzu 书房出版）正大受好评。借由此书日译版出版的机会，我有幸参与了皮凯蒂教授与东京大学名誉教授吉川洋的对话，并将其整理成文章。书中运用历史数据揭示了财富的两极分化问题，这引起了巨大反响，包括美国普林斯顿大学教授保罗·克鲁格曼在内的各个著名经济学家纷纷为之撰文介绍。财富的两极分化问题从来都是引人注目的经济话题之一，对此，经济工程师罗斯教授有何看法呢？

“（在全球享有盛名的）皮凯蒂教授和克鲁格曼教授都是宏观经济学家，他们致力于对经济整体进行高屋建瓴的解释。然而，（作为微观经济学家的）我更专注于解析市场各个细微的侧面。从整体来看，我处理的是经济领域里相当小的一部分。他们和我是不同类型的经济学家。

"世界上的许多财富和繁荣都是在市场中产生的。学习如何维持市场的良好运作非常重要，我们必须明确市场的运作目标，确保市场能够满足人们的需求。

"例如，设置最低工资标准就是市场运作的规则之一。劳动者必须要有足够的报酬才能维持市场的良好运作，这就是设置最低工资标准的意义。

"很多时候，经济工程学的相关知识有助于解释市场问题，并（为解决问题）提出可行的方案。不仅仅是宏观经济学家，所有类型的经济学家都希望为社会平等做出自己的贡献。"

罗斯教授说他与宏观经济学家不同，这并不是孰是孰非的问题，仅仅是专业领域不同而已。

"死马当活马医"

"然而，我认为最近宏观经济学和微观经济学正在互相靠近。作为一名经济学家，我希望在理解事物时，不仅仅局限于宏观或微观的领域。经济学这门学科涵盖的范围很广，像思考包含药物知识在内的生物科学一样去思考经济学问题也未尝不可。关于经济学，我们目前的认知仅仅是很小的一部分，还有许多东西，经济学家也尚未摸清门道。

"打个比喻，作为一名医生，你可能对埃博拉病毒束手无策，可当病人来问诊时，你也必须硬着头皮为他进行诊断和治疗。宏观经济学家的处境与之类似。当全球经济发生危机时，社会不得不向宏观经济学家们寻求建议，但其实他们也不能给出包治百病的药方，只能尽可能地提供建议。况且，很多时候，危机并不仅仅是经济问题，还涉及其他方面。

"这就好比有一种疾病，它并没有针对性的治疗药物。可当患者来问诊时，医生也不得不竭尽全力地去治疗。经济学家的处境与之非常相似。"

在采访中，罗斯教授提到了宏观经济学，这令我有些意外。宏观经济学通过动态随机一般均衡模型（DSGE）等工具来俯瞰分析全球以国家为单位的经济主体。但这个模型在2008年的金融危机中，未能预测到雷曼兄弟的破产事件，这使它一时间为千夫所指。就像传统经济学一样，这个模型假定所有家庭和企业都是理性的。

宏观经济学研究的是整个"经济系统"，关注的是政策变化对经济行为主体预期的影响。实际上，宏观经济学是一个比微观经济学更加难以捉摸的领域，因为它研究的是整个社会中人们的预期。即使是那些最前沿的宏观经济学家，也难以解释宏观经济中人们的预期所带来的问题。

在职业生涯的早期，罗斯教授还跨界与社会心理学家开展

过合作研究。他不是一个拘泥于经济领域研究的人，对于社会
科学研究中常面临的技术难题和限制，他也有自己的思考。

只有在面对困难时，探索的热情才会被点燃。得益于信息
技术的发展，罗斯教授多年以来致力研究的匹配理论取得了长
足的进步。正如许多经济学家经常指出的那样，微观经济理论
在社会的实际应用上停滞不前，原因之一是计算机处理能力的
限制。

对于经济的了解十分有限，所以有趣

> "经济学的范围非常广泛，我仅仅探索了经济学中
> 的一小部分，只是刚刚开始理解它。正因如此，像我一
> 样的经济学家才对研究充满热情。市场上实际发生的问
> 题对理论研究来说是很好的线索，如果想深入研究理论，
> 更应该从市场中实际存在的问题出发进行思考。"

2014 年这次采访的最后一段话，揭示了罗斯教授职业生涯
以来一直保持的研究态度。可以预见，未来他将继续在理论与
实践、实践与理论之间的无限循环中，以创新研究成果为社会
做出自己的贡献。

注　释

1. Alvin E. Roth-Facts. NobelPrize.org. Nobel Prize Outreach AB 2023. Fri. 3 Feb 2023.
2. Al Roth's Pioneering Work In 'Market Design', April 12, 2011, *MIT Sloan Management Review*.
3. 小岛武仁，"诺贝尔经济学奖获得者埃尔文·罗斯教授发起的经济学'革命'"，《日经商业在线》，2012 年 10 月 18 日。
4. 埃尔文·罗斯，《共享经济：市场设计及其应用》，樱井祐子译，日本经济新闻出版，2016 年。
5. 广野彩子，"科明纳斯副教授（2）实现'美好相遇'的匹配理论"，日经商业 LIVE"通过采访视频解读世界大脑"，《日经商业电子版》，2021 年 2 月 4 日。
6. 同小岛武仁（2012）。
7. 同小岛武仁（2012）。
8. 同埃尔文·罗斯（2023）。
9. 同小岛武仁（2012）。

10. 斯科特·科明纳斯，"你不能结婚的理由 对话哈佛教授 #1"
哈佛创业管理讲座，《日经商业电子版》，2019 年 6 月 18 日。

11. 同广野彩子（2021）。

12. "诺奖获得者罗斯教授：匹配理论的社会应用会将世界变得
更加美好"，《日经商业电子版》，2022 年 1 月 14 日。

13. 同上。

14. 广野彩子，《世界顶尖的管理学课堂》第 5 章第 10 讲"从
市场设计看创业管理 美国哈佛商学院副教授斯科特·科
明纳斯"，日经 BP，2020 年。

15. 东京大学市场设计中心（UTMD）宣传手册。

16. 同广野彩子，"科明纳斯副教授（2）实现'美好相遇'的
匹配理论"。

17. "日本空手道协会会员埃尔文·罗斯先生荣获 2012 年诺贝
尔经济学奖"，日本空手道协会网站。

18. 同埃尔文·罗斯（2023）。

19. 大阪大学社会经济研究所克莱因纪念讲座主页。

20. 埃尔文·罗斯，"市场设计与厌恶 采访实录（日语）"，
Market Design, March 14, 2015。

21. 同埃尔文·罗斯（2023）。

第六章

约翰·李斯特
将想法"规模化"的经济学

人物简介

◎美国芝加哥大学经济系特聘教授、美国沃尔玛公司首席经济学家约翰·李斯特

1992年毕业于美国威斯康星大学斯蒂文斯波因特分校，1996年获得美国怀俄明大学经济学博士学位，先后在美国马里兰大学、亚利桑那大学等校任职，自2005年起，任美国芝加哥大学经济系教授。其专业领域包括现场实验、行为经济学以及幼儿教育等。2008年获得肯尼斯·阿罗奖，2016年获得劳伦斯·克莱因奖。其著作有《隐性动机：日常生活中的经济学和人类行为背后的动机》（合著，东洋经济新报社）、《电压效应：如何让好的想法变得伟大，让伟大的想法变得规模化》（东洋经济新报社）等。

从不知名大学学生到顶级的经济学家，经济学界的"灰姑娘"

现场实验成果的运用

出色的想法如何转化为产品或服务？扩大商业规模的秘诀又是什么？美国芝加哥大学经济系特聘教授约翰·李斯特一直致力于研究如何将好的想法规模化，为此他不断在美国白宫、美国优步公司、来福车（Lyft）公司的业务现场反复进行着他的"实证实验"。作为一位顶尖的实证研究经济学家和行为经济学家，他自 2022 年起担任美国沃尔玛公司的首席经济学家，涉足学术和最前沿的商业领域，是一位活跃于全球范围的研究者，被视为诺贝尔经济学奖的有力竞争者。[1]

这里所说的"实验"的目的是明确事物之间的因果关系，因此就需要适时地调整研究的前提条件。为此，李斯特教授建立了在现实社会中使用 RCT（随机对照试验）方法进行现场实验（field experiment）的领域，并将其作为主战场。

RCT 是一种试验的方法，是指通过随机选择某项政策（措施）的目标群体和非目标群体，并将二者进行比较，验证政策的效果。而现场实验指的正是使用 RCT 方法，在实际场景中科学测量政策效果的研究活动。[2]

在 20 世纪中叶的弗里德曼时代，经济学认为在社会科学中实验（例如 RCT）是困难的。[3] 由此，以实验为主要手段的实证经济学长期以来一直被视为非主流。然而，在如此困难的情况下，实证派也一直在坚持。

　　实证派的先驱众多。例如，将在第八章介绍的阿比吉特·班纳吉和埃斯特·迪弗洛等人自 20 世纪 90 年代以来就开始使用 RCT 方法进行创新性实证研究，以验证发展中国家脱贫政策的有效性。他们于 2019 年共同获得了诺贝尔经济学奖，这也使得 RCT 迅速成为业界主流。此外，吉多·因本斯、乔舒亚·安格里斯特和戴维·卡德三位"自然实验"领域的专家也于 2021 年获得了诺贝尔经济学奖。"自然实验"作为实证实验的一种，实验者会在无作为或者近似无作为的情况下，将目标群体分配到对照组和实验组中进行实验。实证派一脉相承，由最初的实验室实验发展到自然实验，再发展到现场实验，这在第八章中也会提及。发展经济学的权威泰斗、亚洲开发银行（ADB）前首席经济学家、东京大学大学院经济学研究科的泽田康幸教授指出"按顺序来说，因本斯等人应该先获得诺贝尔奖"。但这种不确定性，或许正是诺贝尔经济学奖评选的魅力所在。

被经济学大佬拒绝过的"实验经济学"

　　李斯特教授是在发达国家进行现场实验的开创者，并确立了研究手法。他在发达国家的政策和商业领域同时开展现场实验，他更加关注如何能够使政策和措施规模化的技术，而不仅仅是一次性的成功。

　　长期以来，经济学家普遍认为，要开展实证经济学研究最好是寻找自然形成的数据。

　　例如，1953 年弗里德曼在著作《实证经济学论文集》中写道:"一般来说,我们必须依赖于由偶然发生的'实验'所产生的证据。"他反对在实验室中"制造出来的"实验。[4]

同样,诺贝尔经济学奖得主保罗·萨缪尔森等人在1985年出版的教科书《经济学》中写道:"在验证经济法则时,由于经济学家无法控制所有的重要因素,因此无法像化学家或生物学家那样进行实验。经济学家与天文学家和气象学家一样,通常必须满足于粗略的观察。"[5]这些具有影响力的世界级经济学大佬都对实验经济学表达了否定的态度,李斯特教授认为这可能造成了从实验室实验向现场实验进化的缺环(missing link)。[6]

从实验室到现场

实验经济学的发端相当久远。20世纪50年代,当时在美国普渡大学任教的弗农·史密斯教授,受到导师哈佛大学教授爱德华·张伯伦的启发,开始了他的"实验之旅"。

史密斯教授以本科生为对象进行了一场实验,调查了他们对于市场中的各种激励以及市场结构的看法。尽管在当时,如"操作变量法"这样的统计学测量工具尚未发展成熟,但史密斯教授坚信"实验室中的实验也可以帮助我们了解实际的经济关系"。这就是"实验经济学"的萌芽。

起初,许多经济学家对史密斯教授的实验结果提出了质疑。然而在20世纪70年代,加州理工学院的政治学家兼实验经济学家查尔斯·普洛特教授开始与史密斯教授合作,为更好地理解各种市场中人们的决策开展了一系列的实验,扭转了这一局面。[7]2002 年，史密斯教授与丹尼尔·卡尼曼教授二人凭借着对行为经济学和实验经济学的贡献共同获得了诺贝尔经济学奖。简言之，史密斯教授是实验经济学的奠基人。从 20 世纪 90 年代中期开始，约翰·李斯特以人们的经济行为为课题，开展了一系列的实验，当时他还是亚利桑那大学助理教授，受到了史密斯教授实验经济学思想很大的启发。

2002 年，卡尼曼等人获得诺贝尔经济学奖的时候，李斯特教授正在白宫担任高级经济顾问，他向白宫提出，应该重视卡尼曼教授、理查德·塞勒教授等行为经济学家开展的实验室实验研究。然而，几乎没有人理睬他，这让他感到震惊。确实，在政府当局看来，实验室中的实验只不过是简单的实验而已。在那之后，李斯特教授决定，自己要跳出实验室，在现场进行真正的实验。于是，他联合农户、企业经营者，一起进行"人工现场实验"。[8]

李斯特教授将想法规模化过程中出现的"规模经济"或"规模不经济"现象称为"电压效应"。他将多年来通过反复实验获得的经验教训，总结为在想法的实验阶段应克服的"五大指标"，作为他的第二本经济学启蒙著作《电压效应：如何让好的想法变得伟大，让伟大的想法变得规模化》（2022 年 2 月 1 日）出版。

同《魔鬼经济学》作者列维特进行共同研究

李斯特教授是《魔鬼经济学》（东洋经济新报社，2006 年）的合著者，与 2003 年获得约翰·贝茨·克拉克奖的芝加哥大学著名经济学家史蒂芬·列维特教授关系密切。列维特教授是本书第一章介绍的加里·贝克尔教授的直系学生，他大胆地将社会学一直以来的分析对象引入经济学的研究领域。通过观察所得的数据和自然实验，他做出了许多杰出的研究贡献，在学界备受推崇，也被认为是诺贝尔经济学奖的热门人选之一。

事实上，正是列维特教授在 2005 年将李斯特教授引荐到了芝加哥大学。列维特教授同李斯特教授一同开展了包括芝加哥海兹（Chicago Heights）的学前项目在内的多个研究，这些研究也在本次采访中有所提及。列维特教授评价李斯特教授是"对我的世界观影响最深的人"。[9]

他们二人的一项合作研究揭露了管理心理学领域著名的霍桑实验⊖中的错误，他们发现霍桑实验中的数据实际上是"虚构的"。

1924～1932 年，为提高生产率，位于伊利诺伊州西塞罗市的美国西电公司所属的霍桑工厂进行了一项研究。该研究发现，与劳动条件或环境相比，对员工的关心和人际关系更能促进生产率的提高，这一结果在全世界引起了广泛关注。当员工意识到自己被关心时，他们的生产率会随之有效地提高，其效果比改善劳动环境更为明显，这被称为霍桑效应。

列维特教授和李斯特教授发现，最初几年的重要照明实验

⊖　1924 年，美国国家科学院全国委员会在西电公司的霍桑工厂举行了一系列管理学与行为学实验，其中最有名的就是有关照明亮度和工作效率关系的实验。最终这个实验被认为是失败的，因为它对于照明亮度和员工工作行为的数据实际上并不具备统计上的显著性。——译者注

数据（这些数据被认为已被废弃）目前还保存于两个州的图书
馆档案中。于是，他们在 2011 年重新分析了照明实验的数据。

分析发现，在实验中，只有在星期日没有工人的情况下工
厂才会更改照明条件，然后在星期一测量生产量。此外，实验
性的照明变更在实验开始时已通知现场的工人，工人知道他们
正在被观察。

基于当时的数据，李斯特教授得出结论："作为经验事实，
通常情况下，周一的生产效率比周五或周六更高。……但实验
团队似乎没有考虑星期几的影响，而将实验结论错误地归为霍
桑效应。"[10, 11] 对于霍桑效应的另一条结论——在自然光和人工
光的比较中，工人在人工光下工作生产效率略高，他们也仅仅
是"发现了一些微弱的证据"。

积极进行社会学性质的经济研究

李斯特教授一直致力于社会学研究，他研究的许多主题都
与我们的生活息息相关。在注重学历的美国经济学界，李斯特
教授的职业生涯相当独特，但也正是这样的履历培养了他独到
的洞察力。

童年时期，他梦想成为一名职业高尔夫球手，后来他毕业
于美国威斯康星大学斯蒂文斯波因特分校。在大学学习经济学
时，他常常亲自去实践经济学的理论，之后向教授反馈"老师，
你教的我试过了，但是不正确"。

1996 年，他在美国怀俄明大学获得了经济学博士学位，毕
业后他申请了 150 所学校的工作机会，只有美国中佛罗里达大

学给了他面试的机会。他在求职过程中提交的论文内容是，在棒球运动员集换式卡片⊖交易活动中进行的现场实验。列维特教授称他为"现代的灰姑娘"。[12]

我在庆应义塾大学湘南藤泽分校担任特聘教授时，在一门课中，邀请了美国 Match Group 的行为经济学研究者田中知美女士前来讲座。尽管田中女士目前在一家民企工作，但她是本书第二章中提到的著名行为经济学家科林·凯莫勒教授的学生，与查尔斯·普洛特教授一起发表过许多合作论文。在讲座中，田中女士向我们介绍了李斯特先生的著作《电压效应：如何让好的想法变得伟大，让伟大的想法变得规模化》的出版情况，而后她还欣然同意接受我的采访，并表示愿意和我一同参与庆应义塾大学的经济论坛。

李斯特教授是一位充满信念的、有激情的、卓越的研究者。即使是在远程会议中，我们也能感受到从芝加哥传递而来的热情。在讲座中，他为 80 名本科生分享了自己独到的经济学见解。因此，我要由衷地感谢李斯特教授和田中女士。

⊖　集换式卡片（Trade Card）是一种极为流行的盲盒式抽卡。卡片的发行方通常会将一套卡片随机封装进卡包进行售卖。买家在购买的卡包中，会有机会抽到稀有卡片。由于每一版的卡片发行数量有限，所以稀有卡片往往会成为抢手货，甚至在二级市场上卖出天价，因此这类卡片具备了一定的收藏价值。典型的集换式卡片有美国的运动员系列卡片、日本的口袋妖怪卡片等。

将经济学应用到商业最前沿

李斯特教授自 2002 年起在白宫担任高级经济顾问。在那里，他运用循证决策帮助政府应对环境问题。同时，他还受雇于美国著名汽车制造公司克莱斯勒（属欧美汽车巨头 Stellantis 集团）、共享出行领域的巨头优步科技、英国维珍大西洋航空等多家公司，运用经济学理论帮助它们进行公司运营。除此以外，他还曾担任美国来福车公司、零售业巨头沃尔玛的首席经济顾问。

将规模化变为一门科学

"当有了出色的想法时，该如何将其规模化（将想法落地并扩大规模），我一直在从事这方面的研究。人们普遍认为规模化是一门艺术（技术）。然而，我一直在试图将其变成一门科学，一门从属于经济学的科学。如果有人对我的方法不满意，大可自己去试试将它变为一门'科学'。但请做好准备，因为这将非常耗时费力。由于

'规模化'非常之复杂，所以在过去的数十年间鲜有人对它进行研究。"

通常情况下，一个想法从诞生到规模化需要相当长的时间。此外，研究"规模化"的规律和它的复现性相当困难，非常复杂。

"我认为'规模化'是使想法对社会产生影响的必要条件。我的信条是，'如果对人们的生活没有实际影响，那么想法就是毫无意义的'。只有通过规模化，想法才能实现其目标。在白宫，我们一直在讨论如何让每项政策规模化。

"我是一位经济学研究者，专注于微观经济学领域的现场实验和行为经济学。我的工作是科学地挖掘日常决策背后的'动机'，无论该决策是琐碎的还是重大的。

"在这个过程中，我发现了许多令人惊讶的事实。我将这些见解总结起来，整理成了《电压效应：如何让好的想法变得伟大，让伟大的想法变得规模化》一书，它于 2022 年 2 月 1 日出版。

"在书中，我介绍了很多案例。例如，为什么亚马逊、优步以及美国电动汽车巨头特斯拉能够取得成功？我认为，首要原因在于它们的业务受益于'规模经济'（economies of scale）。"

规模经济是一个存在了 200 多年的古老概念。对于规模经济，李斯特教授的另一本合著《微观经济学》中这样解释道：
"当产量增加时，平均总成本会减少，这就是规模经济。"[13]

规模经济和规模不经济

"规模经济可以有效地阻止竞争对手加入。随着规模
扩大到一定程度，附加成本几乎可以忽略不计。与此同
时，新的竞争对手若想要扩大至同等规模将变得非常困
难。我将这种情况称为'电压增益'（voltage gain）。简
言之，规模越大所带来的利润也就越高。

"相反的概念是'规模不经济'（diseconomies of
scale）。举个例子，为了维持一定规模的高质量教育，就
必须雇用大量的优秀教师。但在预算有限的情况下，雇用
足够数量的优秀教师是不现实的。这就是'规模不经济'。

"当供给不足、成本持续攀升时，总会到达一个无
法继续维持运营的时刻，我将这个时刻称为'电压下降'
（voltage drop）。在规模扩大、'电压增益'的过程中，某
一时刻因为某种原因，情况可能会急转直下，迎来'电压
下降'。我将'电压增益'和'电压下降'这两种现象统
称为'电压效应'（voltage effect）。"

有没有可能避免规模化过程中的'电压下降'呢？有没有
办法压制住'下降'的苗头呢？

"在投资的初始阶段，我们一般很难确定投资的具体
数额，因为一开始通常很难判断你的投资想法可以在哪

个市场落地，最终能够发展到什么程度。为了做出科学的判断，我们需要把握可能成为问题的五个要点。我将其总结为引发'电压下降'的'五大指标'。

"如果能够达到这五个指标，即使进行额外投资也是可以的。如果有项目不顺利，最好调整方向克服。如果调整方向很困难，那么最好认识到项目在规模扩大方面存在限制，并考虑符合自身条件的投资。"

这里说的"五大指标"具体是指什么呢？

"所谓'五大指标'，也可以称为'五个关键指标'（5 vital signs）。你可以通过检验五个关键指标来验证一个想法是否具备规模化的潜质。"

约翰·李斯特的"五大指标"

- 假阳性（false positives，是否因为依据不足而误判为有潜力？）
- 实验对象的质量（representativeness of the population，实验对象是否具有代表性？）
- 实验情况（representativeness of the situation，实验是否在特殊情况下才取得成功？）
- 意外的结果与溢出效应（unintended consequences or spillovers，是否会存在"无意的溢出效应"？）
- 规模不经济（understand the supply side，随着规模的扩大，是否会出现"规模不经济"？）

第一个假阳性是医学中常用的术语，指的是在流行病的检测中，实际上不存在异常，但检测结果误判为阳性的情况，也就是实际上"没有"的东西被错误地判断为"有"。在新冠疫情期间，可能有读者听说过这个术语。

致力研究教育的溢出效应

"溢出效应"是公共经济学的术语，指的是公共物品或服务的影响扩散至目标地区之外的周边地区。这种影响既可能是积极的，也可能像"公害问题"一样，对社会产生负面影响。李斯特教授的实验案例证明了教育领域中也存在溢出效应。

> "芝加哥海茨是伊利诺伊州的一个非常贫困的城市。那里大约95%的家庭依赖联邦政府的食物券维持生计。2007年我首次来到这里时，社区的工作人员向我寻求帮助。当时，我陷入了深深的思考：我想帮助他们，但该怎么做呢？于是，我开始调查那里的学校体系。在调查后，我发现了一个问题，在那里，15岁升入高中的人数有1000人，但最终只有480人能够顺利毕业，其他的学生在入学后不久就辍学了。

> "为了寻找辍学率如此之高的原因，我对这个地区15~16岁的孩子进行了调查。结果显示，这些孩子的平均阅读和写作能力只达到了7岁儿童的平均水平，数学水平只有8岁。在此情况下，大规模地进行高中课程改革也不太现实。因此，我启动了一个面向3~5岁学龄前

儿童的学前教育项目。

> "2014 年的 7 年之后，这个项目有了结果。参与学前教育的孩子对未参与的孩子体现出了'溢出效应'，也就是说接受学前教育的孩子对邻里未接受教育的孩子的行为和学业表现产生了积极的影响。"

这个教育干预项目是由李斯特与他的同事列维特等人共同实施的，他们花费了 7 年时间证明教育的"溢出效应"。在项目成功后，李斯特更加坚信，只有将学前教育项目的想法规模化才能从根本上改变芝加哥海茨的面貌。然而，在芝加哥海茨找到 30 名优秀教师虽然并不是太难，但如果要在那里的 1000多所学校中都推进这个项目，就需要 3 万名优秀教师。

> "学前教育项目取得如此大的成功，使我想要继续扩大其规模，甚至有一天在全球推广。然而，当我向相关方提出这个想法时，我遭到了巨大的'打击'。他们告诉我，'李斯特先生，这确实是一个出色的想法，但规模化太过困难了。世上并不存在一定会成功的道理。以往也有各种专家向我们提出各种各样的想法，承诺一定会奏效，但结果往往并不如预期'。于是，我开始专注于每一次的实验，我想以实验数据来证明干预的效果。我想为这一想法的实现而拼尽全力。"

在优步面试时遭遇令人窒息的提问

李斯特教授一直致力于政策干预，如在白宫的工作和早期教育等。此外，他还在优步公司担任首席经济顾问。那么，究竟是什么原因让李斯特教授决定加入优步的呢？

"实际上，我从未想过自己会在优步工作。那是在 2016 年的夏天，优步的人注意到了我们的学前教育项目，邀请我参加他们的招聘面试。

"一开始，我觉得这简直是'天方夜谭'。事实上，当时我正处于再婚的准备阶段，这是一个我人生中非常重要的时刻。我有 8 个孩子和 2 个孙子，家庭事务已经占据了我全部的生活。然而，当时的优步面临着与学前教育项目相似的挑战——'规模化'。学前教育项目需要优秀的教师，而优步需要司机。这是一个非常实际的问题，没有更多的司机就无法实现规模化。

"'规模化'的本质在于最初从一小部分特定的人开始，然后逐渐扩展到学生、普通消费者、市民等更大的群体当中。

"社会也需要企业更加迅速地实现想法的规模化。速度有多么重要，我想，经历过新冠疫情疫苗接种的人对此都有所感触。在很多场景下，规模化都至关重要。我们必须消除使想法规模化的阻碍。

"于是，为了参加优步的面试，我飞到了旧金山。在他们总部大楼的柱子上，写着这样一句口号——Data is our DNA（数据是我们的基因）。优步对数据如此尊重的态度令人印象深刻，这也是学术研究者对数据应有的态度。"

值得一提的是，在这个时候，李斯特教授正在为再婚做准备，再婚对象是芝加哥大学医学院儿科医学博士达娜·萨斯金德教授。萨斯金德教授的合著作品有《父母的语言：3000 万词汇塑造更强大的学习型大脑》[⊖]2017 年出版和 *Parent nation*，同时，她还是芝加哥大学医学院"3000 万词汇"（TMW）机构的创始人。

据说，优步的首席经济顾问职位的面试非常严格，甚至让人觉得不像是针对顶尖经济学家的。

> "面试非常严格。当我打开精心准备的 PPT，刚开始演讲的时候，一个穿着 T 恤和牛仔裤的年轻人迅速提出了一连串的问题，频繁地打断我的演讲。
>
> "而且，这个年轻人的问题之尖锐堪比我在芝加哥大学进行报告时，已故的诺贝尔奖得主加里·贝克尔教授、詹姆斯·赫克曼教授、米尔顿·弗里德曼教授等人对我进行的提问。
>
> "这个年轻人正是优步的创始人特拉维斯·卡兰尼克先生。卡兰尼克先生和他的同事在对我进行了大约 45 分钟的激烈提问后，当即决定雇用我。不过，在面试刚结束时，我还心想这回一定完了，纯浪费时间了（苦笑）。"

李斯特教授说他曾在报告时受到过一众大佬的质疑。但实际上，在本书第一章中提到的加里·贝克尔教授曾赞许李斯特

⊖　本书中文版已由机械工业出版社出版。

教授的研究，称其"在实证研究中的工作是革命性的"。[14] 此外，李斯特教授提到的詹姆斯·赫克曼教授凭借其在劳动力计量分析方法方面的成就，于 2000 年获得了诺贝尔经济学奖，他的研究对美国教育政策的制定也产生了巨大影响。有关詹姆斯·赫克曼教授的相关内容，请详见第七章访谈部分。

"优步经济"的教训

在成功加入优步后，李斯特教授从经济学的视角又有何发现呢？

> "我在优步发现了一些负面的'溢出效应'。差评增多导致优步的乘客和司机不断减少，与此同时，竞争对手来福车抢占了大量的资源。这属于'五大指标'中的第四个，当时的优步正在亲身经历这种'无意的溢出效应'。
>
> "2017 年 1 月，时任美国总统的特朗普签发了一项总统令，禁止来自伊朗、伊拉克等 7 个国家的旅客入境。对此感到愤怒的出租车司机聚集在纽约肯尼迪国际机场，宣布罢工。
>
> "优步宣布将控制在肯尼迪国际机场高涨的车费，但出租车司机认为这是为了打击他们的抗议而感到愤怒，在推特上发起了 # Delete Uber（删掉优步）的运动，呼吁人们从智能手机上删除优步的应用程序。由于社交媒体的广泛传播，对优步的负面评价迅速蔓延，导致乘客和司机持续减少，许多司机被竞争对手来福车抢走了。"

根据当时的报道，出租车司机最初的攻击目标包括优步和来福车，因为这两家公司宣布不参与出租车司机的罢工。然而，优步还在此时发布降价政策，使得旅客可以以低价搭乘优步网约车离开机场，这就让优步成了众矢之的。值得注意的是，在2017年1月，优步创始人卡兰尼克先生与特斯拉的马斯克等人担任时任美国总统的特朗普的特别经济顾问。

"我们的团队叫作'优步经济'。当时，正处在困扰中的卡兰尼克先生对我说，'约翰，请帮我（从来福车那里）把司机抢回来'。于是，我们团队开始着手解决问题。我们进行了一项尝试，试图在优步app中新增小费支付的功能。此前，乘坐优步是不需要给小费的，因为app中没有开发这项功能，这也正是乘客喜欢优步的地方。

"虽然也有部分优步司机在完成订单后会向乘客索要现金小费，但名义上，'无须小费'一直是优步独特的竞争优势。然而，'删掉优步'运动持续发酵，本来只占5%～10%市场份额的来福车的市场份额迅速增长到了30%，这也使得卡兰尼克先生最终勉强同意了添加小费支付的功能。

"'优步经济'团队提出的小费支付流程是，乘客无须当场支付小费，司机必须先对乘客进行评价，才能获知小费的金额。对乘客来说，这就避免了因是否付小费以及付多少小费而感到尴尬的情况。卡兰尼克先生最终同意了这种小费支付的流程。"

对于司机而言，可以赚取小费无疑是个好消息。

"然而，对于那些（因为不需要付小费而选择使用优步的）乘客来说，这就可能会成为他们不再选择优步的理由。并且，在小费支付功能上线之后，司机们发现，他们的实际收入并未如愿增加，因此，失望的情绪在优步司机中蔓延开来。这其中到底发生了什么呢？

"数据显示，只有 5% 的乘客愿意支付小费。此外，虽然现在可以获得小费了，但优步司机的服务质量却没有明显的提升。从结果来看，小费制度对双方都不是一项良好的激励，它还导致了非常严重的负面'溢出效应'。

"由于小费支付功能上线，优步司机的数量增加引起了供给过剩，很多司机在路上行驶却载不到乘客。在收入基本不变的情况下，供给曲线（司机数量）发生了变化，导致了供需不平衡。这就是所谓的一般均衡效应或市场扩张效应。

"但也是通过这一尝试，我们确认了，如果实际收入增加，司机将会更积极地工作。如果小费制度运用得当，各方都能够从中获利。所以为了改进小费制度，我们又深入挖掘了一些数据。

"结果显示，每次乘车都会给小费的乘客只占 1%，60% 的乘客从未支付过小费。此外，39% 的人只是偶尔会给小费。将所有优步用户的小费金额加在一起，数额达到了数亿美元。究竟为什么大多数优步的乘客对支付小费持消极态度呢？

　　"我们发现，从乘客的角度来看，小费本身并不太合理。坦率地说，大多数人是因为在意别人的目光才支付小费的。"

美国很多乘客支付小费并非出于理性（见表 6-1），而是因为受到了来自他人目光的压力。换句话说，如果没有他人的目光，很多人会选择不支付小费。也是因为这些原因，小费制度推行得并不顺利。

表 6-1　在美国，社会规模产生的巨大影响

美国人、以色列人给小费的理由

给小费的理由	美国	以色列
不给会有罪恶感（人数占比，%）	60.2	13.3
不给会尴尬（人数占比，%）	44.1	23.2
感谢服务（人数占比，%）	67.8	68.9
服务人员工资低，小费是重要的收入来源（人数占比，%）	66.9	32.4
这次不给小费，下次的服务会变差（人数占比，%）	13.6	2.5
不给小费会惹怒服务人员（人数占比，%）	4.2	0.0
平均回答理由数（个）	3.42	1.98
调查人数（人）	118	241

注：出自有关餐厅的调查问卷。针对 7 个项目，允许多选并以复选框形式进行提问。

资料来源：Ofter H. Azar, "Tipping Motivations and Behavior in the U.S. and Israel", Journal of Applied Social Psychology 40(2): 421-457, 2010.

　　"因为在优步 app 中支付小费无须面对他人的白眼，也就无须感到内疚，所以有 60% 的用户都选择不支付小费。优步的案例帮助我们很好地理解了溢出效应的关键

> 所在。当我们为了实现规模化而设立激励机制时，这是
> 一个很有价值的参考案例，不是吗？"

无论多么好的想法，最初通常会先进行小规模的试验。然而，即使在小规模试验中效果甚佳，但因其是小规模，所以可能"缺乏复现性"，其效果可能难以得到认可。

> "Facebook 也存在类似的'溢出效应'，你也可以称
> 其为网络效应（网络外部性）。在 Facebook 的服务刚起
> 步时，由于用户数量并不多，规模非常小，所以使用它
> 的意义也不大。类似于'Facebook 有什么好用的？它的
> 规模太小了'这一类的评价非常之多。然而，当你的朋
> 友和家人都开始使用 Facebook 时，就会产生正向的'网
> 络效应'，Facebook 慢慢变得越来越有价值。这也就是
> 我之前所说的'电压增益'。iPhone 中的 iMessage 功能
> 也是如此，它提供免费的消息传输服务，其成功也得益
> 于（由于使用设备的人增加而产生的）溢出效应。"

网络效应指的是随着用户数量的增加，产品或服务的便利性也会提高。溢出效应是网络效应的一种，它既可能有好的影响也可能有坏的影响。

致力于改善航空公司的燃料利用效率

> "规模越大，电压越高，这个时候称其为'高电压
> 状态'。举个例子，在新冠疫苗的接种达到一定规模后，

社会就获得了群体免疫，如果用我的话来表述，这就是'由溢出效应引起的高电压状态'。"

"五大指标"中的第五个被称为"规模不经济"。英国维珍大西洋航空公司为避免"规模不经济"问题，通过优化飞行员的操作习惯，成功地提高了燃油使用效率，并减少了飞行过程中二氧化碳的排放。它的成功离不开李斯特教授的帮助。作为一名行为经济学家，李斯特教授在这里使用了"助推理论"。

"避免'规模不经济'问题的关键是成本。通过成本效益分析，就可以确定一个想法在规模化后，是会变成前文的'规模经济'，还是会导致'规模不经济'。如果可以预见'规模经济'效益，那么随着规模的扩大，企业每单位的成本就将随之减少。大企业的运营模式通常如此。

"2013 年，我与两名同事受雇于维珍大西洋航空公司，帮助它们提高燃油利用效率，减少飞行过程中的二氧化碳排放。这项举措有利于环境的保护，同时还有利于降低运营成本，但实现起来非常困难。

"为此，我们激励飞行员优化自己的飞行习惯以节省汽油。我们要求公司的所有飞行员必须反思自己在飞行中的决策，并在燃料报告表中为他们提供建议，'助推'那些有责任感的飞行员选择更为省油的飞行方式。最后，根据我们的估算，在这项举措推出之后，航空公司节省了 500 万到 600 万美元的燃油开支，除此以外，还减少了飞行中的二氧化碳排放。"

在本书第二章中出场的塞勒先生建议，应基于行为经济学中的"助推理论"，通过引入碳税来改善气候变化问题。但作为实验经济学家的李斯特教授以实践证明了，对于改善环境问题，我们还可以通过影响行为来追求"规模经济"。

> "在现场，我们发现了一些问题。第一，几乎所有的飞行员在起飞时都装了飞行计划之外的更多的燃料，因为他们担心燃料不够。所以，在飞行时，飞机变得更重，消耗了额外的燃料。
>
> "第二，飞行的模式。我们发现飞行员并没有在正确的高度以正确的方式飞行。第三，着陆和滑行时的行为。按照操作要求，飞行员在滑行时应该停掉两台引擎中的一台，但通常他们都选择保持两台引擎运转。
>
> "改变操作的最终决定权完全掌握在飞行员的手中。我们需要做的是引导飞行员改变多年以来工作习惯。"

首选的手段"不应是补助而是激励"

通过分析业务流程，李斯特教授发现了导致规模不经济的预期之外的成本。想要削减这一部分成本，就需要让员工改变多年以来的工作方式，这一点十分困难。在这个时候，就必须活用"助推理论"了。

> "尽管飞行员都具有很强的职业意识，也非常支持我们开展节省燃料的工作，但是他们似乎对改变工作方式有一定的抵触情绪。因此，我们采用了一种很简单的方

法——通过电子邮件发送给他们定制化的'助推'信息。

　　"从 2013 年 2 月到 2014 年秋季,我们将飞行员分组,分别向他们发送了不同的信息。第一封邮件只包含他们的燃料报告表。第二封邮件除报告表之外,增加了鼓励他们达成节油目标的文字。而在第三封邮件中,我们进一步增加了激励措施,我们向飞行员承诺,如果实现了三个节油目标,那么公司会帮助他们以个人的名义进行少额捐款,捐赠机构可以由他们自己来定。

　　"飞行员知道,即使自己飞机的燃料费用数据被管理层和经济学家知晓,也不会对他们的待遇和工资有什么直接的影响。然而,当他们意识到自己的飞行操作会以数据的形式传达给管理层时,所有的机组都选择了优化自己的操作,这就是节能省油、减排二氧化碳的口号所带来的'高电压'。

　　"虽然与飞行员的个人金钱利益无关,但由于承受着社会的道德压力,许多飞行员最后也只好选择优化操作。当然,这为公司和社会都带来了巨大的好处。"

　　社会心理学中有一个理论叫作"社会比较理论",它指出,即使与个人利益没有直接关联,但在社会责任的驱使下,人们也会去改变自己的行为。这一点也可以用第三章中所提到的利他主义倾向来解释。

　　"激励是非常容易实现的,有时,甚至并非金钱的激励措施也非常有效。例如,通过短信的方式告知人们

'您附近 80% 的人正在使用可再生能源'，可以在一定程
度上提高当地可再生能源的利用率。

　　"尽管如此，如果要真正推动新技术的引入，在第二
次、第三次呼吁时需要考虑降低价格。因为除了金钱外
的激励仅仅在起始阶段有效果。像优秀教师这样的人才
是无法规模化的。在弄清不可让步的条件的同时，考虑
未来可能增加的成本，确认'规模不经济'是实现规模
化的关键之一。"

在开发产品或服务时，一定不能以"人很聪明、很理性，
会按照我们设计的步骤来使用"为前提，否则就会出现问题。
在本书第二章中，塞勒教授也提到了这一点。对此，李斯特教
授进一步阐释了他的"论据"。

　　"不知道您是否听说过智能恒温器，这是一种自动调
节家庭温度的装置。在美国，智能恒温器的工程师们预
设用户们都非常理性，能够按照说明书正确地使用设备。
然而，实际情况是用户们都很随心所欲（笑）。很多用户
一拿到手就解除了所有预设功能，毫无节制地使用恒温
器，这带来了极大的能源损耗。

　　"在将新技术投放市场时，厂家应该先做好充分的市
场调研，'基于市场事实'充分了解它们的目标市场在哪
里，自己的产品适用于怎样的场景。

　　"对于政策而言同样如此。基于证据的政策是不行
的，而应该考虑'基于政策的证据'。在将想法规模化

时，要先循着'五大指标'深入思考并消除规模化过程
中的阻碍。"

试图将想法规模化的组织必须具备哪些条件

根据田中女士的说法，李斯特教授进一步发展了"循证决
策"，他认为我们应转变思维方式，去寻找"基于政策的证据"
（policy-based evidence，PBE）和"基于市场的证据"（market-
based evidence，MBE）。

假设我们已经掌握了"基于市场的证据"，也认真思考了
"五大指标"，准备将想法规模化付诸实践了。对于那些准备将
想法规模化的实施主体来说，必须具备什么样的条件呢？

"从行为经济学来说，我对于实施主体建议是'建立
可规模化的文化'。在这里，我想再介绍一个我们团队
在巴西东北部巴伊亚州的一个渔村进行的实验。这项实
验是我们与澳大利亚莫纳什大学商学院的安德烈亚·莱
布兰多教授等人共同进行的。卡布丘村位于巴西的海边，
在那里，所有村民会一起乘坐一艘大船出海，一起捕鱼
并共享渔获，这是一个紧密的社区。合作的理论深深植
根于这个社会。

"然而，在不远处湖畔旁的圣埃斯塔瓦奥村，所有的
渔民都是单独去湖中捕鱼的。他们把捕到的鱼带回家分
给家人，多余的部分则会拿到市场上出售。在那里，他
们认为自己单独去捕鱼的收益更大，所以社区间也没有

什么交往。

"卡布丘村形成的是一个有组织规范的集体，企业需要建立像卡布丘村这样紧密的组织，而不是圣埃斯塔瓦奥那样各自单干的社区。

"在优步，部门间的协同创新和跨部门合作其实并不常见。这与优步的垂直管理结构不无关系。在垂直管理结构中，解决问题变得更加困难。一家公司如此，对于国家来说亦是如此。"

相同的想法由不同的组织来推动，其最后的结果也可能大不相同。可以说，规模化的成功与否很大程度上取决于组织的文化。

实现想法所必需的是"组织文化的规模化"

"随着组织规模的扩大，'不合作'的组织文化将会成为问题的源头。企业在决策时应考虑选择'不合作'的机会成本。如果是一个具有一定规模的公司，选择让内部优秀的同事合作，应该更容易推动工作的顺利进行，特别是在考虑了选择'不合作'的机会成本的情况下。相较于各自单干的团队，更好的选择是建立一种激励合作的机制，创造一种鼓励合作的组织文化，这将更有助于想法的落地。"

机会成本指的是在备选选项中选择最佳方案。[15] 选择一个选项后，就意味着你牺牲了选择其他备选选项可能带来的收益。在这里，选择不合作就意味着你放弃选择合作可能带来的收益。然而，组织文化的改变和规模化可能是最具挑战性的任务之一。

实现规模化的关键是"信任"

> "每个好的想法都有一个相同的特点，那就是它不一定会成功。无论是新产品、新技术，还是政府政策、企业战略，要想产生广泛的影响就必须实现规模化。规模化是发展的关键，也是实现发展可持续的必要条件。
>
> "研究表明，在将想法规模化的过程中，拥有信任是一项强大的优势。只有建立了信任，企业才能放心将工作交给员工。领导者的时间和精力是有限的，他无法独自决定一切。"

李斯特先生以美国的网飞公司（Netflix）为例，强调了"信任"在企业中的重要性。相信各位读者也有所了解，2020年，网飞的首席执行官里德·哈斯廷斯和管理学家艾琳·迈耶合著的《不拘一格：网飞的自由与责任工作法》在日本成了当年的畅销书，引起了日本读者的广泛讨论。

> "网飞是一个英才汇聚的企业，更是一个拥有创新型文化的企业，信任是企业文化的核心。它没有打卡制度，不追踪企业的开支，负责电视、电影开发的企业高管们拥有高达 100 万美元（约 1 亿日元）的收购权限，在使用时无须公司批准。

> "建立领导者与员工之间的信任最有效的方法是，一方面培养员工在某个岗位的专业技能，另一方面帮助他们掌握更多的通用型技能。我的一项自然实验表明，公司只要显示出了愿意帮助员工学习更多通用型技能的倾向，对员工完全地信任，即使最终未能接受培训，员工也会对公司更加信任。
>
> "公司提升了对员工信任的同时也提高了员工对公司的信任，这形成了一种双向的良性循环。只有在基于信任的'高电压'企业文化下，才能诞生'高电压'的想法，而这种企业文化是可以被规模化的。"

如前文所述，自然实验是实验者在无作为或者近似无作为的情况下，将目标群体分配到对照组和实验组中的一种实证实验。[16] 实验组这个词原本来自医学实验，指的是接受治疗的患者。而对照组则指的是未接受治疗的患者。换言之，自然实验说的是在相同条件下，在一组实施某项措施，而在另一组不实施，最后通过比较来验证介入的效果。

将想法变为现实的"边际性思考"

最后，我向他请教了在日常生活中，我们应该如何将想法变为现实。

> "在做决定时，'边际性思考'是很有效的方法。这是指，我们一旦做出某个决定，就要仔细思考接下来会发生的事情。比如，我目前（2022 年 1 月）受雇于来福

车公司，帮助它招揽更多的司机。我的团队提出了两种
方案。一个是在 Facebook 上投放广告，另一个是在谷歌
上投放广告。过去几个月的平均数据显示，在 Facebook
上投放广告招揽每位司机的成本为 500 美元，而在谷歌
上的成本则为 700 美元，需要注意这是一个平均值。

　　"但我对我的团队说'请给我最新招聘的 100 名司
机的数据，而不是长期平均值'。他们告诉我说没有这
样的数据，于是我又让他们去重新收集一下这个数据发
送给我。结果，最新招聘的 100 名司机的数据显示，在
Facebook 和谷歌上投放广告的情况发生了反转，即与在
Facebook 上投放广告相比，谷歌的成本更低。

　　"换句话说，在考虑成本时，获取（与目标相符的）
精准数据比任何事情都重要。我们投资的是未来而不是
过去。即便是过去 100 万人的数据，对于预测未来也毫
无用处。最终，基于这些最新数据，我们团队决定将下
一轮投放目标定为谷歌。

　　"这种思考方法就是'边际性思考'。许多组织都无
法做到这一点。预想人们对某项举措的反应非常重要。"

　　此外，基于自己前半生的经验，李斯特先生还表示，"辞
职并不是件坏事"。

　　"在美国，中途离职的人会被看作失败者。然而，我
与史蒂芬·列维特教授进行过一项合作研究，我们调查
了中途离职者和坚持不离职的人在 6 个月后的状况，最

后发现离职者重新找到的工作让他们更幸福。[17]由此可见，忍耐并不见得是好事。

"每届奥运会都会报道一些运动员的英雄事迹，例如独自训练 15 年最终得以参加奥运会啦，老师和父母是如何倾力支持他们的啦，等等。但在这些报道之外，更多的是拼命训练却最终一无所获的人。

"虽然这些人有更多的故事，却没人去报道。他们才是应该被记录下来的人，这些人是多么有才华，却把生命赌在了错误的想法上。由于害怕半途而废会被冷眼相待，他们没有勇气做出改变。我认为，我们不应该把中途离职叫作'辞职'（quit），而应该称之为'转变'（pivot）。"

李斯特先生最初的梦想是当一名职业高尔夫球手，然而他也进行了"转变"，以一场棒球运动员集换式卡片交易活动为起点，开始了他的现场实验。之后，随着新技术的到来，李斯特教授的现场实验实现了它的"规模化"。如今，这一领域已经发展成为一个需要依靠严格的理论和大数据来获取大量观测结果的领域。弗里德曼的弟子贝克尔教授和他的学生们共同创立了如今的"新芝加哥学派"，对于这样的创新，已故的弗里德曼会有何感想呢？

注　释

1. 达龙·阿西莫格鲁、戴维·莱布森、约翰·A.李斯特,《微观经济学》,岩本康志监译、岩本千晴译,东洋经济新报社,2020年。

2. 独立行政法人国际协力机构,"'以全球减贫为目标的现场实验'荣获2019年诺贝尔经济学奖,目前正于JICA的教育支持领域发挥作用",2019年12月4日。

3. Milton Friedman, "The Methodology of Positive Economics", In Essays, *In Positive Economics*. Chicago: The University of Chicago Press, 1953, pp.3-16, 30-43.

4. 同注释3, pp.10.

5. Paul A. Samuelson and William D. Nordhaus. *Economics*, 12th edition. New York, McGraw-Hill, 1985.

6. 魔鬼经济学播客第94集,"与约翰·李斯特做生意的代价",2022年12月9日。

7. " Charles Plott: From Theory to Experiments in Economics",

NEWMEDIA UFM, YouTube，February 21, 2014. (Accessed May 2, 2023).

8. Aaron Steelman. "Interview John List", *Region Focus* Second / Third Quarter，May 2012.

9. 同魔鬼经济学播客第 94 集。

10. Steven D. Levitt & John A. List, "Was There Really a Hawthorne Effect at the Hawthorne Plant? An Analysis of the Original Illumination Experiments," *American Economic Journal*: Applied Economics, American Economic Association, vol.3(1), pp. 224-238, January 2011.

11. 丹尼斯·图里什,《管理学的危机》,佐藤郁哉译，白桃书房，2022 年。

12. 同魔鬼经济学播客第 94 集。

13. 同达龙·阿西莫格鲁等（2020）。

14. John A. List, *The Voltage Effect: How to Make Good Ideas Great and Great Ideas Scale*, Currency, February 1, 2022（高远裕子译,《电压效应：如何让好的想法变得伟大，让伟大的想法变得规模化》，东洋经济新报社，2023 年）。贝克尔的话被选入这本书的推荐语之一）。

15. 同达龙·阿西莫格鲁等（2020）。

16. 同达龙·阿西莫格鲁等（2020）。

17. John A. List, "Sometimes Winning Means Knowing When to Quit", *Wall Street Journal*, December 30, 2021.

第七章

詹姆斯·赫克曼
五岁以前的习惯和环境培养了
一个人的"生存力"

人物简介

◎美国芝加哥大学经济系特聘教授詹姆斯·赫克曼

1944年出生于美国伊利诺伊州的芝加哥。1965年,他以优异的成绩从美国的科罗拉多学院毕业,获得数学学士学位。1968年,他获得美国普林斯顿大学经济学硕士学位,1971年获得该校的博士学位(经济学)。赫克曼先后在美国纽约大学和哥伦比亚大学等校任职,自1977年起任芝加哥大学经济系教授,因发展了关于人们在决定要不要工作等社会议题上的计量经济学分析,于2000年获得诺贝尔经济学奖。迄今为止,赫克曼共发表了论文350多篇,出版图书9本,代表作有《成就测试的神话》(芝加哥大学出版社)。

长年从事"获得成功所需的环境"研究

发展计量分析法

第七章介绍芝加哥大学经济系特聘教授、诺贝尔经济学奖得主詹姆斯·赫克曼的成就。他因在计量分析领域的杰出贡献获得了诺贝尔经济学奖。尽管所有的诺贝尔奖获奖者都拥有自己的专业领域，但赫克曼的成果被公认为是数学水平最高、专业性最强的。在本文的采访中，虽然研究结果看起来很容易理解，但这些结果背后的分析方法却非常复杂。经过长达30年的研究，赫克曼先生及其研究团队得出了一些具有深刻启示的结论。

2000年，赫克曼先生与加州大学伯克利分校名誉教授丹尼尔·麦克法登因"发展了选择性和离散选择相关的计量分析方法"，共同获得了诺贝尔经济学奖。其中，赫克曼先生的获奖理由是"发展了选择性抽样分析理论和方法"，特别是"在教育、职业培训和劳动力市场分析中的一般均衡的重要性等方面，为政策制定者提供了新的洞察"获得了高度评价。

共同获奖者麦克法登先生在20世纪70年代提出了"有条件的罗吉特分析"。这一统计分析方法在公共交通利用率预测方面发挥了极大的作用。[1]麦克法登先生基于经济理论提出了这一分析方法，并利用这一方法辅助解决了社会问题。

赫克曼先生是芝加哥大学的特聘教授，与本书第一章登场的贝克尔先生是亲密的工作伙伴。

在贝克尔先生去世后，赫克曼先生发表了回顾贝克尔先生成就的论文，他称赞到，"得益于加里·贝克尔的思想，数百个数据集和成千上万的实证、理论研究才得以诞生"。[2]赫克曼先生的这篇文章，在与贝克尔先生的交往经历以及贝克尔先生的启蒙活动上着墨不多，更多地聚焦在了贝克尔先生的学术成就上，整篇文章井井有条，令人印象深刻。

关于儿童早教项目的研究

赫克曼先生在获得诺贝尔经济学奖后，开始潜心研究儿童的早期教育。实际上，赫克曼先生在普林斯顿大学攻读研究生时，就开始着手研究教育和人力资本积累。[1]他的研究主题是，在早期被给予认知和社会刺激的儿童在他们之后的人生中得到了什么样的"结果"。在研究实验中，需要人为地控制儿童在成长过程中所遇到的众多影响，才能分析出某一项因素的影响效果。

在谈到开始这项研究的动机时，赫克曼先生表示："我感兴趣的是，在现代经济社会中如何创造一个有助于人们取得成功的环境。"[3]换句话说，他认为人生成功的关键之一在于幼儿期获得的刺激。在本章的访谈部分，他明确地表达了这一点。

2020 年，赫克曼先生完成了他的研究并通过写论文发表了他的研究成果。这项研究追踪了参与早期教育计划的儿童 30 年后的生活。他计量并汇总了早期教育计划给参与儿童带来的多个"终身利益"。结果显示，早期教育计划的内部收益率（IRR）为 13.7%。

内部收益率是指投资预期收益率，它将投资的时间价值也考虑在内，这是在项目投资和房地产投资中常见的一个指标。
IRR 为 13.7%，如此高的数据着实令人印象深刻。

这个早期教育计划是 20 世纪 70 年代在北卡罗来纳州进行
的两个项目：一个是"卡罗来纳初学者项目"（ABC），另一个
是"卡罗来纳响应式教育方法项目"（CARE）。参与计划的儿童
从 8 个月龄开始接受早教，整个项目一直持续到其 5 岁。项目
进行期间，参与者的父母（主要是母亲）可以获得免费的托育
服务，这也间接促进了当地的女性就业和成人教育的发展。在
早教项目结束后，对参与者的追踪调查持续到其 35 岁左右。
最后，赫克曼先生对这两个项目的研究结果进行了 RCT 评估。

此计划不仅在研究方法上取得了创新，还对之后的政策制
定产生了重大影响。赫克曼认为，早期教育计划的推广可能有
利于帮助美国非裔儿童等社会弱势群体进行阶层跃迁。[4] 该计
划的人力资本内部收益率明显高于面向 3～4 岁儿童开展的学
前教育项目（IRR 为 7%～10%）。[5]

政府介入早教或许是缩小社会差距的手段

我之所以能够采访赫克曼先生，得益于各种偶然的机遇以
及各方的协助。2014 年秋，赫克曼先生受邀来日，计划在日本
经济产业研究所 [6] 和庆应义塾大学举办讲座 [7]。

首先我在寻找采访对象的时候偶然得知赫克曼先生即将访
日的消息，而后又在网上检索到了赫克曼先生以往公开讲座的
视频，这使得我对他的研究产生了浓厚的兴趣。随着日本人口
减少，从未就学儿童的幼儿教育到升学考试教育，教育行业的

竞争越发激烈。我认为赫克曼先生的研究为我们思考日本的未来提供了重要的线索。于是，我与庆应义塾大学的赤林英夫教授和日本经济产业研究所的相关负责人取得了联系，有幸获得了采访机会。

起初，赫克曼先生接受采访的意愿并不强，我也曾一度放弃。但结束了经济产业研究所的讲座后，我突然收到了可以采访的通知。

在访谈中，赫克曼先生不仅介绍了"卡罗来纳初学者项目"，还针对曾为中学数学教师的心理学家安吉拉·达克沃思女士提出的"坚毅"（GRIT）[8]，发表了他的见解。此外，他还提到在采访前一天的庆应义塾大学讲座上，专门引用了福泽谕吉的名言。总而言之，这次对赫克曼先生的采访非常富有成效。

之后，我将采访内容整理成文章公开发表。可能是标题"5 岁以前的教养和环境将决定一生"吸引眼球的缘故，文章在社交网络上被广泛阅览，访问量也很惊人。每当有机会，我都会在邮件或社交网络上对此进行特别介绍，这一做法得到《日经商业在线》读者们长期以来的一致好评。

同时，非常荣幸的是，这篇采访文章后来还被庆应义塾大学综合政策学部中室牧子教授的畅销书《学力经济学》（日本 Discover 21 出版）所引用。当然，被引用的原因可能是因为赫克曼先生在采访中以通俗易懂的方式解释了目前经济学的前沿研究。在本章中，我添加了 2014 年采访时还未得出的早期教育内部收益率的数据。此外，本章内容还得到了赫克曼先生的亲自修改和完善。

针对弱势儿童的早期教育计划是否可以显著缩小社会差距，这是赫克曼先生研究的重心。

我们在第六章提到了李斯特先生的现场实验，他通过对芝加哥海茨地区的儿童进行实验发现，与未接受教育干预的孩子相比，那些接受了早期教育干预的孩子表现出了良好的"溢出效应"和次生效应。这一结果也得到了赫克曼先生等人早期研究的支持。如此一来，我们或许可以期待这种方式在一定程度上将有助于促进社会阶层的流动。美国是一个阶层差距悬殊的社会，因此对处于不利地位的儿童的早期教育将会得到越来越多的关注。

经济学使人生更加精彩

决定人生成败的是你的"能力"

赫克曼先生认为，决定人生成败的是一个人的"能力"。对于"能力"一词，1998 年诺贝尔经济学奖获得者、印度孟加拉地区出生的美国哈佛大学经济学家阿马蒂亚·森提出过一个广义的定义。

他认为，一个人的"能力"不仅仅指的是一个人的心理、生理状态，还包括他可能获得的社会机会和对社会的影响。[9, 10]而赫克曼先生所指的"能力"，则更加关注的是一个人的技能，而非社会制度。

> "我对'能力'的定义源于阿马蒂亚·森教授的定义，但又有所不同。在我看来，'能力'指的是在生活的各个阶段，为主动采取行动所必需的各项技能。能力就是技能。换句话说，它指的是人们在社会结构中有效地

履行其'功能'的能力。当我们谈论'智力'时，也包括在特定任务中坚持不懈的能力，这也是重要的技能之一。例如，发明家托马斯·爱迪生曾说过，'天才是1%的才能和99%的努力'，锲而不舍的努力就是一种能力。坚持、自我控制、诚实都是重要的能力。"

在第二章中，理查德·塞勒教授从行为经济学的角度研究了自我控制力的问题，这是他获得诺贝尔经济学奖的研究课题之一。

"能力不能通过智商（IQ）来衡量，一个人能力的高低可以从四个方面来判断，所受资源的限制（经济条件）、所接触的信息和周围人的期望、父母给予的信息和期望，还有个人的喜好。在这里，我所说的能力包括一个人的'非认知技能'。"

那么，IQ究竟在衡量什么呢？

"IQ衡量的是智力的一部分，即一个人解决抽象问题的能力。提高30岁人的IQ非常困难，而提高3个月孩子的IQ相对容易。1972年，美国一个研究团队开始了一项名为'卡罗来纳初学者项目'的研究。他们将大约100名平均年龄为4.4个月的贫困非裔美国儿童分为两组，一组为对照组，一组为实验组。在实验组中，他们基于心理学理论，对儿童进行了游戏式的教育干预。这组儿童每周5天在托儿所接受教育干预，一直持续到

　　5 岁。当然，除了教育干预以外，研究团队向两组儿童提供相同的健康管理和社会福利保障。

　　"通过对两组儿童进行追踪调查，研究团队发现，在幼年时期受到了教育干预的儿童，到了 30 多岁时，平均 IQ 会更高并且之后也继续保持高水平。

　　"更重要的是，这种影响不仅仅局限于 IQ。他们的学校出勤率、大学入学率也更高，从事技能性工作的比例也更高。并且，他们在十几岁就早生早育的比例较低，犯罪的人数也更少。"

　　我们可以看出，早期的教育介入不仅影响 IQ，还有效地提高了一个人的诚实度和自我控制力等非认知技能。那么，成长一段时期后再进行教育介入是否仍然有效呢？

人生最重要的是诚实

　　"在幼儿时期进行教育介入可以提高智商，但到了 20 多岁时就不行了。然而，一些能力，像是解决问题的能力、与周围人良好相处的能力或是持之以恒的耐力，应该是可以提高的。"

　　赫克曼先生指出："对于那些在社会阶层中处弱势地位的家庭来说，在孩子出生到 5 岁之间尽早进行教育投资是最有效的，拖到 3 岁或是 4 岁再开始就为时已晚。因为早期投资获得的'能力'之后可以自我繁殖出新的'能力'。越早进行'投资'，收益就越大。所以，要获得最大的收益和最好的效果，孩子出生后的最初几年是关键。"[11]

在第六章中，李斯特先生提到，对于仅有小学生学力水平的高中生来说，他认为通过课程改革来改变现状是不现实的。对此，赫克曼先生表示："在升学至大学时，学生们学业差距的根源在于原生家庭。……若想消除这种差距，减免学费并对家庭进行补贴所起到的作用是非常有限的。"他还补充道，"在生命周期的后半段，进行补救性质或是补偿性质的干预，回报率非常低。"[12]李斯特先生的言论正好支持了这些结论。

> "能够回答出智商测试时的问题并不代表能解决好人生中的各种问题。在面对现实的考验时，忍耐力、自我控制力和诚实等品质也发挥着重要作用。高智商的人并不一定就能拥有更好的人生，我认为人生最重要的是'诚实'。辞去丰厚的咨询工作，转而在纽约的公立学校教授数学的安吉拉·达克沃思女士（目前为心理学家）将这些品质称为'坚毅'（GRIT），我认为这是生活中我们需要具备的特质。"

在 5 岁之前才可以培养出来的特质是什么呢？

> "人生的最初几年十分关键。适当的早期教育是孩子在未来获得能力的基础。没有人是全能的，但是会有像莫扎特这样超群的人。当然，这与遗传不无关系。莫扎特对音乐的理解超脱于常人。或许我们最终达不到莫扎特那样的高度，但事实上，年轻人都蕴藏着'巨大的潜

能'。而社会能否为年轻人提供他所需要的环境，这是我所关注的主题。

　　"有的人可能拥有成为优秀数学家的潜力，但他却希望成为一名艺术家或是金融从业者。然而，个人的最终选择并不是问题的关键。问题的关键在于社会能否给年轻人提供各种选项，能够让他们追求自己所期望的生活方式，从而激发出最大的潜能。"

赫克曼先生的研究内容不仅仅局限于经济学领域，其中还涵盖了心理学乃至商学的内容。

　　"心理学家 K. 安德斯·埃里克森和著名作家马尔科姆·格拉德威尔曾说，要想成为某个领域的专业人士，需要 1 万小时的经验。对此，我有不同的看法。我认为，即使我花了 10 万个小时专注于学习音乐，我也无法成为莫扎特。同样，花了 10 万个小时学习数学的人也并不能成为经济学家约翰·冯·诺伊曼（他在 1944 年与奥斯卡·摩根斯顿合著了《博弈论与经济行为》，将博弈论引入经济学）。然而，经验可以培养一个人。要获得能力，需要对任务保持耐心和毅力。一个人需要历经磨难，能不能在过程中学习、向过去学习、在失败中学习，这直接关系到他能否获得人生最终的成功。从这个意义上说，你可以因过往的经历而变得强大。"

赫克曼先生不认为贫富差距的根源在于教育的不公平。在庆应义塾大学演讲时，他引用了该校的创始人福泽谕吉的名言："要拥有广泛的能力，必须善于'统筹'各种因素。福泽谕吉曾经说过，'天不生人上之人，亦不生人下之人''贤愚之别是由于学与不学所造成的''但是做学问通晓诸事者则将成为贵人、富人；不学无术者则将成为贫人'。他将贤者与愚者、富人与贫人的差别归因于教育。或许（强调市场作用的）亚当·斯密会赞同福泽谕吉吧。

> "有些人认为（能力差异）可以归因于遗传。的确，每个人生来都是与众不同的。但是，过于肯定'父母遗传和天赋的作用'也是错误的。在我看来，一个人成功与否是各种要素共同作用的结果。"

那么，该如何"统筹"各种要素呢？遗传这个因素在其中又影响几何呢？

经验让大脑功能发生变化

> "基因也是可变的。现代遗传学表明，即使是同卵双胞胎的 DNA，其遗传信息的表达也是不同的。
>
> "也就是说，就算同卵双胞胎具有相同的遗传信息，由于其'经历'不同，它们的结果表达也会不同。传统意义上我们认为的'遗传'也已经开始发生变化。美国哥伦比亚大学神经科学教授埃里克·坎德尔，于 2000 年获得了诺贝尔奖[13]，他的获奖研究向世人展示了'经验'是如何改变大脑的。

"坎德尔教授研究了一种海洋腹足类动物——后鳃目海蛞蝓（海兔）。通过研究他证明了，生物体的'经验'会改变其大脑记忆形成与记忆储存的方式。在他的研究之后，学界关于生物是如何吸收'经验'的研究变得越来越活跃。"

坎德尔教授研究了海兔的三种基本学习方式——习惯化、敏感化、经典条件反射的细胞分子作用机制。他发现，海兔的一些特定行为其实是由其神经系统来控制的，其体内稳定的、相互连接的神经非常特殊，具有判断和识别的能力。但学习行为不是由神经系统来控制的，而是通过调节特定的突触的强度来实现的。坎德尔先生的研究融合了心理学和分子生物学，推动人类更深刻地认识基本认知过程。[14]

"控制人类行为和决策的大脑前额叶皮层成熟得非常缓慢。这也是年轻人常常不能做出明智决策的原因之一。但从另一个角度来考虑，由于大脑前额叶皮层的发育缓慢，所以我们可以有效介入这个发育过程，令其更加强大。这是一个非常具有前景的课题，也是我正在努力探索的课题之一。儿童心理发展有两个关键性的阶段，一个是童年时期，另一个就是他们的青春期。"

具体来说，赫克曼先生自己做了那些探索呢？

"我以 3～11 岁的孩子为对象开展了一项实验。在实验中，我每天都会给这些孩子一项任务，要求他们先做计划，然后再解决问题。之后，我会让他们跟同伴分享自己今天的经历。这个实验持续了 2 年，每天耗时 2～3 个小时。通过对这些孩子的追踪调查，我发现参与过这项实验的孩子在今后的人生中都获得了很强的'技能'。

"这意味着，如果父母能够正确地教导孩子制订计划并将其付诸实践，并与朋友一起复习，可能会改变父母与子女的关系和相处方式。由于父母通常会一直陪伴孩子直到其进入青春期，因此他们对孩子的影响可能是最为重要的。父母也需要改变自己的意识。为了让孩子的生活更加丰富多彩，他们应该认识到自己拥有多大的力量。"

高质量的幼儿园为社会增添稳定性

2014 年时，日本社会中的双职工家庭的数量在逐渐增加。来日期间，赫克曼先生同赤林教授一道来到了东京台东区的一家保育园参观考察。在日本，家长和保育员通过"联络帐"每天记录孩子在保育园和家里的情况，赫克曼先生对日本这种独有的习惯表现出了浓厚的兴趣。在日本的双职工家庭中，有些父母因为太忙了，每天没有时间和孩子进行充分的交流。对此，这些父母有什么解决办法吗？

"如果父母忙于自己的工作，很难有足够的时间与孩子进行充分的沟通的话，一方面，他们应该尽量在有限的时间内抽出更多的时间与孩子交流；另一方面，他们也可以寻找'帮手',来弥补与孩子的沟通不足。这样反而能给孩子提供父母能力范围外的刺激,对个人和社会而言可能都是有益的。金钱并不是根本问题。由于采取了孤立放养的教育方式,在育儿方面失败的富裕家庭也屡见不鲜。

"正如之前介绍过的早期教育计划一样,在幼儿期对孩子进行教育介入,可以有效降低他们今后犯罪的概率,帮助孩子过上更加稳定的生活。这些孩子成年后,他们凭借技能的提升所赚的钱也可以在一定程度上转化为税收,最终回馈给政府。

"此外,他们也会更加注重自己的健康,从而减少医疗费用,提升自我控制力和诚实度,为社会稳定做出贡献。同时,在包括投票在内的社会活动的各方面,他们也将更加积极地参与,更具活力。

"因此,不仅仅是日本政府,全球各国的政府都应该努力提高幼儿的教育质量,这对未来的社会至关重要。幼儿期的早教不仅能促进经济增长,还能在今后减轻政府的负担。"

在日本,社会保障支出的增加使得政府不得不增税。这一直是社会舆论争论的焦点。当政府拥有足够的资金,想要缩小社会贫富差距、投资人力资本时,具体应该怎么做呢?对此,赫克曼先生回答道:"这个时候的重点不是成本,而应该放到价值上。从经济、社会、政治的角度来看,解决不平等问题非常困难。然而，如果投资得当，其收益绝不仅仅是个体性的，这会为整个社会带来经济效益和社会效益，回报率非常之高。[15]如果日本能够将'失去的一代'替换为更具技能的人口，那么或许就能应对人口减少的问题。"

2016年2月，赫克曼先生在一次演讲中强调，为了培养一个人的认知能力和优秀品格，我们应该完善从出生到小学、大学的教育，再到职业培训的体系。[16]人力资本投资是一种长期性的投资，全面的人力资本投资不仅有助于保障未来的劳动力，对于缩小社会贫富差距，维持国家财政稳定也起到了至关重要的作用。

注　释

1. "詹姆斯·赫克曼谈人类发展"，FT 播客 FT Alphaville，金融时报，2018 年 1 月 5 日。

2. James J. Heckman-Facts. NobelPrize.org. Nobel Prize Outreach AB 2023. Tue. 17 Jan 2023.

3. Heckman, James J. Gary Becker, "Model Economic Scientist". *The American economic review*, 2015, vol.105, no.5, pp.74-79.

4. 詹姆斯·赫克曼自传。

5. Garca, Jorge Luis et al, "Quantifying the Life-Cycle Benefits of an Influential Early-Childhood Program", *The journal of political economy* vol.128, 7, 2020: 2502-2541. DOI: 10.1086/705718.

6. 赫克曼方程，研究摘要：有力的儿童培养计划的生命周期效益。

7. RIETI 特别讲座，诺贝尔经济学奖获得者詹姆斯·赫克曼教授"创造能力"。

8. GRIT 指的是勇气（Guts）、恢复力（Resilience）、主动性（Initiative）和坚韧（Tenacity）。

9. Amartya Sen-Facts. NobelPrize.org. Nobel Prize Outreach AB 2023. Thu. 19 Jan 2023.

10. Amartya Sen-Biographical. NobelPrize.org. Nobel Prize Outreach AB 2023. Thu. 19 Jan 2023.

11. 赫克曼方程，"投资儿童的早期发展：减少赤字，加强经济"。

12. Carneiro, Pedro Manuel and Heckman, James J., *Human Capital Policy*, July 2003. IZA Discussion Paper No. 821.

13. 揭示了形成和保持记忆过程中大脑的生理变化。

14. 祖克曼研究所，"神经科学家泰斗埃里克·坎德尔的退休声明"，June 1, 2022 。

15. 赫克曼方程，"促进人力资本发展：布鲁金斯学会和国际货币基金组织的讨论"。

16. 赫克曼方程，"人类的发展即经济的发展"。

第八章

阿比吉特·班纳吉
增长战略中没有证据可言

人物简介

◎美国麻省理工学院（MIT）经济系教授阿比吉特·班纳吉

1961年出生于印度孟买，毕业于印度加尔各答大学，后在贾瓦哈拉尔·尼赫鲁大学获得硕士学位。1988年班纳吉获得美国哈佛大学经济学博士学位，之后曾任教于美国哈佛大学和普林斯顿大学，目前在麻省理工学院任教。2019年，他与他的夫人埃斯特·迪弗洛（MIT经济系教授）以及迈克尔·克雷默（哈佛大学经济系教授）共同获得了诺贝尔经济学奖。班纳吉的专业研究领域包括发展经济学和经济学理论，代表作有《好的经济学》（与他人合著，日本经济新闻集团出版）等。

夫妻二人为多领域发展全力以赴

为削减贫困的现场实验

本章介绍美国麻省理工学院经济系教授阿比吉特·班纳吉。2019 年，他与他的妻子（也是他以前的学生）——同样任职于麻省理工学院的法国经济学家埃斯特·迪弗洛教授以及美国哈佛大学的迈克尔·克雷默教授共同获得了诺贝尔经济学奖。获奖理由是基于随机对照试验（RCT）所开展的研究，为全球减贫事业做出了巨大贡献。

"他们制订了一套可靠的解决方案，来消除世界性贫困。"其中，"以减贫为目的的现场实验"成为他们获奖的主要原因。

班纳吉等人获得诺奖的研究使用了 RCT 方法，也就是在第六章介绍过的，约翰·李斯特教授擅长的现场实验的手法。然而，班纳吉等人的研究领域有所不同，他们专注于发展经济学。在班纳吉等人的研究获奖之前，这一领域长期以来一直相对低调。与此同时，现场实验作为一个新兴的领域，也尚未得到学界的广泛认知。

过早的荣誉？

作为发展经济学的先驱，美国哈佛大学教授阿马蒂亚·森和美国普林斯顿大学名誉教授安格斯·迪顿分别于 1998 年和 2015 年获得诺贝尔经济学奖。而班纳吉教授等人在 2019 年凭借其在发展经济学领域的现场实验获得了诺贝尔经济学奖。这一消息传出时，在经济学界产生了轰动，因为按照行业惯例，他们获奖"过早"了。

日本横滨国立大学的古川知志雄副教授在美国麻省理工学院攻读博士学位时，班纳吉教授曾指导过他的博士论文。古川教授表示："这次的诺奖不只属于班纳吉教授一人，而是颁发给所有运用 RCT 进行政策评估的研究者。班纳吉教授本人也表示'我是代表业界权威美国麻省理工学院来领这个奖的'。"以往，几乎每年都是白人男性获奖，但这次的诺贝尔经济学奖，由印度出生的班纳吉教授和身为女性的迪弗洛教授获得。从多元性的角度来看，这次获奖也是实至名归。

班纳吉教授和迪弗洛教授都经常亲临研究现场。班纳吉教授原本是信息经济学方面的理论家，而迪弗洛教授则一直专攻发展经济学。迪弗洛教授对实验充满热情，善于将逻辑概念化，而班纳吉教授则是一个相对沉稳、喜欢深思熟虑的人。值得一提的是，他们两个人都很喜欢历史。

"在研究之外，迪弗洛教授还是学术期刊的编辑，她可以将各种烦琐的任务完成得又快又好。她还常常做客 TED 演讲，分享自己的研究成果，尽显人格魅力。除此以外，迪弗洛教授还致力于将研究成果转化为实用性的政策。

"而班纳吉教授则总是温文尔雅，他擅长深思熟虑，通过探寻事物的本源来考察经济模型。在学校的研讨课上，班纳吉教授常常能够直击理论的要点，将讨论拉回正确的方向上。他曾在致校内学生的邮件中写道，'于我而言，研究经济学模型的过程是一场灵魂治愈之旅'。班纳吉教授常在发展中国家进行随机对照试验。对此，虽然也有人批评他'将贫困人口和地区作为实验的对象'，但我知道，印度出生的班纳吉教授在主导实验研究时，一直将'为发展中国家找到有效的脱贫政策'作为研究的重要目标之一。"

从古川教授的话语中，我们可以看到班纳吉教授夫妻两人在研究中的不同角色。同时，他也更为详细地为我们介绍了两人的经历。

亚洲开发银行（ADB）首席经济顾问兼经济调查与区域合作局局长、东京大学大学院经济学研究科泽田康幸教授在接受我的采访时，对于班纳吉教授的获奖也有所评价。虽然篇幅较长，但我还是想引用一下。

诺奖背后的故事

谈及减贫问题，就不得不提到 2015 年获得诺贝尔经济学奖的迪顿（名誉）教授和 2017 年获得诺贝尔经济学奖的理查德·塞勒教授。塞勒教授主要从事行为经济学领域的研究，和班纳吉教授有很大的重叠。

此外，说到 RCT，美国哈佛大学教授约瑟夫·纽豪斯早在 20 世纪 70 年代初就将 RCT 引入了经济学。当时，纽豪斯教授在美国的兰德公司利用 RCT 展开了医疗保险方面的实证实验。[1]

作为一种方法论，RCT 的重要之处在于它能够区分数据的因果关系和相关关系。最近在日本，我们经常讨论循证决策，它背后的逻辑正是类似的因果识别方法。在 20 世纪 80 年代和 90 年代，这种研究方法已经在微观计量经济学和劳动经济学领域积累了相当多的研究。

比如，诺贝尔经济学奖获得者美国芝加哥大学特聘教授詹姆斯·赫克曼、美国哈佛大学名誉教授唐纳德·鲁宾、美国麻省理工学院教授乔舒亚·安格里斯特、2019 年 3 月去世的美国普林斯顿大学教授艾伦·克鲁格，还有美国加州大学伯克利分校教授戴维·卡德、美国斯坦福大学教授吉多·因本斯以及日本东京大学教授市村英彦（目前他主要任教于美国亚利桑那州立大学），以上这些研究者都在相关领域做出了重要贡献。

在实证研究方面，卡德教授和克鲁格教授凭借'美国最低工资的提高对就业市场的影响'一项研究而闻名于学界。在现场实验方面，成绩斐然的研究者亦不胜枚举，如芝加哥大学教授约翰·李斯特、美国加州理工学院教授科林·凯莫勒等。如此看来，三位获奖者'跳过'了一众泰斗级经济学家，这也就是为何有人说他们获奖'太早'了。"[2]

顺便一提的是，戴维·卡德教授、吉多·因本斯教授和乔舒亚·安格里斯特教授于 2021 年，也就是班纳吉教授获奖的两年后，共同获得了诺贝尔经济学奖。他们三位通过"自然实验"（参见第六章）证明了工资与就业之间的关系，对劳动经济学的发展做出了巨大贡献，[3,4] 凭借这项研究，三位教授获得了诺贝尔经济学奖。此外，因本斯教授和安格里斯特教授为"可信性革命"的发展做出了突出贡献，该方法在因果关系分析中发挥着重要作用。确实，从实验室实验到自然实验，再到现场实验，从实证经济学的这一发展过程来看，批评他们获奖"太早了"的声音似乎也并非无的放矢。

第六章介绍的李斯特教授也为现场实验这一领域的发展做出了巨大贡献，但根据泽田教授的解释，他也可以被看作"被跳过"的诺贝尔经济学奖得主之一。此外，在第六章介绍过的科林·凯莫勒教授是在美国 IT 公司工作的、行为经济学者田中知美女士的导师。

热心于公益活动的班纳吉

泽田先生认为，班纳吉教授夫妇和哈佛大学教授迈克尔·克雷默之所以能够"跳过"一些经济学大佬获得诺奖，积极的外展活动是成功的关键因素。

提到班纳吉教授夫妇所在的麻省理工学院，我首先想到的就是由班纳吉、迪弗洛，以及哈佛大学行为经济学家森德希尔·穆莱纳桑所共同创建的"阿卜杜勒·拉蒂夫·贾米尔贫困行动实验室"（简称 J-PAL）。这所实验室多年以来一直致力于发展经济学的研究，立志成为这一领域的标杆。除了深耕发展经济学的研究以外，他们还致力于培养发展经济学领域的年轻学者，为他们提供良好的研究环境，同时，还积极与政府开展合作，进行政策制定。

此外，正如前文所述，迪弗洛女士在普及 RCT 方面也积极发声。[5] 2011 年，班纳吉夫妇二人合著出版的图书《贫穷的本质：我们为什么摆脱不了贫穷》（日本 Misuzu 书房）在世界范围内引起了轰动，这本书被英国《金融时报》和高盛集团评选为 2011 年"年度最佳商业图书"。在此书出版之际，我也有幸采访过迪弗洛女士。

　　另外，实验经济学领域获奖并非没有先例。在前一章中我们介绍了，凭借实验室实验，弗农·史密斯教授获得了 2015年的诺贝尔经济学奖。因此，有人认为，班纳吉等人之所以能够获奖，是因为他们在发展中国家进行的现场实验成果斐然。然而，泽田教授却指出"罗纳德·费希尔等人早在 20 世纪二三十年代，就已经在英国庄园的现场实验中使用了 RCT 的方法，所以说现场实验的思想在大约 100 年前就已经存在了，有坚实的基础"。

　　你也可以说，他们将现场实验的思想成功地实用化，在减贫工作中取得了实际的效果。用当下流行的话来说，这意味着他们用经济学理论在减贫的社会实践中取得了成功。值得注意的是，在不久之后，卡德团队也凭借将"自然实验"运用于社会实践而获得诺奖。这是一个有趣的现象。

致力于信息经济学

　　班纳吉教授是一位怎样的人呢？在他与迪弗洛女士合著的《贫穷的本质：我们为什么摆脱不了贫穷》一书中，描述了许多他们在发展中国家开展实验研究时的生动故事。古川教授说，实际上"这种充满人情味的描述正是班纳吉教授的特点"。

　　班纳吉出生于印度的孟买，父母都是经济学教授。他的父亲曾留学英国，白天通过打工维持生计，晚上则在肯辛顿理工学院的夜校学习。之后，他的父亲有幸得到了伦敦政治经济学院理查德·利普西教授的赏识，最终成了一名经济学家。

小时候，班纳吉还一度想过"长大了绝不从事和经济学有关的工作"。因为当时，医学和工学被认为有很好的就业前景。班纳吉对文学、历史、哲学和数学都很感兴趣，但由于父母担心以后的就业问题，他最终还是选择了专攻数学，因为"从数学转向人文科学很容易，但反过来就非常困难"。[6] 有一段时间，他还学习过马克思主义经济学。

之后，班纳吉还是被经济学的跨学科包容性所吸引，来到美国哈佛大学，师从埃里克·马斯金教授攻读博士学位。马斯金教授是一名数理经济学家，2007 年他凭借对"机制设计理论"（运用博弈论、社会选择理论和契约理论来设计机制，米尔格罗姆的拍卖设计是其中的一个分支）发展的贡献与另外两位研究者共同获得了当年的诺贝尔经济学奖。[7,8]

在马斯金教授的指导下，班纳吉于 1988 年获得了信息经济学的博士学位。班纳吉于 1992 年发表了一篇论文《羊群行为的简单模型》，试图对经济学中的羊群行为（herd behavior）模型进行实证研究。这篇论文因其易懂的特点和模型的趣味性而引起了广泛的反响。

"羊群行为"指的是，人们总是倾向于做出与其他大多数人相同的行为，而非基于自己掌握的信息做出理性的选择。[9] 例如，即使我们对一家新开的餐厅并不怎么感兴趣，但如果这家餐厅门前排队的人很多，那么我们也有很大可能会去跟风排队。购买股票时同样如此，很多时候，一个人并非基于自己的判断去选择购买哪只股票，而是倾向于购买其他人大多都在购买的股票。这个模型对于理解宏观经济非常重要。

充满热情地活跃在研究一线

近年来，班纳吉教授仍充满热情地活跃在研究一线。比如，2016 年，他以印度的驱魔仪式为对象开展了一场现场实验。他在实验结果中指出，在政策信息传递的路径中，参与社会学习活动的激励非常重要，[10] 同时还分析了中低收入国家老年人心理健康的访谈调查。[11] 这些课题对于发达国家而言同样重要。

通常来说，在获得大奖后，许多研究者都会选择停下手中的研究工作，去参加各类宣传活动、各种论坛，或是开始写自传。当然，这些也是他们重要的社会贡献。然而，班纳吉先生却并未如此，尽管可能有人批评他获奖"过早"，但在获奖后，他除了撰写科普性书籍，依然坚持不懈地坚守在研究一线。

另外，刚刚我们也讲到了凭借对发展经济学的贡献而先于班纳吉先生获得诺贝尔经济学奖的迪顿教授。他与自己的妻子——美国普林斯顿大学教授安妮·凯斯女士，于 2020 年共同出版了《美国怎么了：绝望的死亡与资本主义的未来》（日文版名为《绝望死的美国》，松本裕译，日本 Misuzu 书房出版，2021 年）一书。之后，他还频繁地在媒体上发表文章，分析美国社会的贫富差距和贫困状况，并就这些问题积极发表自己的看法。

《好的经济学》这本书的日文版于 2020 年 5 月由日本经济新闻集团出版，我对班纳吉教授的采访也得益于这个契机。同时，能够实现这次采访，还要感谢这本书的编辑金东洋先生，他也是我在日经 BP 的同事。此外，泽田教授和班纳吉教授的学生古川知志雄先生为本章内容的撰写提供了宝贵意见，在此也向他们深表谢忱。

将绝望变为希望的经济学

发达国家经济增长机制之谜

2019 年，麻省理工学院教授阿比吉特·班纳吉获得了诺贝尔经济学奖。在他的合著作品《好的经济学》中，班纳吉教授用最新的研究成果为读者详细解释和分析了经济、移民、创新等问题。班纳吉教授是发展经济学领域的权威，因此，在采访中我请教了他许多关于一个国家富裕后经济发展的问题。

班纳吉教授表示，像日本这样已经成为富裕国家，该怎么做才能继续实现经济的增长，目前学界还没有一个定论。

> "尽管历代的经济学家们都努力想要摸清经济增长的机制，但目前这仍是一个未解之谜。特别是如何实现像发达国家这类富裕国家的经济再增长，学界仍是毫无头绪。经济增长本身就难以用数据去衡量，而想要弄清楚推动经济增长背后的机制就更困难了。

　　"不过，即便我们搞不清楚其中的缘由也并不意味着发达国家的经济就不会增长了。大多数孩子在身高长到一米七或一米八后就不再继续长高，但也有一些孩子会继续长个。我认为，经济增长同样也是如此。日本经济在今后也有可能会迎来再增长。只是我们目前不知道该如何做才能更快地实现增长。如果盲目地进行人为介入，可能会对经济产生负面效果。"

失败案例是 20 世纪 90 年代初期的日本

　　试图战略性实现经济增长却未能成功的例子便是曾经的日本。

　　"历史上有一个试图改变经济的增长速度却失败了的优秀案例，这就是 20 世纪 90 年代初期的日本。当时，日本国内经济增长出现停滞，引起了人们的关注。日本政府为了重振经济，进行了很多尝试。

　　"然而，却均以失败告终。这是一个很好的例子，向我们说明了当一个国家不愿意接受经济停滞的现实时，这个国家往往会做些什么。尽管政府试图影响经济增长率，却无法同时做很多事情，而且即使做了很多事情，最终也会造成公共债务暴增。而且，即使我们做到这一步，经济增长率是否会改变也不明确。"

　　此后，日本的安倍晋三政府（第二次安倍内阁）虽然提出过经济增长战略，但很多专家指出，这个战略的效果同样欠佳。

　　"我想要说的是，已经富裕起来的国家不应该总在意什么经济增长战略，因为缺乏有效的科学依据。还是重复这句话，我认为日本可能会实现经济的再增长，但其原因绝不会是因为制定了什么经济增长战略。

　　"新冠疫情对经济增长产生了巨大影响。然而，由于受到许多其他因素的影响，我们很难将疫情因素单拿出来，去分析它的影响程度。我们也无法人为地控制影响经济增长的因素。当全球经济增长减速时，日本的经济增长也会放缓，这一点日本政府是无法改变的。

　　"但是，我们也有可以作为的事情。比如，一些优质企业由于各种障碍无法快速发展，而一些劣质企业却得益于政府的救济政策生存下来，这样就会造成资源浪费。对于此类事情，我们是可以有所作为的。虽然这么做也未必能直接拉动经济高速增长，却可以提高市民的幸福指数。"

　　如果将经济视为一个生物体，那么加快它的新陈代谢就尤为重要。在经济增长理论中，创新被视为关键因素。因此，如果能有效地推动创新，或许就能实现经济的再增长。

　　"创新能够让一个国家富裕起来。但是，创新也可能进一步增强特定企业的影响力，导致财富的集中和垄断。尽管有关推动创新的讨论日益热烈，但创新就像一个自律的生物，其本质尚不清楚，而且也受世界局势的影响。

　　"就比如说，一旦计算机出现，就会在其周围引发一系列技术创新。但即使引发了创新，对于富裕国家而言，

> 整体经济增长率也不太容易发生变动。虽然创新是经济
> 增长的因素之一，但我们无法控制它。因此，人为地通
> 过创新来大幅度地改变经济的增长率是非常困难的。"

班纳吉教授认为，我们无法人为地控制经济增长，那他又
是如何看待增税或减税等经济政策所发挥的作用的呢？

税制对缓解不平等的效果大于经济增长

> "舆论普遍认为税收会给经济增长带来巨大的成本。
> 例如，有一种普遍的观点认为征收企业所得税会削弱企
> 业的积极性。

> "虽然也一直有学者呼吁通过减税来提高市场的活
> 跃度，但是从 20 世纪 60 年代以来美国的增长数据来
> 看，自罗纳德·里根总统开始的低税率时期，经济增速
> 并没有显著提升。以 10 年为区间的平均增长率显示，自
> 1973 年以来，美国经济的增长率基本保持在 3% 到 4%。

> "无论是里根的减税政策还是比尔·克林顿的最高边
> 际税率，或是乔治·布什总统的减税政策，都没有证据
> 表明它们对长期的经济增长率产生了多少影响。税率与
> 经济增长之间因果关系是否成立，是无法单纯通过考察
> 数据来下定论的。"

即使减税不能产生激励作用，但减少富裕阶层的税收是否
会刺激消费呢？

"税收与再分配，或者 CEO 薪酬与经济增长之间的关系非常微弱。人们之所以认为对富裕阶层进行减税能够促进经济增长，是因为上一代的经济学家在不断地重复这个论调。那个时候，统计数据尚不充分，因此很多言论并未基于数据。然而，基于当前的数据，经济学家们大体上达成了共识，即对富裕阶层进行减税并不能带来经济增长。"

致力于减贫事业的班纳吉教授认为，虽然对富人减税并不能推动经济增长，但征税却另有效果。

"就算对收入超过 100 万美元的个人征收 95% 的税，经济也不会停滞，经济也不会产生太大的变化。不过，提高对富裕阶层的税率会对减少贫富差距产生重要影响。我认为这么做可以在不停止经济增长的情况下减小贫富差距。"

开放移民利大于弊

在欧美，移民问题已经成为一个重大的社会问题。而在日本，是否应该全面接纳来自海外的劳工移民，这个话题多年来也一直备受关注。一部分日本民众对接收移民持强烈的反对态度，欧美也存在类似的抵触情绪。对此，班纳吉教授指出，此类抵触情绪产生的根本原因在于一种"偏见"，即认为"移民抢走了我们的工作"或是"许多移民根本不工作，就是来享受福利的"。

　　"社会在讨论移民问题时，多是关注其负面的影响，而正面的影响却往往被忽略。

　　"在美国，有不少研究指出，来自墨西哥等落后国家的低技能移民会给美国社会带来负面影响。这些研究声称，低技能移民会拉低美国的工资标准，导致整个美国社会平均工资下降。

　　"然而，在其他国家进行的研究则证明，低技能移民虽然对社会平均工资产生一定的负面影响，但这种差异在统计学上几乎可以忽略不计。至少到目前为止，我尚未看到有确切的报告表明存在负面影响。然而，当人们听到'移民'一词时，几乎本能地认为这对自己的影响是负面的。"

为什么左右移民政策的重要研究成果没能受到社会的关注呢？

　　"一部分原因确实是经济学家没有向社会进行充分的说明，但更多的原因还是社会本身不愿意去看到移民好的一面。人们本能地对未知的移民持有消极态度。他们会想'移民来了，肯定是来找工作的，那不就是来跟我抢饭碗吗'。另外，很少有人深入地思考移民所带来的各种好处。

　　"从逻辑上讲，移民的确会占据一部分工作岗位，但移民来也不仅仅是为了工作，他们还会购买热狗、去理发店，甚至租房。移民的到来同样刺激了当地的消费。当地的服务业反而会受益于移民。

　　"另外，移民更倾向于从事那些当地人不愿意从事的工作。在美国，有很多工作当地人不愿去做，而移民正好能够胜任。"

　　移民过敏现象早已存在，甚至在过去，美国也出台过相关法律禁止移民就业。

　　"过去，美国人称那些来自墨西哥的短期劳工为'布瑞赛罗'（bracero）。在 20 世纪 60 年代，加州议会通过了一项法律，禁止这些'布瑞赛罗'进入加利福尼亚，将这些劳工拒之门外。可即便如此，农场主也并没有招到更多的美国国民来农场采摘水果。结果就是，即使'布瑞赛罗'没来，市场上的平均工资和就业机会也没有增加。相反，却推动了农业的机械化生产。最终，农场主只好改种那些易于机械化收割的农作物。

　　"低技能移民通常从事当地居民不愿从事的工作。他们与当地的居民不存在竞争关系，相反，更像一种互补关系。因此，移民并不会给他们带来负面影响。移民从事当地人不愿从事的工作，提高了当地的社会生产力，填补了岗位需求的空缺。"

　　由于各种偏见形成的"不正确的看法"会导致多元社会中出现歧视和贫富差距，最终社会中所有成员都会因此而受到伤害。不少纳税人认为"移民没有纳税却享受到了福利"，也属于这样一种偏见。对此，唯一的办法就是向他们展现事实。

　　"不论讨论什么，正确理解准确的数字和事实都是非常重要的。例如，在美国，人们普遍认为移民、非白人从福利制度中不成比例地受益，这成为公民不信任移民的原因之一。然而，这种看法在某种程度上是不正确的。

　　"移民往往在成长过程中没有接受良好的教育，因此收入较低。他们无法支付大量税款，不得不依赖福利制度，这并没有什么不正当之处。

　　"因此，'美国的非白人不公平地占了便宜'的说法并不属实。相反，可以说他们实际获得的分配比应得的要少。

　　"历史上移民一直以来遭受着不公的待遇。时至今日，仍有很多美国人会将自己生活中的不如意归咎于移民。"

反移民的情绪被人利用

　　班纳吉先生指出，欧美政界人士过去经常使用夸大其词的数字，放大了对来自贫穷国家的移民的误解和担忧，以及移民对国内经济的负面影响。

　　"在 2017 年的法国总统大选中，玛丽娜·勒庞女士多次宣称来法国的移民 99% 都是成年男性，而他们当中95% 的人都没有'好好地工作'，而是'寄生在我们国家'。然而，实际上，法国的移民中有 55% 的人在辛勤地工作，而且已经被计入了法国的劳动人口。虽然是在夸大事实，但勒庞女士的这种选举策略非常有效。即便日后选民了解到了真实的情况，他们对移民的看法也不会有丝毫的改变。

"然而，无论政治家如何渲染，事实就是，大多数移民并不是因为国家或地区间的工资水平差异才选择移民的。此外，也没有可靠的证据表明，大量低技能移民涌入会导致接收国的居民生活水平降低。"

2017年9月，美国全球市场倡议（IGM）经济专家组，针对"如果目前的劳动力市场和职业培训维持现状，随着机器人和人工智能的崛起，发达国家长期失业人数将大幅增加"的观点，对以欧美为中心的经济学家展开了问卷调查。毫无疑问，这是在考虑到未来人工智能发展的基础上进行的思考。

结果如图8-1所示，"赞同"和"强烈赞同"的占38%，而"不赞同"和"完全不赞同"的占21%，"不确定"的有29%（"未回答"的为10%）。

由此可见，关于人工智能是否会抢走人类的工作岗位这一问题，经济学家们也是各执己见。[12]

班纳吉先生的回答是"强烈赞同"。2015年诺贝尔经济学奖得主、美国普林斯顿大学名誉教授安格斯·迪顿的回答是"赞同"。而在第二章中介绍的、凭借对行为经济学的发展而获得诺贝尔经济学奖的芝加哥大学商学院的教授理查德·塞勒的回答是"不确定"。

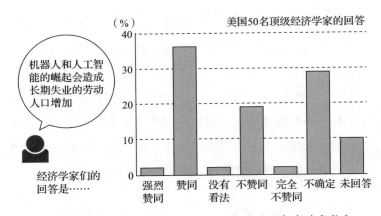

图 8-1　你是否同意"机器人和人工智能的崛起会造成长期
　　　　失业的劳动人口增加"

资料来源：IGM Economic Experts Panel.

然而，过去，技术革新带来的自动化浪潮导致很多职业消失，这也是不争的事实。在英国工业革命时期，自动化甚至引发了卢德运动。像班纳吉先生这样的担忧派认为，人工智能也会引发社会不安。在我采访的诸多专家中，很多人都认为，人工智能的进化将成为技术进步的转折点，堪比工业革命。

持续 70 年的工资下降

　　"失业人数的增加，可能导致劳动者的不满。过去英国工业革命时期的卢德运动就是一个很好的例子。当时，失业的工人们为了抗议机械自动化四处破坏机器。

　　"从长远来看，机械自动化的普及最终的确提高了工人们的工资。但在那之前，工人经历了持续 70 年的工资下降。在工业革命时期，英国工人的工资一直呈下降趋势，甚至一度下降了约一半。如果历史重演，随着人工智能的普及，现今我们的工资或许又会开始下降，我们要做好这种情况持续 70 年的准备。"

但如果从长期来看，工资迟早还是会上涨的，那就还好。可是，班纳吉先生却认为，工资不会上涨的可能性也很大。

> "我们知道，最终英国的工资比工业革命之前更高了。一开始，许多工人失业，但之后随着自动化的普及，工厂的利润率逐渐提高，同时也创造出了新的劳动需求。在这个过程中富裕起来的资本家创造了新的产品和服务需求。得益于律师、会计师、技术工程师、园艺师等新的职业出现，整个社会的工资水平得到了提升。
>
> "但是，我们不能确保在人工智能的普及过程中，会出现同样的情况。在智能化的过程中获益的部门可能不会增加劳工者的数量，而是会进一步投资智能化技术。所以在这个过程中，并不一定会像过去那样诞生新的产品和服务。
>
> "当前的智能化浪潮始于 20 世纪 90 年代初，所以到现在为止也只有 30 年左右的时间。可是根据最近经济学家们的研究，我们已经可以确定它对就业产生了负面的影响。"

这次的采访是在 2019 年进行的，不过截至 2023 年 1 月，研究结果大抵与当时的结论相似。

在第九章中我们将会介绍的麻省理工学院的达龙·阿西莫格鲁教授和波士顿大学的帕斯卡尔·雷斯特雷珀副教授于 2020 年发表了一项研究。在研究中，他们通过对比美国 1990 年至 2007 年同一通勤范围内划分出的不同区域内的产业数据，来分析自动化技术对劳动力市场的影响。研究结果显示，平均每千名劳动者中增加一台机器，就业市场就会减少 5.6 个岗位，平均工资也会减少 0.42%。

按职业划分，机械工、装配工等蓝领职业受到的负面影响尤为明显。同时，相较于女性，男性就业受到的影响更大。男性的就业减少主要集中在制造业，而女性则集中在非制造业。

不论男女，初中文凭、高中文凭、短期大学文凭、大学文凭、专门学校文凭的劳动者在就业和工资上都受到了负面的影响。你可能会说，那是不是高学历人群就能从中获利？然而，对于持有硕士或博士文凭的劳动者来说，他们也丝毫没有优势，只是受到的影响相对较小而已。

阿西莫格鲁教授指出，"这是因为非贸易部门对（持有硕士以上学历者的）劳动需求减少"。[13]

此外，阿西莫格鲁教授和德国慕尼黑大学的助理教授乔纳斯·罗宾于 2022 年的一项研究表明，自动化的普及对中等技能人群的负面影响最大。自动化主要代替的是中等技能的工作。而在低技能的工作上，从成本的角度来看人工比机器更具优势。[14] 换句话说，自动化一方面夺走了中等技能人群的工作，另一方面压低了低技能人群的工资。

班纳吉先生认为，随着人工智能的普及，岗位减少的情况可能会加剧，工资的下降也可能随时发生，这可能会引起巨大的社会混乱。

> "玛格丽特·撒切尔女士于 1979 年成为英国首相，随后罗纳德·里根先生于 1980 年当选美国总统，自那时以来，英美经济增长的红利明显地被富人攫取，并没有回馈给社会。
>
> "目前难以改变的现状就是，地位高的精英阶层牢牢把持着高薪。美国的工资一直难以上涨，民众对于社会的不满和不信任一再加剧。在这种情况下，工资一旦下降，又将会发生什么？我们应该更加认真地考虑这个问题。"

一旦人工智能的普及导致工资下降，同时，社会的贫富差距被进一步拉大的话，我们又该如何应对呢？正如一开始班纳吉先生所指出的那样，解决社会的贫富差距的处方并不一定是"经济的增长"。从长期来看，经济增长虽然可以减少贫困，但同时也会导致贫富差距的扩大。

发达国家不应草率地引入基本收入制度

> "大多数经济学家认为，由技术创新引起的经济结构性变革是社会贫富差距扩大的重要原因。1975 年，美国微软公司成立。1976 年，苹果电脑的第一台原型机 Apple I 发布。1979 年，日本电报电话公司（即现在的

NTT）推出了全球首个汽车电话服务。

"这些技术创新无疑改变了市场格局。随着用户数量的增加，'网络效应'帮助美国的谷歌、亚马逊等科技巨头在市场中占据了压倒性的优势。这最终就导致了社会贫富差距的扩大。"

人工智能的普及会导致工资在短期内下降，但在那之后，工资是否会像工业革命时期那样，在大约 70 年后再次上涨呢？我们目前不得而知。人工智能的普及可能导致社会的混乱，但我们目前找不到解决这个潜在问题的有效手段。信息经济学专家班纳吉教授对人工智能普及的忧虑便在于此。

"我认为目前的改革方向已经很明确了，全民基本收入制度（universal basic income，UBI）不适用于像美国和日本这样的发达国家。

"UBI 这一制度是有缺陷的。它要求政府无条件地向全体国民提供一定数额的现金来保障人们的基本生活，可这也就意味着社会中'最困难的人'并没有得到特殊的照顾。

"在发达国家，社会保障措施应该更多地关照因市场大环境的变化而无奈失业的人或者是收入大幅减少的人。在这些国家，通过纳税记录等信息，政府应该能够很容易地确定真正需要现金帮扶的目标。在此基础之上，若能保证足够的财政收入，再讨论引入 UBI 制度也为时不晚。"

与此同时，班纳吉先生强调，对贫困国家来说，类似 UBI 的制度是可以发挥作用的。

> "不过，在贫困人口占多数的国家，引入类似'全民基本收入制度'是可行的。我将这种制度称为'全民超级基本收入制度'（universal ultra basic income，UUBI），这种制度面向全体国民，发放必要的资金以保证最低的生活水平。然而，这样的制度仅适用于贫困国家，而在发达国家即使是 UUBI 制度，也不应该草率地导入。"

有些国家需要大幅增加所得税

在发达国家实施 UBI 制度，需要庞大的预算。相关数据（见表 8-1）指出，即便是欧洲的这 4 个国家，如果引入 UBI，也不得不削减其他保障性政策的资金。

表 8-1　引入中等规模的基本收入制度的影响

	其他保障性政策的资金减少（GDP 占比）	所得税增加（GDP 占比）
芬兰	-6.7%	+10.2%
法国	-5.3%	+5.6%
意大利	-5.2%	+2%
英国	-2.9%	+6.1%

注：假设用基本收入替代面向劳动人口的补贴和津贴。

资料来源：根据经济合作与发展组织（OECD）*Basic Income as a policy option: Can it add up?*（2017 年）中的图表编写而成。

> "对包括美国在内的大多数发达国家来说，有必要重新审视就业保障计划。要在美国保留政府的传统职责，

如国防、教育等，并为这些领域提供足够的预算的话，就必须废除现行的社会福利制度，还要在此基础上进一步将美国的税率提高到丹麦的水平才行。

"如果公民相信政府不会犯错误并乐意接受增税的话，那么这或许是可行的。在欧洲，增税的空间有限，但如果将诸如租金补助和收入补助等福利统一为 UBI，那么实施也并非不可能。比如，2017 年和 2018 年，芬兰就针对部分失业者实验性地将传统补助替换为 UBI。但是，在美国和日本，我认为效仿芬兰的做法的时机还不成熟。"

班纳吉先生并不完全否定对全体国民提供经济援助的政策。

"像新冠疫情这样的突发事件发生时，国民的收入减少，这个时候对全体国民提供无条件的现金援助是有效的。然而，特殊时期的一次性政策与常态化的实施是完全不同的事情。我们现在讨论的是，不仅仅是在危机时期，而是在平时是否也应该采用 UBI 制度。究其根本，我们需要讨论的是是否可以将现有的所有社会保障政策整合为 UBI 一项。"

"真正"的经济学要保持存在感

如前所述，在引入 UBI 制度时，如何确保财源是一个不容忽视的难题。然而，令班纳吉先生没想到的是，发达国家竟然也在认真地讨论是否要引入这项制度。他认为，这是因为"真正"的经济学没能在社会中普及。在合著作品中，他忧虑地指出"在职业中，经济学家的信任度竟然排在倒数第二"，为此他呼吁应该"让经济学家再次伟大"。他为何会有这样的看法呢？

> "我来举个例子吧。在 20 世纪 60 年代到 70 年代，许多美国人都订阅了两本杂志——《时代》和《新闻周刊》。人们可以通过这两本杂志接触到米尔顿·弗里德曼或是保罗·萨缪尔森的最新理论。那个时候，像他们这样的经济学家在美国人的心目中的存在感非常高，影响着人们的方方面面。无论他们的理论是否正确，米尔顿·弗里德曼和保罗·萨缪尔森都是第一批为政府工作的经济学家。

> "即便到了今天，能够在政府担任首席经济顾问的经济学家，在美国也是备受尊重的存在。但遗憾的是，你无法在同行评审的学术期刊上找到他们的名字。

> "在我看来，任何经济学家都需要在相关刊物上发表顶级的研究成果。然而，他们却没有如此。像是活跃在 20 世纪 70 年代的萨缪尔森这样的经济学家，既是一流的学者，同时也是为政府制定政策的一流专家。但现在，那些研究前沿的经济学家不再参与政府的决策了。奥巴马任职时期，虽然曾亲自聘请顶级的经济学家担任顾问，但那是个例外。"

班纳吉先生认为，应该向民众普及正确的经济学的"真正"的经济学者正在逐渐丧失社会存在感，而其背后的原因是学术界正在掀起一股轻视科学根据的风潮。

> "知识的本质应该是根据所学提出自己的主张，然后，通过不懈的研究，（在接受批评的同时）使自己的主张更加接近真理，这才是一名合格的研究者该做的事情。然而，目前的舆论却是由那些没有经历这一过程的人所主导，尽管他们提出的是错误的主张，但很多人却深信不疑。
>
> "当然，许多缺乏依据的主张之所以甚嚣尘上，一大部分原因要归咎于'真正'的经济学家们在传递信息时存在许多问题。这就是为什么我呼吁要'让经济学家再次伟大'。"

班纳吉先生认为，作为一名研究者，要通过不断的研究，在接受、吸纳批评的同时，凝练自己的主张，这才是一个研究者应有的姿态。他的这个说法，即便将主张替换为报道、将研究替换为采访、将研究者替换为记者，也同样成立。我们应当探求"真相"，而非迎合"真相"。

注　释

1. 自 1971 年至 1986 年，健康经济学家以美国 6 个城市的 5809 人为对象进行了一项大规模实验。这项实验通过随机设定保险的自付比例来持续观察人们的体检行为和健康状况。

2. 广野彩子，"麻省理工的策略成功了吗?《贫困研究》获诺奖背后的故事：专访亚洲开发银行首席经济顾问泽田康幸"，《日经商业在线》，2019 年 11 月 7 日。

3. 安部由纪子，"诺贝尔经济学奖获得者卡德教授的观点为最低工资争论带来了新的转折"，《日经商业电子版》，2021 年 10 月 25 日。

4. The Nobel Prize.org website:

David Card-Prize lecture. NobelPrize.org. Nobel Prize Outreach AB 2023. Tue. 4 Apr 2023.

Joshua D.Angrist-Facts-2021. NobelPrize.org. Nobel Prize Outreach AB 2023. Tue.4 Apr 2023.

Guido W. Imbens-Facts-2021. NobelPrize. org. Nobel Prize Outreach AB 2023. Tue. 4 Apr 2023.

5. 同广野彩子（2019）。

6. Abhijit Banerjee–Facts–2019. NobelPrize.org. Nobel Prize Outreach AB 2023. Tue. 31 Jan 2023.

7. Eric S. Maskin–Facts. NobelPrize.org. Nobel Prize Outreach AB 2023. Wed. 1 Mar 2023.

8. Erick S. Maskin, Adams University Professor, Department of Economics, Harvard University.

9. Abhijit V. Banerjee, A Simple Model of Herd Behavior, *The Quarterly Journal of Economics*, Volume 107, Issue 3, August 1992, Pages 797-817.

10. Abhijit Banerjee, Emily Breza, Arun G. Chandrasekhar, and Benjamin Golub, " When Less is More: Experimental Evidence on Information Delivery during India's Demonetization " , *Review of Economic Studies*, Forthcoming.

11. Abhijit Banerjee, Esther Duflo, Erin Grela, Madeline McKelway, Frank Schilbach, Garima Sharma, and Girija Vaidyanathan, "Depression and Loneliness Among the Elderly Poor" , Working Paper, December 2022.

12. " Robots and Artificial Intelligence " , The IGM Experts Panel, September 2017.

13. Daron Acemoglu and Pascual Restrepo, " Robots and Jobs: Evidence from US Labor Markets, " *Journal of Political Economy* 128, no. 6(June 2020): 2188-2244.

14. Acemoglu, Daron and Loebbing, Jonas, " Automation and Polarization, " September 2022, NBER Working Paper No. w30528.

第九章

达龙·阿西莫格鲁
用数据更新政治经济学

人物简介

◎美国麻省理工学院教授达龙·阿西莫格鲁

　　1967年出生于土耳其的伊斯坦布尔，1989年毕业于英国约克大学，1992年获得伦敦政治经济学院经济学博士学位，并留校担任经济系讲师。1993年阿西莫格鲁任美国麻省理工学院经济系助理教授，自2014年起任现职。他与詹姆斯·罗宾逊合著有《国家为什么会失败》(日本早川书房)、《狭窄的走廊：国家、社会和自由的命运》(日本早川书房)。此外，还与莱布森、李斯特合著有《宏观经济学》《微观经济学》(日本东洋经济新报社) 等。

凭借一张嘴就能量产论文的超级经济学家

这一章我们将要介绍的是经济学界当前最炙手可热的明星学者——美国麻省理工学院的达龙·阿西莫格鲁教授。阿西莫格鲁教授凭借其对政治经济学、劳动力市场、创新等问题的深入研究和卓越贡献而著称，在经济学界拥有超乎寻常的影响力。达龙·阿西莫格鲁教授出生于土耳其，拥有土耳其和美国双重国籍。他曾是业界顶级刊物之一《计量经济学》的主编。2005 年他获得了美国经济学会"约翰·贝茨·克拉克奖"，2022 年获得了科睿唯安"引文桂冠奖"。

开拓政治经济学、劳动力市场、创新等领域的前沿

阿西莫格鲁教授于 2019 年荣获了美国麻省理工学院教职工能够获得的最高头衔——"学院教授"（Institute Professor）。麻省理工学院的校长拉斐尔·莱夫评价说："达龙·阿西莫格鲁作为学院教授，凭借其勇于探索、严谨求实的研究态度，对社会做出了巨大贡献，他是麻省理工学院的典范。"他还继续赞扬道："阿西莫格鲁教授的研究对于创造一个更美好的世界至关重要。"[1]

截至 2023 年 1 月，阿西莫格鲁教授在过去的十年里是全球被引用次数最多的经济学家。[2] 无论是为了撰写论文还是为了回复电子邮件，他会经常使用手机的语音识别功能。在麻省理工学院，人们常常可以看到他一边走路一边用语音识别功能回复邮件。

　　阿西莫格鲁教授拥有超群的记忆力，他能够迅速记住每个博士生的名字，瞬间回忆起许久以前的论文合著者的名字。他超强的记忆力令所有人感到惊讶。

　　2023 年 1 月 6 日，美国经济学会主办了一场阿西莫格鲁教授的特别演讲，其主题是"扭曲的创新：市场是否正确把握了技术的方向？"。斯坦福大学商学院教授苏珊·阿西女士在开场演讲中这样开玩笑地说道："关于达龙的笑话不胜枚举。我最近在推特上看到这样一则笑话，'达龙今年的论文引用数超过你所有论文的引用数，还剩多少天？'下面我也来一个，'在这场特别演讲的时间里，是在座的所有经济学家加起来的论文引用数增长得快呢，还是达龙一个人的增长得快呢？'"[3]

　　经济学界对于拥有如此才能和超强大脑的阿西莫格鲁教授迟早会获得诺贝尔经济学奖一事，可以说没有任何异议。2023 年正在麻省理工学院阿西莫格鲁教授的指导下攻读博士学位的菊池信之介先生这样评价道："仅诺奖级别的研究他就有 3 个，往少了说也至少有 2 个。剩下的只是和谁一起获奖的问题。首先，他用经济学框架分析了民主主义，并建立了与以往意识形态色彩浓厚的政治经济学不同的新理论，这是他的重要贡献（他在多部合著作品中提出了政治体制转型理论）[4]。其次，他在劳动经济学中引入了'任务'这一概念，凭借这一点，他可能与大卫·奥特尔教授共同获奖。此外，他也可能因有关技术创新领域的研究[5]，与欧洲工商管理学院（INSEAD）的菲利普·阿吉翁教授共同获奖。"

用简单模型说明复杂理论

阿西莫格鲁教授还广泛涉猎数学、历史和哲学。他这样解释自己的问题意识："在做研究时，如果我们认为所有事情都跟数学一样是正确的，那么就会忽视许多重要的事情，例如有关制度的背景问题，或是质性问题，还有一些社会性问题。但是，如果完全放弃数学，变成某种程度上的定性研究，我认为这也无法做到深入。所以，我在一些研究中试图将数学与历史，以及社会制度结合起来进行思考。"

除了政治经济学以外，他的研究对象还涉及自动化与创新、劳动力市场、网络理论等多个领域。他认为，与其追求使用大量的数据进行精密分析，不如用简单的模型去解释像是民主主义、政治制度这样宏大的概念。菊池先生说道："（不仅限于阿西莫格鲁教授）在 MIT，宏观经济学家都不太注重数量模型。我们最常听到的一句话就是'如果你的模型连自己的父母都不明白，那就不是好的模型'。"尽管数学计算也有能发挥作用的时候，但毕竟数学或模型只是帮助我们更好地理解现实的工具而已。

阿西莫格鲁教授充满了好奇心，总愿意尝试新的事物。一旦对什么产生了兴趣，他就会立刻开展研究，并提出自己的观点。阿西莫格鲁教授被引用数量最多的论文是他于 2001 年发表的有关殖民地体制与传染病死亡率的研究[6]。尽管也有人批评阿西莫格鲁教授的数据不准确，[7]但凭借压倒性的研究数量和超高的论文质量，阿西莫格鲁教授对新一代年轻经济学家们产生了深远的影响。

他非常关心自己的学生。当听到其他大学有学生自杀的消息时，他会直接给指导的每一名学生发一封邮件，上面写着"如果有什么想聊的，可以随时找我谈"。

阿西莫格鲁教授最为人熟知的研究是他于 1998 年发表的关于大学毕业生"技能溢价"（skill premium）的论文。尽管大学毕业生的人数在不断增加（即供应量增加了），但多年以来他们的工资也在不断上涨，其原因一直是个谜。在论文中，阿西莫格鲁教授明确地解释说："当大学毕业生增加时，雇主会利用最新技术进一步提高生产力。因此，随着技术革新，大学毕业生的劳动质量不断提高，再加上供应人数的增加，大学毕业生的价值会进一步上升。"[8] 可见，阿西莫格鲁教授有一种问题意识，即技术应该用来提升人的技能。

在技术创新方面，近年来，阿西莫格鲁教授一直致力于人工智能的研究，他的研究成果在学术界已经有了十分重要的贡献。

例如，阿西莫格鲁教授指出，除非有其他技术创新抵消了技术对劳动生产率的提升，否则人工智能可能会减少就业和工资。此外，他在 2021 年提出了有关人工智能治理的问题。他警告说："如果人工智能继续这样发展下去而不受监管，它可能会损害竞争和消费者隐私、消费者选择，还会导致过度自动化，激化不平等，不合理地压低工资，甚至可能无法帮助我们提高生产效率。此外，政治言论会变得更加扭曲，从而将民主主义的一条生命线葬送掉。[9]

在 2023 年 5 月出版的与西蒙·约翰逊合著的《权力与进

步：科技变革与共享繁荣之间的千年角斗史》中，阿西莫格鲁
教授进一步深入探讨了这个问题。他谈道："技术革新并不会
自动地带来广泛的繁荣。为了实现'共同繁荣'，各界人士应
该共享愿景，并将技术革新引导到比自动化更有助于提高人的
生产力的方向。"

超越"剑桥资本争论"

阿西莫格鲁教授一开始便对历史和政治经济学表现出了强
烈的兴趣，他最初的志向就是成为一名经济学家。他在 20 世
纪 80 年代末至 90 年代初于英国伦敦政治经济学院（LSE）攻
读博士学位。然而，那时的政治经济学普遍带有浓厚的意识形
态色彩。同样，日本的某些大学可能也存在类似情况。

那时，阿西莫格鲁教授专攻劳动经济学，这是一个与政治
经济学相邻的领域。他主要研究的是劳动力市场中影响工资的
决定性因素、劳动就业以及政治经济制度等。阿西莫格鲁教授
回顾道："当时，政治经济学在 LSE 并不是特别流行，所以那
个时候，我没有勇气去深入研究这个课题。直到来了 MIT 之
后，我才开始真正投入其中。"在早期的研究中，他于 1998 年
发表的一篇合著论文在学界引起了巨大的反响，这篇论文的主
题是"在经济发展中基于合同的财产所有权的存在对防止官僚
腐败发挥了重要的作用"。[10]

阿西莫格鲁教授善于综合运用数据和历史观点对政治经济
学进行分析研究，对此，在麻省理工学院获得博士学位、现任
职于日本横滨国立大学的古川知志雄副教授指出："20 世纪的

'剑桥资本争论'（Cambridge Capital Controversy）为我们理解
政治经济学提供了线索。"

古川教授说的这场争论指的是，20 世纪 50 年代到 70 年
代，英国的剑桥大学和位于美国马萨诸塞州剑桥市的麻省理工
学院、哈佛大学之间展开的关于宏观经济学中资本品测量方法
的激烈论战。争论的双方是以皮耶罗·斯拉法、琼·罗宾逊、
皮耶罗·盖莱格南尼、卢伊季·帕西内蒂为首的英国新剑桥学
派和以保罗·萨缪尔森、罗伯特·索洛为首的麻省理工学院新
古典综合派。[11]

上述都是当时顶级的研究经济增长的宏观经济学家。古
川教授谈到"他们争论的焦点是，资本到底有一个还是有多个
的问题"。萨缪尔森提出了一种经济模型，假设全部门都具有
相同的资本密集度。换句话说，就是世界上只有一种商品。当
然，这在现实世界中是不可能的。

但根据这一模型推导，可以得出与新古典综合派增长理论
完全一致的结果，因此，萨缪尔森等人使用了资产价格为一个
的假设。帕西内蒂和哈佛大学的阿马蒂亚·森等人则严厉地批
评这一观点，认为"这种假设不符合现实"，他们反驳道："如
果不同行业间的资本密集度不同的话，那么新古典综合派的结
论便不能成立。"对此，新古典综合派又进一步反驳说："新剑
桥学派真是可笑，这么一点小的问题完全影响不了整套严密理
论的正确性。"[12]

从更加宏观的角度看，这场论战代表了经济学从思想性阶
段向数理分析发生转变的过程。萨缪尔森采用了定量方法，而

新剑桥学派的领袖罗宾逊则讽刺地表示："我的数学只有高中
水平，理解不了高深的理论。"在讽刺的背后，是罗宾逊对于
定量分析或将更胜一筹的担忧。

最终，新古典综合派在论战中占据了优势，而新剑桥学
派的几位代表人物则逐渐退出了经济学的舞台。[13]尽管新古典
综合派和新剑桥学派都没有决定性地击败对手，但新剑桥学
派最终未能提出能够取代新古典综合派的代表性理论，这是他
们失败的一个重要原因。颇具象征意义的是，新古典综合派的
萨缪尔森等人后来获得了诺贝尔经济学奖，而培养出阿尔弗
雷德·马歇尔、阿瑟·庇古、约翰·梅纳德·凯恩斯、弗兰
克·拉姆齐、约翰·希克斯等一批重量级经济学家的剑桥大学
的政治权威和影响力则逐渐走向了衰落。

"租金分享"而非"买方垄断"

实际上，在 20 世纪的一百年中，关于资本的争论大约每
隔 30 年左右就会出现一次，而剑桥资本争论是最后一次。后
来的诺贝尔经济学奖得主索洛先生在他的著作中说道："如果
一个理论问题在提出 80 年后仍然存在讨论的余地，要么是这
个问题本身有问题，要么就是这个问题非常深刻。"[14]

剑桥资本争论之所以如此激烈，或许可以说是因为问题提
出得非常深刻。之后，论战失败的新剑桥学派代表人物罗宾逊
于 1933 年提出了"买方垄断"（monopsony）的概念，再次引起
了学界的关注，对政策也产生了一定影响。买方垄断指的是在
劳动力市场上某些企业处于"垄断"地位，并由此带来低工资

的情况。例如，在美国纽约州的罗切斯特市，曾经只有柯达一家公司，对于当地的居民来说，柯达是唯一一家能给他们提供好的就业机会的企业。于是，柯达便在劳动力市场上占据了绝对优势，可以用很低的工资"大量购买"劳动者。

菊池先生注意到，在 20 世纪 80 年代，只有 2 篇学术论文使用过"买方垄断"这个术语，但到了 21 世纪的前十年，已经增至 64 篇。[15] 美国拜登政府财政部于 2022 年 3 月发布了一篇报告，报告中表达了政府对"买方垄断损害劳动者权益"的担忧。该报告强调竞争性劳动力市场在促进劳动者改换工作或进行高薪谈判等经济自由方面的重要作用，引发了讨论。[16]

日本的劳动力市场，长期以来，基本上只有一种就业形式——应届毕业生入职。同时，大多数日本企业采用年功序列的工资制度，劳动者如果选择跳槽，他们在收入和养老金方面将会受到不利影响。这一现象似乎也可以用"买方垄断"来解释。

阿西莫格鲁教授曾于 1998 年研究过公司的员工培训制度，在这一研究中，他涉及了"买方垄断"的概念。相较于其他的公司，企业拥有更多关于自己员工能力的信息。因此，在像德国这样的退休率较低的经济体中，企业通过对员工的培训可以获得事后的"买方垄断"收益，这种收益只需要公司支付一定的员工培训费用就可以得到。美国和德国这两个经济体工资增长率相似但退休率不同，阿西莫格鲁教授等人通过对这两个经济体进行比较研究，发现在退休率较高的美国通过这种员工培训的方式获得人力资源的投资收益会更加缓慢。[17]

　　然而，这项研究毕竟已经年代久远。现在，阿西莫格鲁教授对"买方垄断"的看法是什么呢？他是这样回答的：

　　"有的时候，远离竞争性市场确实是重要的，而买方垄断便是其中之一。不过，我更喜欢另一个专业术语，叫'双边垄断'（bilateral monopoly）。平衡劳动者和企业双方的力量至关重要。而买方垄断只是一种特殊情况，在这种情况下只有企业一方拥有强大的力量。虽然这在现实中确实也存在，但总的来说，我并不认为它是一种最佳的状态。

　　"目前，许多劳动力市场采用的是一种被经济学家称为'租金分享'（rent sharing）的制度。一般而言，公司在获得超额利润时会与劳动者共享一部分。不过，在分享这部分利润时，其分配的比例会受到工会、对于公平性的考量以及社会整体价值观的影响。"

　　在"剑桥资本争论"中，新古典综合派击败了罗宾逊等人。在这场争论里，新古典综合派假设资本价格是同质的，可以说这是对资本价格的差异进行了抽象化的建模。相对于过去政治经济学在某种程度上放弃考虑制度差异的部分，阿西莫格鲁教授一直在研究制度差异与经济关系、社会规范以及民主主义之间的动态关系，不断地精炼研究方法并"更新"研究。他的这种实事求是的研究态度犹如涟漪一般扩散开来，极大地影响了学界，甚至对经济学本质的定义也产生了冲击。

留存收益同创新的关系

　　制度变化对经济社会有何影响？在此，我想进一步介绍一下阿西莫格鲁教授的见解。阿西莫格鲁教授曾与菲利普·阿吉翁教授、法布里奇奥·齐利博蒂教授共同进行过一项关于创新的研究，他们的研究结果为分析技术开发与社会变革提供了一个有趣的视角。

技术人员在大学或企业中应该开发什么取决于社会需要什么。阿西莫格鲁教授等人的研究证明了创新导向的技术先进国与需要投资来复制先进技术的技术追赶国在决策条件上存在的差异。在创新导向的技术先进国，"更优秀的企业经营者对技术的战略性选择至关重要"。

他们还注意到，企业的留存收益可能会被现任管理者用来保护自己免受竞争。在这种情况下，留存收益充裕的企业可能会倾向于保护"内部人"（insider），因此不会转向创新型战略，而是会继续采取复制外部技术的追赶型战略。如果是这样的企业，可能就会被世界前沿技术所抛弃，因为一个缺乏眼光的管理者是无法抓住创新机会的。[18]

今后，将最先进的技术所带来的经济社会变化纳入模型的争论，可能会与由人工智能引发的社会变化相结合，从而产生令人意想不到的学术发现。

我曾于 2013 年和 2021 年对阿西莫格鲁教授进行过两次采访。本章的访谈部分，主要基于这两次采访编写而成。在采访中，我询问了社会制度、民主主义以及经济增长等相关问题。此外，在本书的编辑期间，2023 年 4 月我又有幸对阿西莫格鲁教授进行了一次采访，这次采访的内容我尽可能地写入了本章前面的概要部分。

　　我对阿西莫格鲁教授的第一次采访是在 2013 年 6 月 3 日。
这次的采访文章发表在《日经商业在线》上。那个时候，阿西
莫格鲁教授和美国哈佛大学詹姆斯·罗宾逊教授合著的《国家
为什么会失败》[19] 一书在日本出版（他们在书中主张"如果不
建立一个容易发生创造性破坏（技术革新）和创新的体制，国
家将会失败"），得益于这个契机，我采访到了阿西莫格鲁教授。
在这次的采访中，我们探讨了一个国家持续繁荣的条件，以及
当国家的经济增长出现停滞时，应该采取什么样的措施。

　　尽管这是十多年前的采访了，但其内容仍非常具有参考价
值，因此这一时期讨论的话题有一些被特意保留了下来，并加
入了相关研究的解释。阿西莫格鲁教授在《国家为什么会失败》
一书中，提出了一些关于经济增长和政治制度的高深见解，引
人深思。

　　对阿西莫格鲁教授的第二次采访是在 2021 年的新冠疫情
期间，通过视频方式进行的。契机与上次相同，阿西莫格鲁教
授与罗宾逊教授合著出版了《狭窄的走廊：国家、社会和自由
的命运》[20]（日本早川书房）一书。采访中，他谈到国家为了实
现持久的繁荣，必须在"狭窄的走廊"中进行斗争。此外，他
还谈到了 AI 对社会的影响以及其伦理问题。

　　在撰写本书时，阿西莫格鲁教授与西蒙·约翰逊合著的
《权力与进步：科技变革与共享繁荣之间的千年角斗史》一书
即将出版问世。得益于此，我有幸通过面对面的方式再次对他
进行了采访。这次采访正值美国 OpenAI 推出的 ChatGPT 等
"文章自动生成"AI 迅速席卷全球之际，在采访中我与他讨论

了相关问题。

《权力与进步：科技变革与共享繁荣之间的千年角斗史》这本书在出版之前便引起了英国《金融时报》等英文媒体的关注。该书回顾了人类过去 1000 年的技术创新，讨论了技术创新给经济社会所带来的变革及其深入影响，分析了技术创新后社会力量关系的变化。

在 10 世纪前后的中国宋朝，火药、指南针和天文学的进步给社会带来了怎样的影响？ 1066 年，在诺曼征服时期，在欧洲出现的磨粉机又是如何引领社会变革的？ 12～13 世纪，水车的发明和华丽的教堂建筑又象征着什么？ 14 世纪，英国农业技术进步所带来的财富用在了何处？ 15 世纪，大航海时代为王室和商人带来财富的同时，公民意识也悄然而生。15～17世纪，中国在风力水车、活字印刷、计时装置等领域一直是世界领先，这些技术是如何传播到欧洲的？ 18～19 世纪，英国的工业革命，以及苏伊士运河、巴拿马运河修建的背后有着怎样的故事？ 20 世纪中叶，美国在第二次世界大战后是如何实现了机械自动化的？ 管理学在这一时期为何得到了极大的发展？ 工会组织的诞生和衰退之中又有着怎样的故事？ 弗里德曼在《纽约时报》上发表的"弗里德曼主义"（Friedman Doctrine）是为何物？ 股东至上主义为何崛起？ 21 世纪为何会出现超大规模的科技公司和人工智能？ 为什么中美两国都在加速数字化发展？ 为什么要大规模地收集数据？ 许多新的技术和收益机会总体上会有利于"拥有"的一方，而给"缺少"的一方带来艰难困苦。其结果便是导致政治经济的力量关系发生改变。

　　阿西莫格鲁教授在《权力与进步：科技变革与共享繁荣之间的千年角斗史》中反复强调，回顾历史我们可以发现，技术创新本身并不一定会自动带来经济社会的繁荣。例如，中国的宋朝虽然拥有世界领先的活字印刷术和指南针，但它们并没有成为中国内部进行工业革命的动力。相反，这两项技术漂洋过海到达欧洲后却直接或间接地促进了欧洲的工业革命。此外，他们还发现，技术的创新只是让一小部分精英得以受益，而对劳动者来说获得的好处少之又少。两位作者得出的结论是，技术发展的目的不应该仅仅是将更多的工作交给机器，而应该是增强人类自身的能力。与此同时，在实现技术创新的同时，还应该建立一个广泛的共享愿景和繁荣的制度。这两点对于技术创新来说非常重要。[21] 换句话说，就是要"租金分享"。

　　在《国家为什么会失败》一书中，阿西莫格鲁教授讨论了决策者和普通民众相互作用下的社会体制的变化，强调了倾听各种声音的重要性，并呼吁要建立一个所有相关方平等参与决策的"包容"社会。而在新书中，他将讨论的重心放到了技术创新之上，对其做了深入的剖析。书中，阿西莫格鲁教授的问题意识始终如一，在决定对社会至关重要的事项时，不能只由一小部分人来进行决策，而这也正是民主主义的本质。

　　在撰写本章内容时，阿西莫格鲁教授和古川知志雄先生、菊池信之介先生为我提供了许多经济学前沿研究的动向和撰写建议，在此我想向他们表示由衷的感谢。

◎访谈部分

呼吁"包容性"

　　我首次采访阿西莫格鲁教授是在 2013 年 4 月 29 日。那一天的上午我还采访了同样任教于麻省理工学院的迪弗洛教授，她是第八章介绍的阿比吉特·班纳吉教授诺贝尔经济学奖的共同获奖者，也是他的妻子。在那段时间，我采访了很多世界银行对口支援发展中国家的工作人员和从事小额信贷的有关人士。因此，我经常听到"包容"（inclusive）这个词。所用的语境与阿西莫格鲁教授等人所说的是一致的，即这是一个所有人都应该做出社会贡献的时代。在此背景下，减贫事业是不是会迎来发展契机呢？

　　　　"在我与他人合著的《国家为什么会失败》一书出版之前，'包容'这个词并不在这样的语境下经常使用。如果你听说过这个说法的话，你可能会与詹姆斯·罗宾逊教授一起对是否应该用这个词而感到烦恼。"

　　阿西莫格鲁教授说的"包容"，是否等同于多样性呢？

> "虽然可以说是一个意思，但多样性只是实现包容的第一步。多样性的目的只是在现有的框架内增加各种各样的人。然而，'包容'想要表达的是一种体制，它意在将所有人都带到决策桌前，吸纳各方的意见，共同创造出新的事物。"

攫取型发展不同于包容型发展

换言之，"不是让所有人去适应某一个特定的特征，而是要在发挥个人独特性的同时让他们积极主动地参与"。在阿西莫格鲁教授的合著作品《国家为什么会失败》中，他提到，国家在发展阶段，首先会形成为特定阶层服务的集权和攫取型制度，这个阶段过去之后，为了实现创造性破坏，需要转变为"包容型"的发展制度。那么，对于一个国家来说，推动发展最重要的因素是恰当的制度吗？

> "国家要实现长期的、持续性的增长，制度是最重要的。通过创造性破坏产生最先进的技术，然后利用这些技术来建立最优秀的制度。到了那个时候，实现'全民政治'和'全民经济'也是有可能的。如果政治制度或是经济制度依旧选择中央集权型和攫取型，权力仍然集中在特定阶层的手中，即使社会能够取得一时的发展，最终也将迎来失败。"

你也可以理解为，只有进行创造性破坏（技术革新），才能实现制度创新。这是否意味着我们应该建立一个"不放弃每一个人"的制度呢？确实，工业革命带来了许多制度创新和社会变革。

> "在一些中央集权体制的国家，国家对一切进行管理，这些国家起初运作得很好，但最终由于失去了进行创造性破坏的动力，迎来了经济停滞。技术追赶型经济模式或者是利用（石油等）特定资源进行攫取型发展的社会与包容型社会完全不同。前者不具备进行系统性、创造性破坏的能力，它最终总会陷入困境，无法持续下去。
>
> "英国之所以在工业革命中能够取得变革式发展，是因为在此之前，于 1688 年发生了光荣革命，这为它带来了进行创造性破坏的土壤。因此，尽管工业革命后来也传播到欧洲的其他国家，但并不是所有国家都实现了像英国一样的发展。如果不从攫取型过渡到包容型，实现类似的发展便很难，不仅经济如此，政治也是如此。
>
> "经济学中有一种假设叫作'现代化理论'，它认为经济变化会带来政治变化。然而，现实情况并非完全如此。许多国家虽然经济高速增长，却没有带来政治体制的变化。当然，这些国家目前仍处于不需要创造性破坏的阶段。"

一直以来，阿西莫格鲁教授和罗宾逊教授都在反驳"现代化理论"，并将其作为提出新理论的基础。阿西莫格鲁教授甚至一度表示："一批判起现代化理论，我就停不下来！"但他们目前还未提出新的理论。近年来，他们试图提出新的理论。下

面的内容选自他们最新的研究论文，这篇论文有些复杂，但作
为参考，我想引用如下。

> "现代化理论是一种自动将经济现代化与政治制度
> 中特定路径联系起来的理论。但我们想强调三种不同的
> 动态。
> "第一种是，我们认为文化构成（cultural configuration）
> 的变化是政治制度发生变化的前提。这意味着人们在创
> 造社会意义、期待从新政治体制中获得什么以及在认可
> 新政治体制带来的各种政治经济成果的过程中，对过去
> 通用的'文化属性'产生了不同的距离感。"[22]

需要补充说明的是，这里所说的文化构成，是指构成社会文
化的"文化属性"，例如家父长制度等。这些文化属性决定了这
一国家或地区的等级观念、家庭观念和性别角色，或者是特定
的仪式、习俗、传统（如美德或荣誉等）等社会的整体价值观。

> "第二种是，即使发生相似的经济变化，某些社会可
> 能会加强专制统治并强化支持专制统治的文化属性，而
> 另一些社会可能会削弱专制统治。历史、制度、国家与
> 社会之间的严格权力平衡以及在该国被接受的文化属性，
> 决定了是加强专制还是反之。
> "第三种是，尽管现代化理论通常认为现代化大致上
> 会遵循特定的变化轨迹，但是否按照这条轨迹前进取决
> 于'文化企业家'[23]是否提出新的文化属性，以及'政

治企业家'是否朝着实现这一目标进行政治活动。即使其他条件都已具备，也不应假定追求现代化的企业家会立即出现并且必然成功实现现代化。"²⁴

存在没有贫富差距的包容型社会吗

让我们回到采访。在任何时代，掌握权力的人都能够操弄政治、把握财富，从而形成既得利益。当被问及银行家和官僚是否可以被视为具有掠夺性的精英阶层时，阿西莫格鲁教授这样回答道。

"可以说银行家和官僚很容易变得具有掠夺性。虽然过去并非如此，但近年来，他们为了自己能够分到更大的蛋糕而开始操弄政治。在许多国家，公共部门拥有强大的实权，它们非常臃肿，受到政治的保护。银行在整个 20 世纪都在国家繁荣中发挥了重要作用，但随着政治力量的增强，它们开始承担过多的风险。

"我对日本不太了解，如果以美国为例的话，我认为如果国家的制度更加强势，那么银行就无法通过游说等手段对政治施加影响，如此一来银行家的掠夺性就会减弱。然而，在发达国家中，金融行业只是许多影响政治的行业中的一个。当然，这种情况不会在位于加勒比海西印度群岛内的巴巴多斯²⁵这样的君主立宪制国家中出现，在这里，少数家族完全把控着政治、军队、司法和经济。"

但是，在发达国家也必然存在着既得利益者，会产生发达国家特有的社会贫富差距。在资本主义制度中，能否真正实现包容型的发展呢？能消除社会贫富差距吗？

> "首先，我并不太喜欢'资本主义'这个词。日本、美国和危地马拉都是资本主义国家。然而，这三个国家完全是不同的'物种'。危地马拉是一个半数以上人口都受压迫的国家。虽然它标榜市场主义，但其市场是受控制的。它的政治权力集中在一部分掠夺性阶层的手中，他们压迫着那里的半数人口。
>
> "因此，你的问题应该换种说法，'在包容型的市场经济当中，是否可以消除贫富差距，或者说至少是做到有限的贫富差距？'
>
> "我认为贫富差距在一定程度上是社会所必需的，因为它是激励人们发展的动力。此外，人们渴望得到回报，虽然不是所有回报都必须是金钱，但有时钱的问题也很重要。"

阿西莫格鲁教授认为，不存在没有贫富差距的社会。然而，他对技术革新所引起的财富分配不均表示了极大的担忧。

> "技术革新是改变一切的关键。在过去的 30 年里，由于技术创新，全球化不断发展，我们已经过渡到了技术依赖型社会。得益于技术创新，越来越多的'超级巨星'拥有了活跃的舞台，比如篮球运动员迈克尔·乔丹

挣了数千万美元，而使用乔丹形象的广告代理公司也赚取了巨额利润。这有什么问题吗？问题在于，得益于技术进步而变得非常富有的人，比如乔丹和广告代理公司的老板，只有他们的子女能够接受最好的教育，掌握政治权力，决定国家是否要发动战争等。这种由一部分阶层垄断政治的情况令人担忧。"

在包容型社会里最重要的是政治平等

既得利益阶层拥有设计社会制度、分配社会资源的权力，但如果他们将这些权力私用，为其后代提供特殊的教育机会，这显然对整个社会来说并非好事。

"换句话说，经济上的贫富差距并不是一个大的问题。关键问题有两点，一是我们能否通过全员参与的政治体制实现政治上的平等，这是终极目标。二是我们能否消除经济上的'机会不平等'，帮助每个人公平地参与社会活动。"

换句话说，包容型意味着特权阶层不能有带有私利的独断的意志决定，根据其后续研究的关键词，这需要引入规范性的"枷锁"。

"现在的美国有很多孩子连与其他地区的孩子在同一起跑线上竞争的机会都没有。比如，出生在城市贫民区的孩子，就不会享有与出生在富裕郊区的孩子一样的机会。这种机会不均等的问题是大问题。当然，机会的不均等与贫富差距也是密切相关的，所以作为一项指标我们必须关注贫富差距的状况。"

也就是说，教育平等是最重要的课题吗？

"完全正确。下一个阿尔伯特·爱因斯坦、下一个马克·扎克伯格（原 Facebook 现 Meta 的创始人）、下一个谢尔盖·布林（谷歌创始人）在哪里，谁也不知道。如果我们不能提供平等的教育机会，那么人口中只有10% 的人有可能取得成功。而下一个爱因斯坦、扎克伯格或许就在剩下的 90% 的人里。"

创造财富的社会是一个拥有高质量人力资本的社会

稍微换一个看问题的角度。为了减贫我们应该做什么？是制度改革？还是创造新的就业机会？

"贫富差距的根本原因在于制度。然而除此之外，技术、全球化和人力资本（的质量）也是重要的影响因素，这些原因相互交织在一起。在我看来，一个能够创造财富的社会一定是一个拥有高质量人力资本的社会。教育质量的低下会导致贫富差距，而教育的落后通常是由制度问题引起的。失业是教育质量低下的结果，而非原因。"

阿西莫格鲁教授指出了在经济增长中人力资本的重要性。

"教育的落后通常是由制度问题引起的"这一观点发人深省。

虽然制度改革对于引发创造性破坏至关重要，但是让现在的精英阶层进行制度改革是否存在不可避免的局限性？因为对于他们来说，这可能变成一种自我否定。

> "确实，精英阶层通常不愿进行根本性的改革，而更倾向于维持现状。因为他们想要维护既得利益。"

日本过于依赖宏观政策

日本在完成对欧美的技术追赶后，曾尝试向包容型社会转变的改革，但最终还是失败了。创造性破坏和创新均未能实现，随后便陷入了长期的经济停滞（直到采访的这一刻仍是如此）。对此，阿西莫格鲁教授有何看法呢？

> "我认为这背后有几个原因。能否实现更加开放的经济改革，取决于社会的'全员参与'的程度。二战后，日本在多个领域都建立了全员参与的体制，但从一个旁观者的角度来看，它还存在许多问题。
>
> "首先，日本的政治制度缺乏竞争性（进入的壁垒很高），这导致经济制度也失去了竞争力。虽然在汽车、电气等行业，日本有很多国际性的企业，但在基础设施等领域，日本市场被大企业所垄断，缺乏竞争。此外，日本企业更倾向于家族经营而不是由经营方面的专业人士进行管理，因此企业治理并不充分。这是制度性的问题。

　　"电气行业竞争激烈，处境不佳，世界各地的电器制造商都卷入了全球性的巨变中，陷入了艰难的境地。这不仅是索尼等日本企业所面临的问题，美国、德国的企业同样如此。

　　"在技术追赶时期，仅依靠大企业就可以成功实现经济增长，因为只需通过投资引入现成的技术即可。然而，在美国的软件、生物技术、纳米技术等新技术开发活跃的领域，创业公司是成败的关键。

　　"这时重要的是，国内的环境和经济制度是否能够允许新的市场参与者不断涌入，轻松获得资金和必要的支持？同时，是否有一个灵活的环境，可以雇用来自各地的一起实现想法的人们？相对于美国和其他国家，日本可能在这方面遇到了困难。"

　　阿西莫格鲁教授的论述显然是基于我在本章前面概要部分介绍的与阿吉翁等人关于创新研究的相关内容。[26] 他们认为"留存收益和留住人才的体制"是导致日本在全球技术发展浪潮中落后的原因。尽管日本多次提出结构改革，将重心从制造业转向服务业，但变革的速度非常迟缓。

　　让我们把时间退回到 2013 年。当时，日本自民党的安倍政权提出了强调量化宽松和经济增长战略的"安倍经济学"。阿西莫格鲁教授对于当时的安倍经济学有何看法呢？

　　"我持观望态度。当时（2013 年），全球经济都不景气。对于日本经济来说，量化宽松的政策固然有效，但

> 我认为进行结构性改革更为要紧。在我看来，日本经济
> 长期以来一直存在结构性问题，但似乎日本政府只想依
> 赖宏观政策解决表面问题。日本国内的经济垄断，抑制
> 了技术创新的活力。
>
> "仅仅是通过金融政策来提高流动性、增加政府支
> 出，作用是有限的。对日本来说，重要的是创造一个良
> 好的创业环境，破除在部分行业中存在的大企业垄断现
> 象。因为在通常情况下，创业公司会成为技术革新的引
> 领者。"

2013 年，当时阿西莫格鲁教授对于金融宽松政策的做法
提出了质疑。此外，他对"部分大企业垄断市场所带来的弊
端"也有强烈的认识。考虑到当前世界经济的情况，美国的
GAFAM（谷歌、苹果、Facebook、亚马逊和微软）集中了大量
的用户数据和财富。这与我在本章前面概要部分提到的买方垄
断问题相关。

在日本，劳动力市场正在发生缓慢的变化。从新的政府政
策和媒体舆论中我们可以看到，日本社会正在慢慢放弃对"应
届毕业生入职"的偏执。现在的年轻人也不抵触跳槽，并且从
优秀人才更倾向于加入初创企业等方面来看，也许在不久之
后，日本社会中的"买方垄断"现象或将得到改善。

制度改革只有在历史条件成熟的情况下才能实现

在本书的第八章，我们介绍了致力于减贫研究的阿比吉

特·班纳吉教授，他在合著的《贫穷的本质》（日本 Misuzu 书房）一书中批评了阿西莫格鲁教授和罗宾逊教授的观点，认为他们对国家制度在减贫方面起到的作用持悲观态度。对于这位麻省理工学院的同事，同时也是发展经济学和现场实验方面专家的评论，阿西莫格鲁教授会如何反驳呢？

> "确实，我们可能的确有些悲观。制度改革不能立即实现，这是一个事实。它需要在历史条件成熟的情况下才能发生。然而，我认为相较于强调地理条件和文化传统的作用，从制度建设的角度来探索国家繁荣的路径，难道不是更为乐观吗？"

自由·民主主义·利维坦·社会规范

至此，我们将当时阿西莫格鲁教授关于制度的观点和现状进行了比较。接下来，我将继续介绍第二次对阿西莫格鲁教授进行采访的内容。在这次采访中，我与教授讨论了维系社会自由与经济繁荣的条件的框架化问题。当时，阿西莫格鲁教授完成了一项新的研究，从政治经济学的角度来分析民主主义和资本主义制度，所以采访内容对此也有所涉及。在 2021 年采访时，美军正从阿富汗撤离，美国在阿富汗的"民主化努力"宣告失败。

利维坦＝国家权力与社会力量的平衡带来繁荣

该如何建立一个统治机构与社会、权力平衡的国家呢？

　　在合著的《狭窄的走廊：国家、社会和自由的命运》一书中，阿西莫格鲁教授用"利维坦"一词来形容国家，这个词来自 17 世纪英国哲学家托马斯·霍布斯的《利维坦》。

　　关于"利维坦"，阿西莫格鲁教授在合著的论文中这样表述。[27]

> 　　"托马斯·霍布斯于 1651 年问世的经典著作《利维坦》阐述了自然状态的唯物主义和基于契约的建国契约理论。约翰·洛克又进一步发展了这一观点，提出了与现代版相近的人民主权思想。在这一思想中，人民主权是将主权委托给人民，而人民又将主权委托给统治者。然而，前提是统治者必须遵循人民的利益和指示行事。如果没有这种新型的人民主权思想，人民参与政治的程度就不可能显著增加。"

　　对于这种思想，阿西莫格鲁教授批评道：通过"外部压力自上而下"地建立国家权力，这种模式在社会并非同质的情况下根本无法发挥作用。

　　在合著的《狭窄的走廊：国家、社会和自由的命运》一书中，阿西莫格鲁教授用坐标图描绘了利维坦的发展，他将 X 轴设定为社会力量，Y 轴设定为国家权力，以向右上方延伸的曲线来表达利维坦民主化的发展。

　　在采访时，有报道称美国扶持的阿富汗政府已经崩溃，在美军全面撤退之前，留在当地的外国人和国民都感到恐慌。这意味着，政府失去了社会的信任，变成了一种"缺位的利维坦"。

> "我曾就阿富汗国家建设失败的原因，在非营利媒体《项目辛迪加》(Project-Syndicate)上发表过分析文章。[28]阿富汗当然需要一个有作为的政府，但从国家权力与社会力量平衡的角度来看，美国通过'外部压力自上而下'地帮助阿富汗是错误的。"

在阿富汗，由于各地区的习俗和规范本就不尽相同，加之政府长时间的缺位，一下子试图通过自上而下的强权手段重建政府，国家权力是无法和社会进行对抗的，也就是说，利维坦是无法建立的。历史上不少多民族国家，如奥斯曼帝国等，都是通过妥协与合作来实现建国的。

一个成功的中央集权政府通过与其治下的人民达成共识与合作来维系国家。从根本上说，在中央集权模式中，国家权力本身不会违背国民意愿进行强制，相反，它会确保少数群体的声望和支持，以获得合法性。

当开始考虑国家权力的易变性时，我们就会明确地意识到国家经济发展并不站在人们最关心的'富裕'的一方，只有取得国家权力和社会力量的平衡才能实现富裕。

关于制度，这次我们主要探讨了三个问题。首先，制度是动态的，是不断变化的。我们应该在理解这一点的基础上，再去关注制度的形成和演变。其次，国家'权力'的作用。我们讨论了国家是如何获取权力的，并顺着这个思路，考察了国家权力的中央集权化。最后也是最重要的一点，国家中'(社会)规范'的作用，在这一点上我们的讨论非常深入。"

三种不同的利维坦

"制度离不开规范。在深入探讨'规范'如何将许多人团结起来并在维持制度方面发挥作用的过程中,我得出了以下两个要点。首先,根据国家权力与社会力量的关系以及它们之间的平衡度,存在三种不同的'利维坦'(见图 9-1)。如果国家权力与社会力量能够取得平衡,那么国家将成为'有枷锁的利维坦'。也就是说,国家权力和社会力量从稳定的力量关系出发,不断发展。英国正是这种情况。在建国时,英国的国家权力与社会力量是平衡的。当国家权力过于强大(如独裁国家)时,则容易变成'强势的利维坦'。"

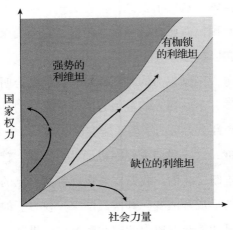

图 9-1　国家权力与社会力量的关系

资料来源: Daron Acemoglu, and James Robinson. "Non-Modernization: Power-Culture Trajectories and the Dynamics of Political Institutions," *Annual Review of Political Science*, vol.25(1). 2022.

在"有枷锁的利维坦"当中，"枷锁"可以确保力量平衡的天平不会由于制度的变化而偏向一方。为了保持这种平衡，民主主义只能在狭窄的走廊中奔跑。

与此相对，在"强势的利维坦"中，统治者并不遵从人民的利益和意愿。而"缺位的利维坦"则是指人民未将主权委托给统治者的状态。在"有枷锁的利维坦"当中，"枷锁"强度随着国家和人民之间力量关系的变化而变化。对于"缺位的利维坦"，阿西莫格鲁教授有什么看法呢？

> "当国家权力被削弱，社会力量变得强大时，就会趋向于'缺位的利维坦'（无政府状态）。在政权建立之初，如果社会规范的影响力超过国家权力或精英阶层的力量，那么就会阻止中央集权制度的产生。"

在这里，我对阿西莫格鲁教授如何定义"society"（社会）一词很感兴趣。因为日语中的"社会"并未包含"society"一词的所有含义，日语中的"社会"在词源上除了指社会整体外，还含有沟通和人际交往的意思。因为我是以日语中的"社会"去理解阿西莫格鲁教授所说的"society"的，所以其中的内涵可能略有不同。

阿西莫格鲁教授在《狭窄的走廊：国家、社会和自由的命运》一书中主张，自由市场经济与民主主义的结合对于长期经济增长来说至关重要。阿西莫格鲁教授的研究中多次提到"社会"一词，那么他是如何定义"社会"的呢？

　　"我们在多个不同的语境下都会使用'社会'这个词。
首先，在现代的语境中，它指的是市民社会，即广义上
所有人的集合。我们在理解'社会'这个词时，要注意
两件事。

　　"首先，我们不把所有普通人的集合称为'社会'。
人们永远不会是一个整体，人也不是同质的。每个人有
每个人的看法和各自的兴趣爱好。只有在对整个社会感
兴趣的人足够多且聚集在一起后，才能形成一个真正的
'社会'。我认为这是最重要的。

　　"其次，在现代文明之前，市民社会这个概念是不存
在的。在前现代社会，通过规范和传统形成的人群集合，
即社会，变得更加重要。

　　"有人可能认为规范对市民社会并不重要。那就请
考虑一下为什么小规模社会或没有国家权力的社会能够
有效地做出决策。在这些社会中，更加重视固有的传统、
规范和问题解决的协调，以此来做出决策。"

为维系民主主义所做的努力就是社会的进步

　　阿西莫格鲁教授在使用"社会"一词时，并不是将其定义
为现代市民社会，而是指生活在那里的人们在对共同决策感兴
趣的人足够多的时候所形成的一个整体。

　　"'社会'一词本身有两种含义，而这也正是我使用
这个词的原因。市民社会每天都面对着同样的问题，如

何调解社会争议，怎样缓和社会对立，等等。在这里，社会的'阶层'一直是我们处理这些问题的有效'工具'。

"就比如说，从外部来看，日本社会长期以来似乎就存在许多这样的'阶层'。有些是源自文化上的传承。

"尽管如此，当日本社会对某项国家重大决定产生意见分歧时，就需要'（国家权力）阶层'的介入。我们可以看到在（军国主义时期的）20世纪30年代和现在，日本的'（国家权力）阶层'有很大的不同。而20世纪30年代的阶层又和（江户时代末期的）19世纪60年代有所不同。换句话说，在日本，'阶层'作为一种'工具'随着社会的演变而发生了变化。"

总的来说，利维坦是不稳定的。在阿西莫格鲁教授最近的著作中，他使用了"红皇后效应"这个词来表述对社会进步的看法，这一词出自《爱丽丝梦游仙境》。他指出，为维系民主主义所做的不断努力就是社会的进步。[29]

"为了实现社会进步，人们必须时刻不停地全力奔跑，持续竞争。在《爱丽丝梦游仙境》中，红皇后这样说，'如果你要维持在原来的位置，你必须很快地跑'。我从这句话中得到了灵感。

"我并不关注爱丽丝迷路或是狭窄的通道等事物。我想说的重点是，为了保持自己的最佳位置，为了维持（权力）平衡，每个主体（无论是国家还是社会）都必须时刻不停地、永远地'奔跑'下去。不过，在日本文化中，要理解这一点可能不太容易。

"在全世界，现如今每个人都知道国家权力的运行方式需要改变。而国家的责任，正如'红皇后'所说的，为了维持自由和民主，必须全力以赴地'奔跑'。但当国家权力不断增强时，为了维系权力的平衡，社会能够以相同的速度跟上国家权力的'脚步'吗？"

听完阿西莫格鲁教授的分析后，我暗暗感觉到不安，日本可能最终无法摆脱"任何事情到最后都要依赖政府"的"文化构成"。与之相对，美国似乎正考虑进一步强化政府的权力，对此阿西莫格鲁教授有何看法呢？

"美国才刚刚开始，目前还没有采取任何行动。还是看看欧洲吧。欧洲社会对很多事情都有着法律限制，欧洲人一直要求进行改革，希望学习美国模式，不要对社会施加如此多的限制。但与此相反，美国人却一直要求政府对社会做出更多的限制。这样的事情往往是辨不清的。英国和美国的经济到目前为止一直在朝着更加宽松的方向发展，对企业经营者和股东的关注越来越多，这一点是毫无疑问的。我认为这与社会贫富差距的扩大趋势密切相关。

"全球化和（由 AI 带来的）智能化的发展趋势也是这种变化的核心。这也是我如此强调'AI 伦理'重要性的原因所在。AI 是一种具有高效盈利能力且前景广阔的技术。但我们需要对其加以控制。"

"必须对人工智能有所限制"

在这一部分，阿西莫格鲁教授对 AI 和就业问题进行了更加深入的讨论。通过文本、语音等方式，AI 能够影响人的认知，它潜藏着在极短时间内改变文化构成的力量。2023 年，基于神经网络的生成式语言模型 AI——ChatGPT 在文章自动生成方面的快速进化，成了热门话题。

在文章自动生成的 AI 问世之后，阿西莫格鲁教授与西蒙·约翰逊共同发表了一篇文章。他们严厉批评道："AI 的发展降低了消费者体验，削弱了劳动者的生产积极性，它有可能代替人类从事部分工作。现如今，每家公司都在集中精力研究如何利用 AI 技术来削减人工成本。美国的大公司如此大规模地滥用 AI 技术，是对未来的不负责任。"[30]

也就是说，当前的 AI 技术发展可能会引起未来就业市场的紊乱。令阿西莫格鲁教授他们担忧的是，社会对于"如何发展 AI"欠缺思考和愿景。

回顾阿西莫格鲁教授于 2021 年发表的见解，或许我们可以对他的问题意识有更加清楚的认识。

> "无论是技术开发者还是技术使用者，他们都没有考虑过 AI 的伦理问题。像这样缺乏对伦理观讨论的领域，我真是闻所未闻。在生物学、刑法、原子能等领域，人们都十分重视技术发展的伦理问题。而到了 AI，虽然业内人士嘴上说'我们当然考虑过伦理问题'，但实际上他们并未真正地思考过这个问题，让人觉得不可思议。

"我们需要建立新的部门来规范人工智能。仅仅靠一纸规定，或是针对 AI 伦理问题的重要性空喊几句口号还远远不够。我们不能期待那些'只有当上面的人说，快点给我去做，才去思考'的人来履行社会责任。

"目前，我们需要更多不同的立场和不同的观点。不同的学科背景、不同的国家都应该为 AI 未来的发展发出自己的声音。

"在必须从这些角度思考世界的背景下，我认为日本应该在保持当前平衡的同时实现稳步的发展。

"日本一直希望市场经济能够更好地发挥作用。在过去，日本政府高举贸易立国的那段时期，日本企业的业绩一度非常之好。然而，日本社会并不像美国那样愿意采取极端的措施。比如，如果有人说只要削减 10% 的劳动力，企业经营者就可以获得数百万美元的报酬，他们也不会这样做。

"这就是平衡，也就是根植于社会规范的制度所带来的一种平衡感。"

合理的社会规范是拴住利维坦的枷锁

AI 可能会左右人类的未来。但就目前来说，我们对其不仅没有一个完善的监管体系，甚至还未形成广泛的共识，阿西莫格鲁教授对此表示担忧。同时，他也指出，当前 AI 发展的方向可能会侵犯劳动者的权益，导致购买力被削弱。[31]

阿西莫格鲁教授对日本一直有着不错的印象。在采访中，他将日本视为"有枷锁的利维坦"。他认为在日本，良好的社会规范发挥了作用，实现了国家权力与社会力量的平衡。

具体而言，什么样的规范才是好的"枷锁"呢？这个问题我们还会在第十一章与第十二章中讨论。

> "对于一个国家而言，好的制度和'正确的规范'是必需的。在古希腊，人们在讨论政治制度时深信权力不应过度集中。制度也是（枷锁的）一种。在民主国家，人们通过社会活动获得参与政治的能力，而不是通过政府机构和媒体。"

而规范的形成来源于一个国家的文化和价值观念。接下来，阿西莫格鲁教授突然转向了媒体。

> "不过，媒体在社会中发挥着非常重要的作用。当媒体缺位时，社会很容易就会忘记国家和政治必须受到控制。"

在培养公民意识方面，媒体的作用非常重要。在日本，像报纸、电视等传统媒体的影响力正在逐年递减。读者接触媒体的方式发生了新的变化，他们可以通过智能手机的应用程序阅读新闻快报，也可以在搜索引擎以及社交媒体的评论区中共享信息，内容也更加细化。

全球最大的新闻广播网络 CNN 国际频道的执行副总裁迈克·麦卡锡在 2023 年 2 月接受采访时表示："任何人都能够发声的时代已经到来。"

"任何人都能够发声"也导致了虚假信息和偏见的泛滥。这不仅会使人们的信念产生混乱，还会对政治、经济乃至整个社会产生灾难性的负面影响。2016 年和 2020 年美国总统选举中的"假新闻"至今令人记忆犹新。

媒体的编辑是"守门人"

> "社交媒体相较于传统媒体来说具有许多不同的特征。首先，在社交媒体存在更多错误的信息。这是因为社交媒体缺乏可靠的'守门人'。在传统媒体中，报纸、杂志的记者或编辑负责决定与谁分享信息，分享什么信息。在这个过程中，他们会扮演判断内容真实性的'守门人'的角色。"

现场报道自不必说，主流媒体通常会从政治、政策领域的高层人士、商界人士和被认可为具有一定可信度的专家，以及经过同行评审的研究结果等渠道获取一手资料的信息，然后在对社会价值进行评估和意义解读的基础上，以文章或视频的形式进行传播。阿西莫格鲁教授所说的'守门人'，即受过专业培训的记者和编辑，他们会以专业人士的身份充当这一角色。

报道和出版领域每天都需要从大量信息中进行筛选，并将那些具有社会意义的信息传播出去。而记者和编辑则将此作为一种不言自明的或形式化了的"专业知识"进行习得，充当着信息洪流的守门人的角色。然而，目前的状况是，社交媒体不仅扰乱了信息传播的路径，而且扰乱了这一角色的功能。

> "理解社交媒体的关键有两点。第一点是社会学家所说的'同质性'（homophily）。同质性指的是志趣相投的人的意思。在志趣相投的人之间，人们没有动机去核查你到底是右翼还是左翼。这是因为，志趣相投的人倾向于分享符合自己观点的信息，这样做可以相互感到愉快。
>
> "从争取人气这一点讲，这是一件好事，对于网络来说也是愉快的。不过，如果我是一个左翼人士，而你是右翼人士，如果我分享极端右翼的信息，你作为并非那么右翼的人意识到这一点后，会对这些信息进行严格的检查，这可能会让我处于不利地位。然而，同质性则不存在这样的检查，同质性会形成一种'回声室'（强化或放大特定观点）效应，增加错误信息的传播。"

同质性会引起人们追求同质的倾向。有研究表明，与其他族群相比，东亚人与同族的感情更好。[32] 相似的文化背景可能会引发同质性。不过，易于和别人产生同频共振的倾向是否会使人更容易上当受骗呢？

> "第二点是，人们在社交媒体上浏览的信息并不是由个人决定的，而是由平台决定的。Facebook、Twitter 等众多平台基于同质性和算法决定你所看到的信息。
>
> "如果说网络的目标是争取最大化的参与度，那么网络内在地会倾向于由许多志同道合的人组成不同的网

络。当这些网络形成后，即使是在一个可以自由地发现和预防错误的环境中，人们也不愿意这样做。他们甚至会偏好错误。这反而会进一步增强参与度，从而带来双重打击。

"在这种同类相吸的网络环境中，获取真实信息非常困难。而对于传播错误信息的一方来说，这种情况却非常有利。尤其是第二点，可以说是网络平台环境恶化的罪魁祸首。

"社交媒体平台应该受到限制。在经济学家中，有人认为可以通过竞争来解决这个问题。然而，我认为这是竞争无法解决的。如果出现另一个'Facebook'，同样的事情将再次发生。

纵观 20 世纪，西方社会和日本社会运作最良好的时期，似乎都存在一定程度上的限制。"

ESG 投资的实效性存疑而幸福感是一种流行趋势

追求道德正义和确定性的态度是重要的。从社会规范的角度来看，在企业中，ESG（环境、社会、公司治理）投资正逐渐成为主流。对此阿西莫格鲁教授有何看法？

"我对 ESG 持怀疑态度。ESG 在某种程度上确实可以解决问题，但其作用很有限。我们最需要的是政府的监管。对 ESG 和幸福感进行投资不过是当下的一种流行趋势。这两个词都是在富裕家庭中长大的大学毕业生喜欢的关键词。

"受过高等教育的人开始在伦理上进行投资，这样做就能改变世界了吗？这难道不是因为他们对世界了解得太少吗？

"以石油公司或是烟草公司为例。就算只有少数股东群体希望加大这方面的投资，也不会改变公司的使命。因为在不投资 ESG 的情况下，公司也可以获得巨大的利润。所以，只有通过监管来施加政府压力，或者来自社会的强烈呼吁，才能促使这些公司完成转变。

"现如今，连烟草公司都拼命地表现出自己热衷于环保事业。在石油巨头中，有一些公司甚至在尝试分散投资可再生能源。但我并不认为这是 ESG 的功劳。

"这些公司仅仅是因为存在相应的法律规定，迫于压力才这样做的。当然，在跨国活动中，作为政府的行动指南，ESG 或许是有用的，特别是在国际合作领域。"

阿西莫格鲁教授认为，烟草公司与石油公司的转变是因为存在"管制"这样一种强大的约束力。那么，如果有了政府的管制和良好的社会规范作为"枷锁"，国家和社会之间就能够保持平衡，民主主义就能得到进一步的发展吗？

"这当然不能保证就一定可以取得平衡。但即便如此，我们仍然需要不断努力。'自由'的程度不是绝对的，它会随着环境的变化而变化。为了在制度的变化中，保持国家权力和社会力量的平衡，帮助（'有枷锁的利维

坦'）在民主主义的'狭窄的走廊'中艰难求生，是我们
每个人的责任。这是一项艰巨的工作，需要我们每一个
人的努力。"

　　阿西莫格鲁教授认为，"文化构成"是可以通过权力施压
而发生变化的，而这种变化本身又会反过来影响政治权力的大
小。此外，这种"文化构成"也可能会十分突然地发生变化。
　　社交媒体的发展使得被细化的"文化构成"拥有了一个特
点，即它可以通过同质性快速地聚集具有相同想法的人，这最
终可能导致由极端看法引起的大规模变革。如果我们不对迅速
发展的 AI 和信息技术进行"限制"，任其肆意发展，那么我们
可能面临着从民主主义的"走廊"中跌落的风险。
　　阿西莫格鲁教授在《狭窄的走廊：国家、社会和自由的命运》
一书中所说的民主主义的"狭窄的走廊"现在是什么状况呢？

　　"与千禧年之初相比，民主主义的'走廊'变得愈发
狭窄了。我们可以看到，在所有西方国家中，认可采用民
主主义的国家的影响力正在减弱。这一点在美国尤为严重。
更加令人担忧的是，我们在舆论调查中发现，年轻人对民
主主义的支持度正在逐渐下降。显然，民主主义正面临着
严峻的挑战。我把目前的情况称为'更加狭窄的走廊'。"

对生成式 AI 的警告

　　2023 年生成式 AI 的发展速度惊人，在最后，我想分享一
下阿西莫格鲁教授对生成式 AI 的警告。

> "AI 夺走了人们的工作，剥夺了他们的'主体性'，
> 也就是说，它夺走了许多人们选择的可能。相较于 AI 的
> 其他负面影响，如对虚假信息的传播和对舆论的操控，
> 我们可能会认为这一点并没有那么严重。但我想强调的
> 是，如果人们因为 AI 改变了工作习惯、决策模式，或是
> 网络中的行为，这将导致某种程度的主体性丧失。"

在探讨人类的选择权力时，阿西莫格鲁教授使用了社会科
学领域的专业术语"主体性"（agency）。[33] 这个词是指个人或组
织从过去的经验和知识中学习，并采取行动的能力。这个概念
可以追溯到亚里士多德以及休谟等人，属于道德哲学的范畴。

传统社会科学一直否认事物的主体性，但随着数字化的
发展，自 20 世纪 80 年代以来，"物质和科学的主体性"逐渐
成为研究的对象。[34] 我们现代人正处于这样一种境地，很多时
候不自觉地就会将选择权委托给人工智能，使自身丧失了在做
决策时的主体性。这种委托究竟该到什么程度为止？人类又应
该在何处凸显主体性呢？在 2019 年，欧洲委员会发布了关于
发展人工智能的指导方针，其中也强调了人类主体性（human
agency）的重要性。

此外，阿西莫格鲁教授还强调了在技术创新中"共享繁荣"
（shared prosperity）和"共享愿景"的重要性。

> "我们应该将技术创新的方向引导到提升多样化人才
> 的价值和能力上，而不是仅仅关注生产的自动化。为此，
> 我们需要建立一种制度，不应该采取让投资者和企业家

> 受益的市场驱动的方式，而应该倾听更多人的声音，赋
> 能社会中的不同群体，使更多人能够分享到广泛的'蛋
> 糕份额'。"

阿西莫格鲁教授担心的是，在人类主体性丧失的情况下，
任由破坏性技术革新发展下去的危险性，以及在过去 1000 年
的历史中我们看到的"从人类手中夺取的自动化"所预示的人
类未来。

如果我们不以正确的方式引导人工智能的发展，那么生成
式 AI 的文章自动生成功能就会导致我们的思维外包。

在《权力与进步：科技变革与共享繁荣之间的千年角斗史》
中，阿西莫格鲁教授呼吁："历史不是一成不变的，人类具有主
体性。人类可以通过社会、政治和经济等方式打破恶性循环。
值得听取谁的意见，该由谁来设定议题，这是可以改变的。"

此外，在 2023 年 1 月美国经济学会（AEA）的特别演讲中，
除了介绍经济学家们的最新研究成果外，他还谈及了创新的发
展方向问题。他指出："市场是检验创新可行性的最佳场所。但
是如果将技术的发展方向完全交给市场，这对于社会而言也是
不利的。"因此，他强调了政府在政策应对上的必要性。[35]

在采访的最后，阿西莫格鲁教授表示：

> "每个人期待着创新。但正如我在 AEA 的特别演讲
> 中所说的那样，重要的不是创新本身，而是创新的方向。
> 比如说，我们也可以通过创新制造出大量的新型核武器，
> 但那绝不是我们想要的创新。"

注　释

1. Peter Dizikes, "Daron Acemoglu named Institute Professor Versatile economist awarded MIT's highest faculty honor.", July 2019, MIT News.

2. Economist Rankings, IDEAS/RePEc, "Top 10% Authors (Last 10 Years Publications), as of January 2023". 访问日期 2023 年 3 月 3 日。顺便一提，本书第六章登场的约翰·李斯特排名第五。

3. Daron Acemoglu Delivers AEA Distinguished Lecture at 2023 AEA Conference, January 6, 2023.

4. Acemoglu, Daron, and James A. Robinson. 2001. "A Theory of Political Transitions." *American Economic Review*, 91(4): 938-963. DOI: 10.1257/aer.91.4.938.

5. Daron Acemoglu & Philippe Aghion & Fabrizio Zilibotti, "Distance to Frontier, Selection, and Economic Growth," *Journal of the European Economic Association*, MIT Press,

vol.4(1), pages 37-74, March 2006.

6. Acemoglu, Daron, Simon Johnson, and James A. Robinson. "The Colonial Origins of Comparative Development: An Empirical Investigation." *American Economic Review*, 91(5)2001: 1369-1401. DOI: 10.1257/aer.91.5.1369.

7. Albouy, David Y., "The Colonial Origins of Comparative Development: An Empirical Investigation: Comment," *American Economic Review*, 102(6) 2012: 3059-76. DOI: 10.1257/aer.102.6.3059.

8. Acemoglu, Daron, "Why Do New Technologies Complement Skills? Directed Technical Change and Wage Inequality".

9. Acemoglu, Daron, 2021. Harms of Ai," NBER Working Paper No. w29247.

10. Daron Acemoglu, Thierry Verdier, "Property Rights, Corruption and the Allocation of Talent: a General Equilibrium Approach," *The Economic Journal*, Volume 108, Issue 450, 1 September 1998, Pages 1381-1403.

11. Cohen, Avi J., and G. C. Harcourt, "Whatever Happened to the Cambridge Capital Theory Controversies?" *Journal of Economic Perspectives* 17(1) 2003: 199-214.

12. "Cambridge Capital Controversy." International Encyclopedia of the Social Sciences, Encyclopedia.com. 22 Feb. 2023.

13. 同上。

14. Solow, Robert M., *Capital Theory and the Rate of Return*, Amsterdam: North-Holland, 1963, pp.9-pp.10.

15. Pedro Aldighieri, Ryan Bourne, and Jeffrey Miron, " Is There Monopsony Power in U.S. Labor Markets？", Cato Institute, Summer 2022.

16. U.S. Department of the Treasury, " The State of Labor Market Competition", March 7, 2022.

17. Daron Acemoglu, Jörn-Steffen Pischke, " Why Do Firms Train? Theory and Evidence," *The Quarterly Journal of Economics*, Volume 113, Issue 1, February 1998, Pages 79-119.

18. 同 Daron Acemoglu & Philippe Aghion & Fabrizio Zilibotti, 2006.

19. 达龙·阿西莫格鲁、詹姆斯·罗宾逊,《国家为什么会失败》, 鬼泽忍译, 日本早川书房, 2013 年。

20. 达龙·阿西莫格鲁、詹姆斯·罗宾逊,《狭窄的走廊：国家、社会和自由的命运》, 樱井祐子译, 日本早川书房,2020 年。

21. Daron Acemoglu, Simon Johnson, *Power and Progress*: *Our Thousand Year Struggle Over Technology and Prosperity*, Public Affairs, 2023.

22. Daron Acemoglu & James Robinson, 2022. " Non-Modernization: Power-Culture Trajectories and the Dynamics of Political Institutions," *Annual Review of Political Science*, vol 25(1).

23. 少数群体权利活动家等。

24. 同 Daron Acemoglu & James Robinson（2022）。

25. 2021 年改为共和国体制。

26. 同 Daron Acemoglu & Philippe Aghion & Fabrizio Zilibotti（2006）。

27. 同 Daron Acemoglu & James Robinson（2022）。

28. Daron Acemoglu, "Why Nation-Building Failed in Afganistan." *Project Syndicate*, August 20, 2021.

29. 同 Daron Acemoglu & James Robinson（2022）。

30. Daron Acemoglu and Simon Johnson, "What's Wrong with ChatGPT?", *Project Syndicate*, Feb 6, 2023.

31. 同上。

32. Lu, Jackson & Nisbett, Richard, "Why East Asians but not South Asians are Underrepresented in Leadership Positions in the United States," *Proceedings of the National Academy of Sciences*, vol.117,2020. 4590-4600. 10.1073/pnas.1918896117.

33. Emirbayer, Mustafa, and Ann Mische, "What Is Agency?" American Journal of Sociology 103, no. 4(1998): 962-1023.

34. Pickering, Andrew, "The Mangle of Practice: Agency and Emergence in the Sociology of Science." *American Journal of Sociology 99*, no. 3, 1993: 559-89.
http://www.jstor.org/stable/2781283.

35. 同 AEA Distinguished Lecture。

第十章

约瑟夫·斯蒂格利茨
老龄化带来的附加价值

人物简介
◎美国哥伦比亚大学教授约瑟夫·斯蒂格利茨

1943 年出生于美国的印第安纳州。1964 年，从美国阿默斯特学院转至麻省理工学院学习，后转至芝加哥大学，师从宇泽弘文。1967 年，获得麻省理工学院经济学博士学位。曾先后在耶鲁大学、斯坦福大学、普林斯顿大学等学校任教。2001 年获得诺贝尔经济学奖。1997—2000 年，担任世界银行首席经济学家兼高级副总裁。1993—1997 年担任克林顿政府经济顾问委员会主席。自 2013 年起任哥伦比亚大学校级教授。著作包括《全球化及其不满》《自由市场的堕落》等（均由日本德间书店出版）。

用经济学测算"新的附加价值"

因分析"不对称信息的市场"捧得诺奖

"应该从老龄化中创造附加值"。这是 2001 年的诺贝尔经济学奖获得者哥伦比亚大学约瑟夫·斯蒂格利茨教授给日本的建议。他与 2008 年的诺贝尔经济学奖获得者保罗·克鲁格曼教授一样，不仅在日本受到热烈追捧，在全世界范围内也享有盛名，可谓经济学界的明星人物。

2001 年，也就是第七章介绍的詹姆斯·赫克曼教授获得诺贝尔经济学奖的第二年，斯蒂格利茨教授与乔治·阿克尔洛夫教授、迈克尔·斯宾塞教授一同获得了诺贝尔经济学奖，获奖的原因是其在"不对称信息市场分析"领域做出的卓越贡献。由于进行交易的双方之间对产品、服务的质量和价格存在信息差，这可能会导致理想的交易无法达成。

为了探究信息不足且处于不利境地的个人在市场上提升地位的可能性，斯蒂格利茨教授对保险公司的信息甄别展开了调查。他发现，保险公司通过对客户进行风险分类的信息甄别和自我选择，就可以间接获取不足的信息。

与之共同获奖的阿克尔洛夫教授则研究了类似于二手车市场这样只有购买了才能真正了解其质量的市场。这种市场被称为"柠檬市场"。

此外，斯宾塞教授对劳动力市场上教育经历（文凭）所传递的信号作用进行了研究。他指出，教育经历是判断求职者能力高低的重要"信号"（因为教育经历可以改变他人的印

象、传递信息或个人属性)。[1] 三位经济学家的研究都涉及社
会生活中广泛存在的市场，为信息经济学的发展做出了巨大
贡献。

师从宇泽弘文

在进入正题之前，让我们简要回顾一下斯蒂格利茨教授的
经历。斯蒂格利茨教授出生于美国印第安纳州的加里市，他的
父亲从事保险代理业务。有趣的是，还有一位同样获得过诺贝
尔经济学奖的重量级经济学家也出生在这里，他就是在经济学
分析领域做出过巨大贡献的保罗·萨缪尔森。

20 世纪 60 年代，斯蒂格利茨教授和哥哥都在美国的著名
文理学院——阿默斯特学院学习。大三之前他一直学习的是物
理学。

到了大四，他接受了曾担任过哥伦比亚学院院长的阿诺
德·科勒里等人的经济学指导，之后被经济学深深地吸引。在
精通数学方法的拉尔夫·比尔斯的影响下，斯蒂格利茨认为可
以将自己的数学能力应用到解决社会问题上。在恩师们的建议
下，他在获得阿默斯特学院学位之前，便转入了麻省理工学院
攻读研究生学位（1964 年从阿默斯特学院毕业）。

在研究生二年级时，他又转到芝加哥大学，师从日本著名
经济学家、已故的宇泽弘文先生，对技术创新的相关问题进行
研究。也就是说，他最早的研究课题其实是经济增长。

他回忆道："我的导师宇泽弘文先生，是世界上最优秀的
经济学家之一。如果有人问他是在哪里获得的学位，他可能会

回答'没有学位'。在学术界，宇泽弘文先生从不拘泥于这些世俗的称号，他一向都是独立开展研究并以此为荣。如果没有在阿默斯特学院获得学位，我可能也会以同样的方式来回答这个问题。"[2]

20世纪60年代，斯蒂格利茨在麻省理工学院、剑桥大学学习，研究环境非常令人羡慕。在这里，斯蒂格利茨教授结识了萨缪尔森、罗伯特·索洛（1987年诺贝尔经济学奖获得者）、弗兰科·莫迪利安尼（1985年诺贝尔经济学奖获得者）[3]、肯尼斯·阿罗（1972年诺贝尔经济学奖获得者）等人。同时，斯蒂格利茨教授近年的合著《增长的方法：学习型社会与经济增长的新引擎》（后文详述）中的一系列纪念演讲的基础便是在这一时期打下的。

在麻省理工学院学习期间，斯蒂格利茨教授参与编辑了萨缪尔森的论文集，还成了索洛的助手。他与一同获得诺贝尔经济学奖的阿克尔洛夫先生也是相识于此，并一同发表了第一篇合作论文。在当时，他就对社会不平等问题产生了兴趣，并在1969年发表了《欠发达国家的工资决定和失业的替代理论》。此后，他开始研究不确定性经济学和不完全信息。[4] 1979年，他获得了约翰·贝茨·克拉克奖。

自1993年起，他在克林顿政府中担任经济顾问。1997—2000年，他还担任了世界银行的首席经济学家兼高级副总裁。在离开世界银行后，他于2001年获得了诺贝尔经济学奖（参见第四章中"带来巨大冲击的'信息经济学'"）。

提高社会整体生产能力的"学习型社会"

本章收录的对斯蒂格利茨教授的采访内容同样作为系列连载刊登到了"日经商业在线"上。在采访中，我们首先讨论了日本能否通过技术创新来找回"失去的30年"。之后，我们还讨论了幸福感的相关问题。近年来，"well-being"（幸福生活）在日语里开始被翻译为"身心健康和幸福"。

为什么我会请教斯蒂格利茨教授有关创新的问题呢？因为我对斯蒂格利茨教授的作品《增长的方法：学习型社会与经济增长的新引擎》（薮下史郎监译、岩本千晴译、日本东洋经济新报社，2017年）和《美国真相：民众、政府和市场势力的失衡与再平衡》[⊖]（日本东洋经济新报社，2019年。采访时尚未出版）有着非常浓厚的兴趣。

为了纪念诺贝尔经济学奖获得者、经济学家肯尼斯·阿罗，斯蒂格利茨教授等人在哥伦比亚大学开展了一系列讲座。《增长的方法：学习型社会与经济增长的新引擎》一书正是基于这一系列讲座内容编撰而成的。阿罗先生凭借着开创一般均衡理论和社会福利理论获得了1972年的诺贝尔经济学奖，但实际上他在1962年就发表过一篇关于通过"经验学习"来提高生产力的研究论文。值得一提的是，在第二次世界大战期间，阿罗先生还以上尉军衔在美国陆军航空队担任过气象官。[5]

据这本书介绍，对肯尼斯·阿罗的纪念讲座每年都会举行，包括罗伯特·索洛在内的世界顶级经济学家都会来参加。

　　⊖　本书中文版已由机械工业出版社出版。

斯蒂格利茨教授提出要建立一个"学习型社会"的构想。在"学习型社会"中，不是针对个人采取个别的方法，而是将社会视为一个系统来提高生产力并推动创新。斯蒂格利茨教授的观点在于强调政府在创建学习型社会中的作用。

阿罗认为，推动经济增长的绝大部分原因不在于劳动和资本等生产要素的增长，而在于生产力的提高。他指出，当今经济的核心在于创新，"人们在生产和投资过程中会学到东西。（中略）故此，创新的速度将由模型内部决定。"同时他还谈到，整个社会的学习将促进生产力的提高。[6]

在《增长的方法：学习型社会与经济增长的新引擎》一书中，斯蒂格利茨教授指出，"就像信息一样，知识也存在不对称性"，他说道，"移动性和开放性较高的经济可能更容易实现向他人学习"。他强调，"产业政策的目标之一就是促进向其他公司学习。（中略）大学和研究生院的目标之一就是培养学生的学习能力"。[7]

斯蒂格利茨教授对知识经济中增长方式的探讨具有很强的启发性，对于像游民一样持续关注经济学及其周边领域的笔者而言，我认为，斯蒂格利茨教授是从社会基础设施、体制、系统的角度重新审视了加里·贝克尔关于个人人力资本积累的观点（参见第一章）。这一视角不同于"社会关系资本"。后者指的是个人、区域社会和组织之间产生的关系价值。此外，新冠疫情迅速推动了线上化变革，教育行业出现各种变化，这也为我们提供了一个重要的视角。

以全球性大视角分析世界经济

斯蒂格利茨教授的著作《全球化及其不满》[○]（铃木主税译，日本德间书店，2002 年）在日本受到追捧。[8] 在书中，他严厉批评了国际货币基金组织（IMF），认为全球化加剧了世界的不平等。与此同时，在书中他对消除全球贫富差距也提出了自己的想法，但从根本上讲，这反映了他对地球可持续性的担忧。他这种对环境问题的关切，或许可以追溯到他的恩师宇泽弘文。宇泽弘文的著作《汽车的社会性费用》（岩波书店，1974 年）[9] 探讨了类似的问题。

正当 2008 年次贷危机爆发时（后来被称雷曼危机），我前往美国纽约的哥伦比亚大学采访斯蒂格利茨教授。斯蒂格利茨教授当时很认真地指出："鉴于目前全球经济、全球社会和全球环境的现状，我认为地球已经无法继续承载不断增长的人口了。如果人口继续增长，地球将无法承受。"[10]

当时，气候变化和全球变暖还只是被描述为"异常气候"。那个时候，气候问题并没有像 2023 年现在这样紧迫。当时我虽然将斯蒂格利茨教授说的话都记录了下来，但也只是停留在抽象的概念层面，并没有深刻理解其中的内涵。

此外，斯蒂格利茨教授还表示："日本应该展示如何在没有人口增长的情况下实现经济的动态发展，并成为这方面的榜样。"他还期待："日本能够在除制造业以外的领域提高生产力，

○　本书中文版已由机械工业出版社出版，并出版了其重著版《全球化逆潮》。

在人口减少的情况下实现经济增长，并成为第一个实现这一目标的国家。"[11]然而，遗憾的是，尽管15年过去了，日本并没有达到这一期望。

斯蒂格利茨教授以全球视角审视世界经济，我认为"学习型社会"的概念中蕴含着日本解决发展问题的线索。

"测量"幸福感

下面，让我们进入第二个主题。除了提倡"学习型社会"，斯蒂格利茨教授还致力于另一项重要的研究，即重新构建经济指标——国内生产总值（GDP）。

2009年，在法国前总统尼古拉·萨科齐的倡导下，斯蒂格利茨教授与诺贝尔奖获得者经济学家阿马蒂亚·森、法国经济学家让-保罗·菲图西等人一起组建国际专家小组，研究GDP是否真的是衡量经济和社会进步的可信指标。他们的建议被收录在斯蒂格利茨教授等人的著作《对我们生活的误测：为什么GDP增长不等于社会进步》（福岛清彦译，日本金融财政事务研究会，2012年）一书中。[12]

GNP（国民生产总值）是GDP的前身，它的提出源于20世纪30年代的世界经济大萧条和第二次世界大战。

虽然美国从狂热的20世纪20年代陷入了大萧条，但美国的石油大亨戴维·洛克菲勒、大银行家约翰·皮尔庞特·摩根、"钢铁大王"安德鲁·卡内基等少数资本家的手中却掌握了巨额财富。当时，政策制定者尚未掌握评估经济实际状况的方法。

　　1932 年，在共和党的赫伯特·胡佛担任总统期间，美国国会参议院为了了解大萧条对美国经济的影响，要求美国商务部估算国民收入。美国商务部随后委托在美国哥伦比亚大学获得经济学博士学位的年轻经济学家西蒙·库兹涅茨（出生于白俄罗斯，在苏联成立后来到美国）等人创立了国民经济核算体系（SNA）。在此期间，库兹涅茨提出了 GNP。他本人也因此获得了 1971 年的诺贝尔经济学奖（在 20 世纪 60 年代，联合国对 SNA 进行了修正，GNP 被 GDP 所取代）。这一指标最初的提出是为了了解当时的经济情况"有多糟糕"。[13]

提出者库兹涅茨也批评 GNP

　　GNP 的提出者库兹涅茨也从未将这个指标视为完美之物。在 1934 年向美国国会提交的报告中，他警告道："任何用于测定收入的指标都无法推断出其背后状况，也就是说，个人为获取这份收入而付出的努力和他们的心理状况。因此，国家的福祉几乎无法从上述定义的国民收入的测量中推断出来。"他强调，一个完美的经济衡量指标必须关注那些表面的数字和市场价值所无法反映的因素。[14]

　　现在，你也可以将国家的福祉称为国民的幸福感。这与"国家体制"无关，它所关注的是一个"国家所拥有的资源"是否能够帮助这个国家积极地走向未来。因为仅从一定时期内国民所创造的物品和服务的附加值总额，即 GNP，我们是无法判断其对国家和国民身心健康及幸福的影响是好是坏的。

　　尽管提出者库兹涅茨等人对 GNP 进行了批判，但 GNP 标准化和普及化的脚步一直没有停下。1944 年召开了布雷顿森林会议，会议决定建立世界银行和国际货币基金组织等机构，此后 GNP 逐渐成为衡量一个国家经济状况的主要指标。虽然库兹涅茨一直在《新共和》（*The New Republic*）等期刊上呼吁人们需要重新考虑 GNP 和 GDP 的合理性，但他的呼声几乎没有受到关注。[15]

虽然 GDP 作为官方衡量经济状况的指标，在全球范围内得到了广泛应用，但还是有不少人认识到了它的缺陷。不仅经济学家持续批评其作为工具的缺陷，就连政治家也将其作为批评的对象。例如，约翰·肯尼迪的弟弟罗伯特·肯尼迪。1968 年 3 月 18 日，他在堪萨斯大学参加民主党总统候选人提名的演讲中，曾对共和党执政期间开始使用的 GDP（GNP）提出过尖锐的批评。作为竞选演讲，这是一篇很长的演讲稿，我从中节选一部分介绍给大家。

他指出："即使我们消除了物质上的贫困，我们还面临一个更大的任务，那就是'满足的贫困'——目标的缺失和尊严的贫困还困扰着我们每一个人。在很长时间里，我们太注重物质的积累，而放弃了个人美德和社会价值。目前，我们的 GDP 已经超过 8000 亿美元，但如果我们用这个 GDP 来衡量美国，就要注意其中包括了空气污染、香烟广告费以及为交通事故而奔忙的救护车的费用。

"然而，这个 GDP 不包括我们孩子的健康、他们教育的质量和游戏的快乐心情，不包括我们诗歌的美丽、我们婚姻的稳固、我们公众辩论中的智慧以及我们官员的正直。

"它不包括我们的机智和勇气，不包括我们的智慧和学问，不包括我们的同情心，不包括我们对国家的热爱。总之，它衡量一切，却把那些令人生有价值的东西排除在外。[16]它告诉我们美国的方方面面，却不能告诉我们为什么为她而自豪。"

1968 年的总统大选正值民主党的约翰逊执政时期，当时针对越南战争的反战运动正在美国如火如荼地展开。同年 4 月，马丁·路德·金遭到暗杀。同年 6 月，下一届总统最有力的候选人罗伯特·肯尼迪也遭遇了暗杀，最终赢得大选的是共和党的理查德·尼克松。罗伯特·肯尼迪对 GNP 批评之声未能在政治舞台上引起关注。

尽管库兹涅茨等经济学家一直在警告说，"GNP 这个指标有很多不合理之处，不能衡量一个国家的福祉"，然而，他的警告至今仍未使一些国家做出改变。

探究幸福与繁荣的衡量指标

在这样的背景下，产生了一个新的经济学领域——追求"幸福"的经济学。1970 年，哈佛大学教授阿马蒂亚·森出版了《集体选择与社会福利》（志田基与师译、日本劲草书房、2000 年）一书。在书中，他提出了社会选择理论，分析了构成社会的每个个体在做出选择时，各自的价值观是如何汇总为社会整体价值观的。[17]

1974 年，理查德·伊斯特林发表了一篇论文，他指出个人的主观幸福度与人均 GDP 等"客观的福祉"之间没有相关性。[18]后人称之为"伊斯特林悖论"，即当个人收入增加时，如果周围人的收入也在增加，那么这种收入的增加将不会给个人的幸福度带来正面的效果。

同年，约瑟夫·斯蒂格利茨教授所敬仰的已故宇泽弘文教授提出了"社会共通资本"的概念。"社会共通资本"包括丰富的自然环境、社会基础设施在内的适宜居住和生活的社会文化环境、学校教育、医疗条件以及能够实现这一切的制度资本。

在其著作《社会共通资本》（日本岩波书店）的开头，宇泽教授写道："所谓富足社会，是指这样一种社会，人人都能在其中充分发挥先天和后天的禀赋及能力，参与社会分工，最大限度地实现自己的梦想和抱负，并在实现自身理想和对社会发展做出贡献的同时获得相应的回报，拥有幸福而稳定的家庭，尽可能地拥有丰富多彩的社会关系，度过高文化水准的一生。"[19]

宇泽教授主张，社会共通资本是全社会公有的财富，应对其进行标准化的管理。

除了经济学家，在国家层面上，也有人在为制定更合理的衡量指标而努力。20 世纪 70 年代（具体年份有不同说法），不丹第四代国王吉格梅·辛格·旺楚克提出了 GNH（国民幸福指数）。现在，GNH 作为国家概念，已经写入在 2008 年继任的不丹第五代国王领导下制定的《不丹王国宪法》的第 9 条第 2 款中。

"相较于 GNP，GNH 更全面地衡量了一个国家的质量。人类社会只有在物质生活和精神生活之间取得平衡时才能得以发

展，而 GNH 正是基于这一理念提出的。"GNH 包括 4 个支柱
（经济增长、文化发展、环境保护、政府善治）和 9 个领域（教
育、生活水平、健康、内心幸福感、社区活力、文化多样性与
包容性、时间利用、良好的政府治理、生态体系的多样性与恢
复能力）。一国的经济水平体现的仅仅是上述 9 大领域中"生
活水平"这一个方面。[20, 21]

　　像这样，对于如何提升"幸福感"这种无法通过 GNP、
GDP 来衡量的经济增长的探索已经在悄无声息地真正开始了。

　　在"幸福感"研究中颇具影响力的伦敦政治经济学院经
济学家理查德·雷亚德先生指出，自 20 世纪 50 年代以来，西
方国家国民的幸福感就停滞不前了。他分析称："一旦一个人
的收入有了保障，能够养活自己后，他的幸福感就难以提高
了。"[22] 随着时间的推移，"幸福感"这一具有很强主观印象的
概念逐渐演变为"幸福生活"。

　　与此同时，随着数字时代的到来，GDP 暴露出越来越多的
缺陷。由于它无法衡量无形资产的生产力，这导致许多数字业
务的价值被漏算了。

　　谷歌首席经济顾问哈尔·瓦里安先生在 2015 年接受《华
尔街日报》采访时说："目前人们对硅谷所做的事情评价很低，
这是因为我们现在没有办法衡量（其生产力）。"[23]

　　虽然库兹涅茨等经济学家早就指出了"GDP 使用上的注意
事项"，但 90 多年一直没能引起足够的重视，最终造成已经无
法反映实际的生产力这一状况的出现。GDP 已经引发了制度疲
劳，这一点似乎是确定的。

潜心于各类指标的建立

斯蒂格利茨教授等人希望找到一种衡量人们幸福度的方法。这种方法不仅仅是像以往的 GNP（GDP）那样单纯地关注社会中产品或服务的价值，而是以社会贫富差距状况，国民的生活条件、平均寿命和健康状况等为基准，来衡量人们的幸福度。其中，他们提出了"国家仪表盘"概念，建议用这一新指标来取代单一的评价指标（在之后的访谈部分中有详细解释）。

当 2009 年斯蒂格利茨教授等人开始重新思考社会评价指标时，在 20 世纪 70 年代尝试使用 GNH 的不丹王国成了各大媒体关注的焦点。对此，我也抱有非常浓厚的兴趣，我曾通过电话采访了不丹王国的相关工作人员，了解该指标的计算方法。此外，为了找到测量幸福度的方法，美国的许多经济学家与心理学家开始了合作研究，我对这些研究也进行了文献调查，并对部分学者进行了采访。

例如，科罗拉多大学（当时在密歇根大学任职）的迈尔斯·金博尔教授当时正在研究抑郁程度的测量方式。他表示，测量幸福度比测量抑郁程度更为困难。那个时候，经济学家研究的主要方向是通过数值来衡量主观的幸福感受。他们的研究成果也成为现在的"幸福生活"的重要组成部分。

在这次采访之后，重构 GDP 的工作得到了稳步推进。2021 年 3 月，联合国通过了全新的经济统计框架，在衡量经济繁荣与人类福祉时把大自然的贡献纳入考量。此外，英国财政部也宣布会将生物多样性纳入经济分析之中。接下来，学界面

274　世界巅峰的经济学教室
来自著名经济学家的 12 堂课

临的挑战是该如何整合测量社会关系资本的手段。

　　如罗伯特·肯尼迪在 1968 年的演讲中提到的，社会关系资本包括对社会集体力量的衡量、对家庭关系的衡量等。[24, 25]它关注的不仅是社会中的基础设施，还有人与人之间的"联系"以及自然环境。在幸福生活越发受到关注的情况下，重构 GDP 的工作可能会加速完成。接下来，让我们进入对斯蒂格利茨教授的访谈部分。

以渐进式资本主义为目标

近年来日本经济停滞，所谓破坏性创新难以发生。为了促进创新，日本社会应该做些什么呢？

鼓励日本人融入英语世界

"日本有着悠久的历史，日本人创造出了许多精湛的技术。然而，目前日本确实没有发生太多的破坏性创新。

"我认为应该从两个方面努力。首先，日本应该对大学教育进行更多的投资。日本人需要多学英语，以便融入国际科学家的圈子。因为这在实现破坏性创新的过程中非常重要。

"其次，在政府对基础研究和应用研究支持不够的情况下，通过创新促进社会生产力就变得尤为重要，这是我想强调的。这可以通过以下方式体现出来。

"例如，美国优步（Uber）的共享乘车服务就是一项具有颠覆性的出租车服务，它通过使用定位系统实现了

> 高效用车。但定位系统是政府研发的，也就是说，优步
> 并没有进行什么技术创新，真正重大的创新是定位技术。
> 换句话说，许多破坏性创新削弱了监管。然而，监管是
> 有原因的，监管的目的是确保汽车和驾驶员的安全性。
> 因此，一些破坏性创新可能会导致不健全结果的出现。"

当前全球最迫切的问题：一是气候变化和能源危机；二是
发达国家的人口老龄化问题。为解决这两个问题，相关领域的
技术创新非常重要。

> "在我来看，日本已经开始这方面的创新了，日本在
> 智能医疗领域做了非常多的尝试，这些尝试都可以说是
> '颠覆性的'。不论老年人身在何处，都能让他们健康地
> 安度晚年。"

这种创新虽不能说是具有"破坏性的"，却可以提高社会
生产力，它能够成为日本向世界展示的一张新名片吗？

> "毫无疑问。日本的老龄化问题确实很严重。然而，
> 如果日本能够利用这种环境开发新的机器或技术，解决
> 老年人的健康护理问题，这对世界而言，也将是一个
> 福音。"

在日本，应该让谁以何种方式来维持社会保障制度越发
成为一个严峻的问题。日本的养老金制度也已经出现了制度性
疲劳。谁应该负责老年人的退休生活？政府是否应该大力介

入呢？

"我认为市场主义不能够有效地保护弱势群体。我对美国的情况比较了解，我想以美国为例谈一下。在美国，除了公共养老金，私营企业销售的个人养老金的交易成本非常高。它缺少针对急剧通胀的保障，而且即使全民的工资水平提高了，福利金额也必须根据 40 年前的工资水平来决定。这样一来，即使不会陷入绝对贫困，也会陷入相对贫困。

"在美国，依靠个人力量来养老的成本很高，对老年人很不公正。因此，我建议政府应该为老年人提供更多的公共选择。这不一定非得是强制性的，但如果一个人想在退休后有更多的资金保障，那么他可以将相应的部分支付给社会保障养老金制度，等退休以后再领取。

"我的建议类似于个人养老金计划，但重点在于支付对象是政府。如果想在以后领取更多的养老金，就需要向政府缴纳更高的额度。

"目前的制度是从薪水中自动扣除约 6.5%，然后在退休后领取这部分被扣除的额度。我的建议是，如果想为退休后做更多准备，可以在自愿的前提下向政府额外多拿出 0.5%。这样就可以在退休时多领取相应比例的养老金。

"这样一来，依靠个人的意愿就可以在退休后领到超过规定的养老金。但这不是'窃取'别人的钱，而是那些想要为退休后做更多准备的人自己掏腰包。"

我们"该怎么样生活"

斯蒂格利茨教授在他的《增长的方法：学习型社会与经济增长的新引擎》中指出，社会整体生产力的提高改善了人们的生活。然而，现如今，日本的社会生产力增长停滞，经济陷入困境，看衰日本经济未来发展前景的人非常多。对此，斯蒂格利茨教授有何看法？

"首先，我想强调的一点是，我们的经济发展和生活方式都受到地球承载力的限制，地球无法承受不合理的负担。故此，肆意妄为是行不通的。我们需要思考未来'该怎么样生活'，并从现在开始调整自己的生活方式。最迟在 20 年内改变现在的生活方式比较好。

"为了提高生活水平，我们更应该思考的是'该怎么样生活'，而不是'想要拥有什么'。什么样的生活方式可以减少二氧化碳的排放？怎样优化饮食结构？怎么节约能源？如何做到绿色出行？怎样完善公共交通系统？如果我们有了完备的公共交通系统，那么人们就没有必要开私家车了。

"对于普通人来说，真正关心的是能不能吃得起好饭、看得起病、买得起房，退休后的生活以及孩子的教育有没有保障。人人都向往'宜居城市'（livable city）。在宜居城市中，随处都是公园，即使到了晚上外出也很安全。这种社会环境才是幸福生活，而这一切都是无法通过 GDP 来衡量的。

　　　　"我认为我们不再需要持续性的物质增长。这在美国
　　是一个大问题，但在日本并非如此。因为在美国，虽然
　　许多人都能维持相当高的生活水平，但也有很多人生活
　　水平不高。

　　　　"关键在于如何提升那些处于社会最底层、无法维持
　　正常生活水平的人们的境况。我们应该集中精力解决这
　　个问题，而不是不断努力让每个人都提升生活水平。我
　　们必须改变现在的生活方式，否则地球将无法承受。"

　　在 2008 年的一次采访中，斯蒂格利茨教授就曾说过"地球
已经无法再承载我们现在的生活方式"。在美国，社会不平等
的现象日益严重。由于社交媒体的普及，我们可以看到各种人
的日常生活和言论。然而，它也给处于困境中的人增加了痛苦。
在当事人所不知道的地方，社交媒体成了一个充满仇恨的空间。

　　我们是否应该摒弃以往单纯追求物质的价值观？近年来，
在发达国家，随着共享经济的兴起，人们对所有权的执念正在
逐渐减弱。那么，我们是否应该改变对所有权的观念呢？

　　　　"没有必要拥有私家车。只要利用公共交通能够实现
　　自由移动，那就足够了。

　　　　"从现在开始，我们可以使用最先进的技术。例如，
　　人工智能也可以通过自动驾驶等方式来改善公共交通等
　　方面的问题。人工智能还能够提高生活效率，使我们更
　　有效地利用资源。这样一来，即便减少碳排放，我们也
　　可以维持相同的生活水平。"

超越 GDP：经济不能仅用 GDP 来衡量

如果可以测量的物品和服务的交易相对不活跃的话，那么我们是否过上了更好的经济生活，将越来越无法用 GDP 来衡量。正如我在概述中介绍的那样，斯蒂格利茨教授参与了一个开发项目，致力于提出一项新的经济衡量指标以取代 GDP。

　　"这个项目由经济合作与发展组织（OECD）牵头，我们称之为'Beyond GDP'（超越 GDP），旨在提出一个比 GDP 更全面的可以衡量经济状况和人们幸福度的指标。我们试图创建一个'国家仪表盘'式的指标，它综合显示多项数据，包括发展的可持续性、贫富差距状况、幸福度、社会的脆弱性、安全性、人们的健康状况、预期寿命等，而不仅仅是一个数字。

　　"我们认为，只有通过多个数据进行综合研判，才能准确衡量一个国家的真实情况。2018 年 11 月，在韩国仁川召开了一场'超越 GDP'的主题研讨会。来自世界各地的 3000 名嘉宾参与了研讨，'超越 GDP'成了全球经济学领域的热门话题，经济合作与发展组织对这个项目也非常重视。同样在 2018 年 11 月，经济合作与发展组织还发布了两份报告（《超越 GDP：测量经济和社会绩效的决定因素》《衡量幸福：推进超越国内生产总值的福祉度量研究》）。"

　　"超越 GDP"未来能否取代 GDP 成为主流呢？

　　"'超越 GDP'囊括了 GDP，GDP 的数据是国家仪

> 表盘中的一项。由于经济社会的复杂性，我们在国家仪
> 表盘中还收集了很多其他的指标。"

库兹涅茨曾指出 GDP 这一指标存在很多的缺点，如今这些不足之处正慢慢地得到弥补。仪表盘中的各个项目实际上就是各类社会资本。对于社会资本来说，气候变化带来的灾害和疾病肯定是负面的。世界范围内全球气候变化加剧，同时也出现了海洋垃圾等环境污染问题。在 ESG 投资逐渐兴起、投资者的环保要求也变得更加苛刻的今天，企业应该如何应对环境问题呢？

ESG 投资虽然有帮助，但政府的监管也是十分必要的。因为总有些企业会琢磨一些自私自利的歪点子。与此同时，我们也不希望对那些试图做正确事情的企业施加惩罚。

> "如果高污染意味着低成本，那么一定会有企业选择这样干，但这就降低了环保企业的竞争力。创造公平竞争环境的唯一方法就是制定良好的规则。这便是不久前，美国汽车制造商希望实施比前总统特朗普提出的更为严格的汽车排放规定的原因。
>
> "汽车制造商在加州同意了比特朗普政府提出的更为严格的规定（注：后来特朗普总统宣布撤销加州独立制定环境和汽车排放标准的权力，与该州发生争执）。因为汽车制造商知道，如果有更有效减少尾气污染的汽车，那对整体来说是有益的。
>
> "如果没有更为严格的排放管制，那么一定会有企业

> 选择去制造低成本、高污染的汽车，而最终美国人也将
> 选择这些价格较为低廉的高污染汽车。这对于一直以来
> 制造高排放标准汽车的制造商来说是不公平的，这也是
> 它们反对前总统特朗普的原因。"

在其他领域，我们也能看到这种企业自愿接受更为严格规
定的情况。

> "企业积极接受更严格的管制，这种情况不仅在汽车
> 行业能看到，在其他领域也同样存在。在美国，饮料导
> 致许多儿童患上糖尿病。有一位饮料公司的 CEO 十分气
> 愤地说道，'如果我们减少了饮料中的糖分，那孩子们就
> 会选择去购买其他公司生产的没有减少糖分的饮料'。为
> 了解决许多儿童患上糖尿病的问题，唯一方法就是政府
> 出台相应的饮料糖分限制政策。"

用适当的规则防止"劣质商品驱逐优质商品"

一个社会如果缺乏适当的规则，就会导致劣质商品驱逐优
质商品。为了防止这样的事情发生，我们需要适当的、合理的
规则，是这样吗？

> "没错！如果法律没有明确规定禁止偷窃或骗取他人
> 的钱财，那么就会导致一些人钻法律的空子。
> "在美国这样社会规范较弱且极度物质主义的社会，
> 政府的监管就变得极为重要。如果一个社会其本身有健

全的社会规范，那就不需要太多的监管。但如今，美国
的社会规范越来越弱。"

正是因为社会规范在不断减弱，所以更加需要有明文规
定的更加严格的监管。比如，美国有一套约束公务员的道德行
为准则，规定政府高官或总统不能以权谋私，其目的就在于
此吧。

> "美国人已经深深地感受到，仅靠社会规范是不够
> 的，必须用法律来规范。社会需要强有力的规范，如果
> 没有，就只能通过法律和监管来弥补。"

2019 年的时候，斯蒂格利茨教授对世界经济的发展前景有
何看法？

> "我认为目前全球经济非常脆弱，尤其是全球需求不
> 足的问题十分严重（此文基于新冠疫情流行前的采访）。
> 自 2008 年雷曼危机以来，世界经济在许多方面都变得不
> 稳定。换句话说，放眼全球，美国、欧洲和中国这三个
> 主要经济体都面临着各自的问题。
>
> "很多人认为美国经济十分强大，失业率只有 3.7%
> 左右，认为这很成功。但我持有不同的看法。美国的财
> 政赤字占 GDP 的比例高达 4.5%，累计财政赤字已经突
> 破了 1 万亿美元（约合 7.2 万亿人民币）。
>
> "这不只是一个赤字的问题。虽然美国采取了大量刺
> 激经济的措施，并实施了几乎零利率的政策，但即便如

> 此，经济仍未好转。这说明在此之前美国经济就已经出
> 现了问题。"

到 2023 年为止，由于新冠疫情人员移动受到限制，致使
需求急剧下降。但按照斯蒂格利茨教授的说法，其实在这之前
全球经济就已经走下坡路了。

如果持续低利率，世界经济也将持续下行

> "2017 年 12 月，美国通过了一项大规模的税改法
> 案，决定在未来 10 年将 1.5 万亿美元（约合 10 万亿人民
> 币）以减免税收的方式返还给企业和个人。但与此同时，
> 设备投资仍然低迷，工资也没有大幅度增长。虽然这其
> 中有一部分原因是上一次经济衰退留下的问题，但我们
> 还是不能说美国的经济是健康的。
>
> "我们已经采取了这么多的措施，按理说我们本应该
> 享受到经济带来的繁荣，可是，我们却只能期待 2% 左
> 右的增长。这说明美国的经济十分脆弱，一点也没有值
> 得称赞的地方。从其他国家来看，中国的经济增长正在
> 放缓，德国经济正走向衰退，整个欧洲的情况也都不容
> 乐观。"

由于采取了长期的货币宽松政策，一些经济学家开始认为
发达国家的利率今后可能不会再上涨。对此，斯蒂格利茨教授
有何看法？

"尽管我们进行了如此大规模的减税来刺激经济，但美国经济仍十分疲软，利率依旧很低。必须找到总需求不增加的原因，这一点非常重要。

"我认为，原因有很多，第一个就是不确定性。由于不确定性的增加，企业和个人会暂缓投资和消费。的确，包括政治形势在内，全球的不确定性正在日益增加。

"目前，给全球带来不确定性的最大因素就是特朗普总统。他在 SNS 上的言论加剧了全球政治的混乱，基于规则的全球体系正在瓦解。

"不确定性使人们无法预测接下来会发生什么，投资该投向何处。这种不确定性也成为民粹主义的温床。目前，世界正面临反全球化浪潮的侵袭。

"新法西斯主义抬头，反民主主义的政府在许多国家上台。这种政治上的不确定性是导致总需求停滞的原因之一。

"第二个原因我认为是需求部门的结构发生了变化。也就是说，需求本身变得不需要进行大规模投资了。"

截至 2023 年，社交媒体越发强大，信息传播的速度越来越快。但与此同时，人与人之间的割裂也在不断加深，全球不确定性与日俱增。需求部门结构的变化与数字化的进程是否有关呢？

"确实，企业并不需要因为希望消费者更多地使用其产品或服务而在社交媒体上进行设备投资。然而，我认为这并不是一个很好的观点。使用社交媒体本身并不需要花费太多的钱。

"不过，话说回来，如果消费和产品生产在结构上变得不再需要大量的设备投资，那无论经济状况如何，市场的投资水平都会下降，对资本的需求也将减少。"

这可能意味着宏观上潜在的投资机会不足。这样看来，近年来"人力资本管理"的热潮也就变得合乎情理了。

政府的巨大失败：容忍贫富差距与削减财政支出

"我认为当前最重要的问题是社会的贫富差距过大，因为处于富裕阶层的人并没有像处于最底层的人消费得那么多（支出占收入比高）。

"政府没有像过去那样增加财政支出，反而一直在削减支出。然而，目前的经济却需要政府发挥作用，加大介入的力度。如果国民把钱花在健康和教育上，这两个都是政府能够发挥重要职能的领域。

"我认为这不是公共部门固有的问题，只是我们的政府犯了两个严重的错误：容忍贫富差距与削减财政支出。当看到这一点，我们就不难理解贫富差距扩大的原因了。

"比如，政府对垄断企业视而不见，削弱工会的力量，再加上全球化给社会带来了负面的影响，政府对基础设施的投资明显不足。"

结构性变化导致需求不足，加上导致贫富差距不断扩大的经济制度疲劳，二者相互作用才造成了经济的脆弱？

"是的，我认为是这样。这是政治和经济相互作用的结果。让我们再回顾一下过去。20世纪80年代，世界开始了'供给侧经济学'的实验，也就是里根总统和撒切尔夫人实施的新自由主义思想。

"他们希望通过供给侧改革来加速经济增长，为社会全体成员带来福利。然而，40年来的全球经济发展证明，他们的尝试失败了。因为他们未能实现社会全体成员的共同繁荣。

"尽管新自由主义思想受到了广泛的批评，但关于它的替代方案至今仍未达成共识。

"为此我写了一本书，名为《美国真相：民众、政府和市场势力的失衡与再平衡》（山田美明译，日本东洋经济新报社，2019年）。在这本书中，我试图描绘一种可以替代新自由主义的模式。

"市场经济在未来仍将是经济的核心，但其形式应该做出相应的调整，我称其为'渐进式资本主义'。"

除了利益相关方，政府也很重要

在前文中我们提到了弗里德曼，他发展了基于证据的"实证经济学"，为经济学的社会应用做出了巨大的贡献。与此同时，倡导新自由主义、追求利润最大化和股东至上的也正是弗里德曼。美国通用电气（GE）前首席执行官杰克·韦尔奇先生是弗里德曼的忠实信徒。

斯蒂格利茨教授对"新自由主义"的思想提出了异议。此外，20 世纪 80 年代后期开始衰落的"利益相关者资本主义"
再次兴起，这和斯蒂格利茨教授的观点有何不同呢？

> "可能有人认为渐进式资本主义与利益相关者资本主
> 义有相似之处。利益相关者资本主义，将关心工人利益、
> 顾客利益和社区利益的责任放到了企业身上。然而在我
> 看来，社会需要政府的介入，环境、安全、医疗等方面
> 都需要政府发挥职能。
>
> "我认为政府要积极投资基础设施、社会保障和基础
> 研究等领域，这与新自由主义所提倡的'小政府'概念
> 截然不同。我认为政府应该从小政府、不介入、不作为
> 的观念转变为更加具有平衡性的思维方式，政府扮演的
> 角色非常重要。"

斯蒂格利茨教授强调了政府角色的重要性，他认为监管和
自由的平衡至关重要。斯蒂格利茨教授对通过最近流行的 ESG
投资和完善公司治理准则等措施，让市场和企业自行负责的观
点，有何看法呢？

> "如果企业可以在（自律地）履行社会责任的同时获
> 得更多的利润，那是再好不过的事情。然而，为了维护
> 公平竞争，监管也是不可或缺的，因为世界上总有一些
> 人会利用规则的漏洞获取不正当的利益。我希望大家都
> 能清楚地认识到这一点。"

斯蒂格利茨教授强调了政府角色的重要性。如今，国家之

间的力量关系正发生变化，数字技术创新带来的第四次工业革命正在改变世界。在气候变化和疫情等不确定性因素增加的背景下，不仅仅是美国，对于所有国家的政府来说，都需要以一种与过去不同的方式来处理经济问题。在下一章，我们将介绍丹尼·罗德里克教授对新的产业政策的看法。

注 释

1. Joseph E. Stiglitz-Biographical. NobelPrize.org. Nobel Prize Outreach AB 2023. Thu. 19 Jan 2023.

2. 同上。

3. Franco Modigliani-Facts. NobelPrize.org. Nobel Prize Outreach AB 2023. Thu. 19 Jan 2023.

4. 同 1。

5. Kenneth J. Arrow-Biographical. NobelPrize.org. Nobel Prize Outreach AB 2023. Mon. 23 Jan 2023.

6. 约瑟夫·斯蒂格利茨、布鲁斯·格林沃尔德,《增长的方法:学习型社会与经济增长的新引擎》,籔下史郎监译、岩本千晴译,日本东洋经济新报社,2017 年。

7. 同上。

8. 约瑟夫·斯蒂格利茨,《全球化及其不满》,铃木主税译,日本德间书店,2002 年。

9. 宇泽弘文,《汽车的社会性费用》,岩波书店,1974 年。

10. 广野彩子，"全球经济的转折点——约瑟夫·斯蒂格利茨：全球危机是建立日本模式的机遇"，《日经商业管理》Vol.1，2008 年，第 24 页。

11. 同上。

12. 约瑟夫·斯蒂格利茨、让－保罗·菲图西、阿马蒂亚·森，《对我们生活的误测：为什么 GDP 增长不等于社会进步》，福岛清彦译，日本金融财政事务研究会，2012 年。

13. Elizabeth Dickinson, "GDP: a brief history", January 3, 2011, *Foreign Policy*.

14. Simon Kuznets, 1934. "National Income, 1929−1932". 73rd US Congress, 2d session, Senate document no. 124, page 7.

15. Diane Coyle, "GDP's Days Are Numbered", *Project Syndicate*, December 16, 2021.

16. "REMARKS AT THE UNIVERSITY OF KANSAS, MARCH 18, 1968" MR 89-34. Miscellaneous Recordings, John F. Kennedy Presidential Library.

17. Amartya Sen−Biographical. NobelPrize.org. Nobel Prize Outreach AB 2023. Tue. 7 Feb 2023.

18. Easterlin, R.A., O'Connor, K. J., "The Easterlin Paradox," In: Zimmermann, K.F. (eds) *Handbook of Labor, Human Resources and Population Economics*. Springer, Cham, 2022.

19. 宇泽弘文 .《社会共通资本》，岩波书店，2000 年。

20. 国民幸福指数（GNH），不丹王国驻东京名誉总领事馆网站。

21. 广野彩子，"能用数字衡量幸福度吗？全球正在进行的幸

福的'可视化'运动"，日经 BP 杂志书《新经济教科书》，
2012 年，第 90 页。

22. Layard, R., *Happiness: Lessons from a new science*. Penguin
Books/Penguin Group (USA), 2005.

23. Timothy Aeppel, "Silicon Valley Doesn't Believe U.S.
Productivity is Down," *Wall Street Journal*, 16 July. 2015.

24. 同 15。

25. Aitken, Andrew. "MEASURING WELFARE BEYOND
GDP." *National Institute Economic Review*, no. 249, 2019,
pp. R3–16. JSTOR.

第十一章

丹尼·罗德里克
新的全球化、新的产业政策

人物简介

◎美国哈佛大学肯尼迪学院教授丹尼·罗德里克

1957 年生于土耳其伊斯坦布尔。哈佛大学首席毕业，之后获得美国普林斯顿大学公共行政硕士学位（MPA）和经济学博士学位。曾任职于美国普林斯顿高等研究所。研究领域包括发展经济学、国际经济学和政治经济学。著作有《全球化的悖论》《经济学规则：悲观科学的对与错》（均为白水社）、《消除不平等：重新思考政府的角色》（与奥利维尔·布兰查德共同编著，日本庆应义塾大学出版社）。

全球化研究的新视角

国家主权、全球化、民主主义的三元悖论

在上一章中，斯蒂格利茨教授对扩大贫富差距的全球化持否定态度，认为其不可持续，他还对 IMF 等国际组织开展的以金融援助、政府介入、移植发达国家结构等政策为中心的全球化进行了批评。然而，本章要介绍的哈佛大学肯尼迪学院教授、政治经济学家丹尼·罗德里克却认为，斯蒂格利茨教授所说的全球化只是"全球化"内涵中的一小部分。

2000 年前后，我在担任《日经商业周刊》金融和宏观经济领域的采访记者时，"霞之关"⊖经常谈到"国际金融三元悖论"这一观点，为此我还采访过和我打过交道的日本财务省的相关负责人。"国际金融三元悖论"（本书也会对此进行说明）是指在"汇率的稳定性""资本的完全流动性""货币政策的独立性"这三个政策目标中，政府最多只能同时实现两个，不能同时实现三个。只要借助一个三角形图式就可以将复杂的理论解释得通俗易懂，这给我留下了深刻的印象。

提出该理论框架的是已故经济学家罗伯特·蒙代尔。[1]他对不同汇率制度下的货币政策和财政政策进行了分析，并因提出"最优货币区理论"获得了 1999 年诺贝尔经济学奖。蒙代尔提出的"最优货币区理论"认为，如果劳动力具有高流动性，那么在多个国家导入共同的货币可能会更有利，这也成了欧盟（EU）货币统一的理论基础。

⊖ 位于东京，政府机构林立，常用于比喻日本政府。——译者注

　　"国际金融三元悖论"是蒙代尔等人在"蒙代尔 - 弗莱明模型"的基础上进一步扩展之后提出的。该理论认为在浮动汇率制的国家，货币政策比财政政策更加有效，这一理论在货币政策制定者中备受重视。

　　丹尼·罗德里克提出了与此极为相似的"政治经济三元悖论"，认为"国家主权""全球化""民主主义"三者无法同时达成。虽然民主主义国家可以选择国家利益优先的政策，但这样就无法享受全球化所带来的利益。

　　南加州大学的乔舒亚·艾森曼和美国波特兰州立大学的伊藤宏之通过回归分析法研究了这一悖论是否可以用计量来证明。首先，在发达国家，并不存在"政治经济三元悖论"，发达国家仅面临全球化与国家主权的两难选择。在某些发展中国家，正如罗德里克所说，确实存在"政治经济三元悖论"。另外，总体上发达国家的民主主义停留在一个较高水平，而国家主权完整度呈下降趋势，全球化程度基本呈上升趋势。[2, 3] 在供应链和经济安全问题日益复杂化的大背景下，这样的分析或许是极具参考价值的。

成功预测贫富差距扩大和经济增长放缓

　　罗德里克在美国哈佛大学主修政治经济学，之后以最优异的成绩毕业。他的硕士学位是在普林斯顿大学公共与国际事务学院（前伍德罗·威尔逊学院）获得的，之后他还在该大学获得了经济学博士学位，主修国际政治经济学。2004 年，他研究了制度、地理、贸易对世界各地收入水平的影响，最后得出了

"制度的权重高于一切"的结论，他的这项研究被多次引用。[4]

罗德里克教授的许多著作都被译成多国语言。他在《全球化悖论》一书中，基于"政治经济三元悖论"分析了1997年7月由泰国泰铢暴跌引发的亚洲金融危机和2008年的雷曼危机，并提出了解决方案。这本书在世界各地受到追捧。此外他还著有《贸易的真相：如何构建理性的世界经济》《经济学规则：悲观科学的对与错》（均为白水社）等。

罗德里克教授在书中曾提出，在金融危机时，为了叫停金融全球化，可以像第二次世界大战后的布雷顿森林体系那样，以有意识地限制全球化为目的进行一定的"妥协"。虽然上面已经简单介绍过"政治经济三元悖论"，但在本章我会向罗德里克教授详细地请教这一概念的内涵。

罗德里克教授预见到了社会贫富差距的扩大和经济增长的放缓。"在世界经济被2008年的巨大金融海啸侵蚀之前，对于全球化仍可以维持现有体系的信心就已经开始减弱了。"他还指出，1914年金本位制的崩溃就是历史上全球化崩溃的表现之一。[5]

2019年举行了一场关于贫富差距的大型会议。在此基础上，罗德里克教授与国际货币基金组织前首席经济学家奥利维尔·布兰查德先生共同编著了《消除不平等：重新思考政府的角色》（月谷真纪译，吉原直毅详解，日本庆应义塾大学出版社，2022年）一书，并在书中提供了关于贫富差距的独特视角。此外，该书还收录了在第九章介绍的达龙·阿西莫格鲁教授的一篇名为《是否应该或能够使（过度的）自动化退回？》的文章。

　　布兰查德和罗德里克在序中这样写道:"贫富差距已经成为经济增长的枷锁,这已经是学界的共识。贫富差距减少了低收入阶层和中等收入阶层的经济机会,增加了超级富裕阶层的垄断利润。……没有人提出要通过放宽劳动力市场的限制和削减社会福利来让市场自由发展。可以说,这两项都不是解决贫富差距问题的对策,而是一直作为原因来被讨论的。……这倒不如说,政府应该在消除社会贫富差距方面发挥更大、更直接的作用。"[6]

"非经济学家十诫"

　　也许是因为其政治经济学专业背景,罗德里克教授常常会以外部视角来看待经济学。例如,他在《经济学规则:悲观科学的对与错》一书中提出了"非经济学家十诫"。[7] 作为一名观察家,我认为这十分有趣,在此介绍给大家。

　　1. 经济学里有各种模型,没有预定的结论,请拒绝与此不符的说法。

　　2. 对于经济学家的模型,不要因为它的假设而批评它,你应该问问,如果有问题的那些假设变得更符合实际,结论会发生怎样的变化。

　　3. 分析要简洁,请不要把混乱伪装成复杂。

　　4. 不要被数学吓到。经济学家使用数学不是因为他们聪明,而是因为他们不够聪明。

　　5. 当经济学家提出一项建议时,问问他为什么确信建议背后的模型可以适用于眼前的案例。

6. 当经济学家使用"经济福利"一词时，问问他这是什么意思。

7. 请注意，经济学家在公共场合的发言可能与在内部研讨会上的不同。

8. 经济学家并不膜拜市场（或者说不是所有经济学家都膜拜），但他们通常比你更知道市场如何运行。

9. 如果你认为所有经济学家的想法都一样，可以去参加一次他们的研讨会。

10. 如果你认为经济学家在对待非经济学家时表现得特别粗鲁，可以去参加一次他们的研讨会。

如前所述，罗德里克教授很早就意识到全球化进入了新的局面。在全世界都在旁观政府会制定怎样的新产业政策时，他给政府敲响了警钟，称政府必须与以往的做法划清界限。

在对罗德里克教授的采访中，我和他主要探讨了日益增加的世界的不确定性和产业政策的制定这两个议题。

经济上的动荡会引发政治上的动荡。数字化及其带来的"附加价值"在慢慢地从根本上改变我们的社会，政治经济的全球化正在受到威胁。新冠疫情、俄乌冲突等因素也导致国际政治经济变得不再稳定。罗德里克教授是如何看待这些问题的呢？

◎访谈部分
抓住全球化的本质

　　罗德里克教授长期以来一直致力于全球化的研究。近年来，很多人认为全球化正在消退。例如，我们在第十章介绍过的斯蒂格利茨教授，他曾于 2022 年在"项目辛迪加"上发表文章指出"要正确地推进去全球化"。[8]

> 　　"'全球化'即使没有消退，也明显地在放缓。作为一个指标，我们可以看到，在世界金融危机之前，全球贸易额的增长速度基本上总是快于全球 GDP 的增长速度，贸易在全球 GDP 中所占的比重随时间而增加。
>
> 　　"但在 2008 年的世界金融危机之后，情况发生了改变。全球贸易增速只能勉强赶上全球 GDP 增速，有时还达不到。同时，有一些主要国家减少了对对外贸易的依赖程度。有明确的数据可以证明全球化进程正在放缓。"

"超级全球化"的终结

> 　　"我并不是在单纯地讨论传统意义上的全球化在扩大

还是缩小，而是选取了一个不同于以往的角度来思考全
球化问题的本质，'到底什么样的全球化才是真正的全球
化？'因为'全球化'一词概括了各种现象，内涵十分
丰富。

　　"例如，提起全球化我们首先会想到的关键词就是国
际资本流动、国际贸易、国际货币基金组织、经济合作
与发展组织、世界贸易组织（WTO）等，但经济的全球
化仅仅是全球化的一个部分。"

　　罗德里克教授将自己所讲的全球化定义为"超级全球化"。
根据罗德里克教授的定义，它是指从 20 世纪 90 年代后半期开
始，一直持续到 21 世纪初的，规模和范围巨大、发展速度极快
的"特定的全球化"，是政治、经济和社会等各个领域的全球化。

　　在"超级全球化"背景下，降低的不仅是关税，同时还有
银行的监管、知识产权的保护等各国贸易规则的壁垒，其目的
是降低国际贸易的交易成本。斯蒂格利茨教授严厉批评的全球
化也是这种"超级全球化"。罗德里克教授认为，这种"超级
全球化"已经终结。[9]

　　"除了货币和贸易等经济方面的内容，也可能存在
以气候变化协定或公共卫生协定为核心的另一种全球化。
对于全球化，我们的'态度'发生了重要的变化。政策
制定者越来越重视国内经济，开始思考如何利用全球化
来为本国谋福利。但我们不应该仅仅考虑独善其身，而
应该考虑该如何使国内经济适应世界共同发展的需要。

> "新自由主义基本上是中右派和中左派的政策制定者提出的理论，他们都认为（经济）全球化是不可避免的，因此必须调整本国的社会去适应全球化。也就是说，在新自由主义的框架中，全球化本身是目的，而社会则被视为实现这一目的的手段。"

新自由主义是本书多次提到的经济学家米尔顿·弗里德曼所提出的思想。罗德里克教授认为，这是一种将全球化置于社会之上的思考方式，在未来讨论新的产业政策时，自然会与这种新自由主义的思想有所不同。

> "近年来，我们又开始重视如何增强社会的包容性，如何为国内经济增加韧性，如何建立强大的公共卫生体系，以及如何应对气候变化。全球化本身不是目的，而是实现这一目的的工具，我认为这将催生出与'超级全球化'不同的全球化。'超级全球化'与当时的政策制定者所设想的不同，它既不是不可调整的，也不是已经准备好的东西直接降临，而是一种独特的全球化。"

"政治经济三元悖论"的现状

如前文所述，罗德里克教授于 2000 年提出"政治经济三元悖论"，即在国家主权、全球化、民主主义三个政策目标中，最多只能同时实现两个，不能同时实现三个。这一理论借鉴了罗伯特·蒙代尔提出的"国际金融三元悖论"，即在"汇率的稳定性""资本的完全流动性""货币政策的独立性"这三个政策目标中，政府最多只能同时实现两个，无法同时实现三个。

> "在某种意义上，我们一直在经历这种'政治经济三元悖论'。'超级全球化'带来的'反作用'正是政治家没能直面这一三元悖论的结果。政治家一贯主张，'我们拥有主权，也可以同时推动民主主义和全球化，这三者不会发生冲突'。
>
> "但是，他们实际上无法满足那些落后地区的要求及其劳动者的诉求，这就导致了紧张局势的出现，在那些威权主义国家中，民众的反抗正是其表现之一。所以，我认为我们已经经历了某种'政治经济三元悖论'。国家主权、全球化、民主主义三者需要取得良好的平衡（见图 11-1）。"

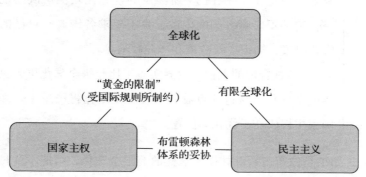

图 11-1 国家主权、全球化、民主主义三者的平衡非常重要

资料来源：丹尼·罗德里克，《全球化的悖论》。

> "民主的问责制、国家主权、经济社会的自主权，这些同样是我们所珍视的。在不损害这些利益的情况下，我们无法将世界经济推向极端的'超级全球化'。"

那我们能够取得"政治经济三元悖论"中两者甚至三者的平衡吗？

> "同时满足三者本身是可能的。布雷顿森林体系（在黄金－美元本位制的基础上保持汇率稳定）的智慧使我们在二战之后的 30 年里发展了民主主义，形成了一个相对平等和包容的社会，同时还实现了经济的增长。这是因为在这个时期，我们把世界经济的全球化作为一种目的，所以世界经济的全球化才得以实现。
>
> "在当时，世界各国并没有推进金融的全球化，而是实行了资本管制的制度。贸易协定（1947 年签署的关税及贸易总协定（GATT））所涉及的也是比较浅层次的统一，它并不影响各国的内政，也不要求各国调整自己的农业政策、知识产权政策和产业政策。
>
> "通过合理的管控，世界实现了比超级全球化更为克制的全球化。从这一点看，当时的全球化将民主主义和国家主权放在了优先的位置。"

如果是像布雷顿森林体系这样的有限全球化，可能不会过度干涉其他国家的内政，是这样吗？

"20世纪80年代以后，特别是在20世纪90年代，西方世界盲目地推进了超级全球化，而没有正视这对国家主权和民主主义会产生什么样的影响，这最终导致形成了一个不稳定的体系。"

在全球化的动荡中，日本的人口不断减少，社会老龄化问题越发严峻。从人口方面来思考日本的未来，可谓前景堪忧。虽然日本国内也出现了有关移民的各种讨论，但在政治上很难实现。

"对其他国家的人秉持开放、包容的态度，这对于整个国家的经济活力和创新（技术革新）来说是非常重要的。美国之所以能保持经济的活力和创新的氛围，很大程度上得益于其对移民的接纳，但这一问题也极具政治性。

"即使是那些接受移民的人，他们也不会支持开放国境，允许自由移民。在什么样的条件下、以什么样的速度、通过什么样的方式来接收移民，这些都是需要思考的问题。针对这些问题，我认为需要更广泛、更民主的讨论。"

国内经济稳定是前提

社交媒体导致了仇恨言论的扩散，由于歧视而导致的仇恨犯罪也在随之增加，人们担心移民会抢走他们的工作。在日本，对于移民最多的担忧就是他们可能会导致治安环境恶化。

　　"在经济状况不好、前景不明朗的时候，人们就会产生'我们 vs 他们'的想法。在这时，政府如果能够制定政策妥善解决问题，那么一般来说国民就会对接收移民持更加开放的态度。这时也是政府可以考虑扩大接收移民的好时机。

　　"从 20 世纪 80 年代到 2000 年，新自由主义一直占据主流，目前全世界都在对其重新审视。这是一个长期变化，可以肯定的是，'政府主导产业政策'的理念正在复苏，并且在推动所需的结构性改革方面，政府对产业政策所扮演的角色引起了更多人的关注和认真思考。

　　"气候变化问题、数字鸿沟、创造优质就业岗位、劳动力市场供需失衡、供应链重建等，各种课题都亟待讨论。"

在日本，很多人对政府主导产业政策持怀疑态度。

　　"我们有必要从根本上重新审视（模式）。国民对政策的接受方式也发生了变化。日本在二战后的最初 30 年里，极为巧妙地实践了产业政策，日本的成功早已传遍世界。但另一方面，其产业政策也受到了某种负面评价，特别是 20 世纪 80 年代以后，逐渐淡出了人们的视线。后来，被称为新自由主义或市场激进主义的思想出现，市场重新得到了重视。但是我认为现在产业政策正在重返舞台。

　　"国民希望政府能够出台对当今社会问题具有针对性

的产业政策。20世纪六七十年代的问题和今天所面临的问题完全不同，重要的是，不再重新开始所谓的'已经结束的战争'"（见表11-1）。

表 11-1　不同发展阶段的政策干预

● "好工作"发展模型

		政策干预的阶段		
		生产前	生产中	生产后
注重特定领域的生产力	低生产力	对教育和健康的投资	—	现金支付：完全就业的宏观政策
	中等生产力	—	在服务业中的招聘支持、对招聘人员的培训、促进就业的激励政策、适当的技术支持（非前沿技术）	就业的安全保障
	高生产力	创新体系、知识产权保护法、贸易协定	补助金、对技术开发的激励政策	法人税收优惠政策

资料来源：Dani Rodrik, 2002. "Prospects for global economic convergence under new technologies," Brookings Institution.

"目前来说，气候变化问题和就业问题是眼下亟待解决的。同时，妥善处理数字化问题及其对落后地区社会和劳动力市场带来的负面影响也非常重要。此外，我还担心权力可能会集中到数字平台企业的手中。因此，这里说的产业政策，与日本擅长的传统产业政策有所不同。"

在气候变化问题上，能源政策很重要。各国在气候变化方面的合作，也许会成为新的全球化的核心。在创造就业方面，政府应该对各年龄层的创业者都一视同仁，同时，扶持创业公司的政策也很重要。进入数字社会的关键还是数字化转型（DX）。

顺便一提的是，DX 这一概念源于瑞典于默奥大学埃里克·斯托特曼教授等人 2004 年发表的论文。

"DX 带来的最重要的变化之一，就是通过信息技术，我们每一个人的现实将会慢慢地连接在一起。""人们的生活体验，不是某一个东西让我们用起来是否方便的问题，而是生活的绝大部分都会受到信息技术的影响。""为了追求'幸福生活'，我们主张的前提之一是，要批判地审视科技的研究路径。"[10] 也就是说，我们要从社会整体的角度来理解数字化，数字化并不单指企业的数字化。

从这个角度来看，罗德里克教授认为的日本擅长的"传统产业政策"是什么样的呢？

> "日本传统的产业政策将重点放在了培育制造业和代表国家的企业、扩大大企业的出口上，这样的产业政策今后将不再适用。因为我们必须以现代化的方式来应对现在的问题，制造业在其中已经显得不那么重要了。
>
> "今后，出口和全球价值链所发挥的作用将越来越小，而 ICT（信息与通信技术）将发挥更大的作用。另外，地区间贫富差距的扩大和不平等问题也将日益凸显。我们必须相应地做出调整。"

罗德里克教授也强调数字化的重要性。但在数字化转型方面，日本起步较晚。能追上来吗？

> "在数字化上没有太晚这一说法。需要担心的是，不能因为过于期望通过数字化转型提高国际竞争力，而忽视了数字化可能会造成的社会割裂和排他的经济环境。实际上，在欧美，新技术导致了贫富差距的扩大，许多劳动者和企业都被边缘化了。这种贫富差距的扩大是威权主义和民粹主义抬头的原因之一，我们在欧美社会所看到的极端言论和极端政治就是其表现之一。
>
> "解决数字化转型和新技术所带来的社会问题非常重要。不仅是一流企业，中小微企业也需要投资创新，要优先考虑落后地区的经济问题。这是以往的教训，也是目前日本面临的问题之一。"

2018 年，日本经济产业省对数字化转型的定义主要集中在企业竞争力上，而罗德里克教授的建议是，日本应该摆脱这一定义，回到斯托特曼所定义的数字化转型的本质上来。

通过服务业创造就业

随着技术的革新，智能化也在不断发展，它可能会改变企业的发展模式和我们传统的劳资关系。罗德里克教授在最近发表的论文《新技术下全球经济融合的前景》[11] 中指出，目前，东亚和东南亚以外的发展中国家的制造业出现了雇用停滞的现象，这与日本等国家初期的增长阶段所呈现的特征有所不同。

　　"在美国，关于重振制造业、促进创新、供应链回归本国的讨论非常激烈。为了提振国内制造业，美国正在推行强有力的产业政策。日本制造业在 GDP 中的比重是美国的两倍以上。美国的制造业已经衰退了，但日本却并非如此。

　　"另外，从日本、韩国等国家的先例来看，即使制造业在 GDP 中所占的比重不断增加，它也没有创造出更多的就业机会。投资制造业和增加制造业的就业机会是两码事。但是，人们往往将两者视作一回事。

　　"如今，制造业正在向智能化、机器人化、数字化以及高级技能人才和资本的集约化发展，即使不增加就业岗位也能提高生产效率。在美国、日本等发达国家，新的工作岗位大部分是由服务业创造出来的。在日本，制造业创造的就业岗位在所有就业岗位中所占的比率已经低于 15%，而美国只有 8% 左右。"

也就是说，应该明确的一点是，关于制造业的复苏，目的不在于就业，而在于创新，是这样吗？

　　"我们正面对两个不能混为一谈的课题。一是如何投资创新型的新产业。在整个经济的创新中，相较于其他行业，制造业扮演着重要角色，因此制造业的重要地位还将持续下去。二是要让社会共享经济增长的红利，使劳动力市场更加开放、社会变得更加包容，就必须提高服务业的生产效率，而非制造业。因为医疗、护理、零售等大部分就业机会都来自服务业。

"日本经济传统上被认为是一个二元经济，即同时具有出口导向的、生产力极高的制造业和生产力相对较低的非贸易服务业。但是，今后能让更多的人找到工作的领域是服务业。这与20世纪50~70年代日本的情况完全不同。"

在通货紧缩时期，日本社会对于有利于出口的日元贬值持欢迎态度。然而，在欧美发达国家走向通货膨胀的过程中，对日元不断贬值表示担忧的声音也会随之扩大。因为这可能造成以能源为中心的商品价格上涨，日本国民的生活成本将会增加。

"日本长期以来都是以出口为中心的经济，经济是否健康取决于出口部门的状况。但实际上，日本和其他国家一样，国家经济的健康与否很大程度上依赖于国内的非贸易服务业。在我看来，只要日元贬值不会加剧财富分配不均，不会导致通货膨胀无法控制，日元的走势就不需要担心。

"相比之下，我更在意的是，中等收入阶层的生活状况如何？劳动力市场的就业机会是否充足？政府是否注意到了地区间的贫富差距？人们对自己的未来是乐观的还是悲观的，民众的生活水平到底如何？

"我认为，这一切与其说受出口导向经济动向的影响，不如说受服务业动向的影响更大。"

近年来，飞速发展的人工智能，在产业和社会中也发挥着越来越重要的作用。那么，数字化转型会对经济增长产生怎样的影响呢？另外，罗德里克教授认为以人工智能为中心的数字化转型将在经济发展中发挥着怎样的作用？

> "现在已经有不少关于这方面的讨论。人工智能的确会带来经济效益，但它对劳动力市场、对企业的集中度会有何影响？互联网平台将会具有什么样的社会力量？侵犯隐私的问题能否解决？还有关于自律性的问题……
>
> "然而，最重要的也是最没有把握的，恐怕是它会对民主主义和民主主义的健全性产生怎样的影响。很明显，人工智能助长了威权主义。
>
> "话虽如此，但一般来说，无论哪种技术，我认为其本身都是中立的，重要的是如何使用技术。很明显，今后我们应该更加认真地思考这些问题。"

"悲观科学"的对与错

罗德里克教授在《经济学规则：悲观科学的对与错》一书中，简明易懂地从外部视角对经济学进行了概括性的解说，对近年来获得诺贝尔经济学奖的前沿研究也进行了冷静的分析。因为和本书介绍的经济学家的理论也有很大的关系，所以我想简单介绍一下里面的内容。

例如，对于李斯特等人开展的现场实验，罗德里克教授谈道："现场实验的明显缺点在于它们几乎与经济学的大多数核心问题无关。在涉及宏观经济学的大问题时，比如，要验证宏观经济学中诸如财政政策和汇率政策等重要问题时，我们很难知道这种实验有多大帮助。""很多政策（中略）要求具有实时性，所以不允许在实验上浪费时间。"在本书第六章，李斯特教授也说过现场实验需要花费大量的人力和时间，因此从某种意义上讲，他们两人的观点是契合的。

另外，对于米尔格罗姆的拍卖理论和罗斯的匹配理论，罗德里克教授表示："这些理论运用了十分晦涩难懂的数学模型。（中略）拍卖理论是从抽象的博弈论中推导出来的，即便是经济学家很多对此也是一知半解。"罗德里克教授强调了市场设计领域中数学的高难度。

罗德里克教授提出的政治经济学用国际的、宏观的、广阔的视角分析了经济横向和纵向的动向，而市场设计理论则是面向实际问题的解决，将微观经济学理论灵活运用于市场的设计当中。两者的目的都是带来社会所期望的变化，但立场和方式有所不同。

有人批评，包括经济学在内的社会科学领域"缺乏创意"。《自然》杂志也分析了 1945—2010 年所有论文的引用数据，发现具有革新性、颠覆性的论文整体上在减少，特别是在社会科学和技术开发的领域。从 1980 年开始，颠覆性研究的比例持续低于生命科学、生物医学和物理科学。[12] 同时，对于美国经济学会，英国杂志《经济学人》2023 年的报道称："虽然学会中的知名学者提出了一些新鲜有趣的想法，但并没有出现纳什均衡或（斯蒂格利茨等人提出的）非对称信息那样具有划时代意义的想法。"[13]

　　尽管如此，在市场设计和行为经济学等微观经济学领域，日本拥有一批优秀的研究者，因为他们的理论成功地解决了现实问题，因此具有一定的知名度。

　　罗德里克教授在《贸易的真相：如何构建理性的世界经济》中说："创意是有缺陷的，它可能会助推只考虑狭隘个人利益的集团主义的兴起，但它也有可能坚定地推动社会的进步。"[14]对于经济学这一学科的现状，罗德里克教授有何看法？

　　　　"有些经济学家认为我们的角色就像管道工或牙科医生，是为了解决极其特殊的（技巧性的）问题而生的。就像管道工拔厨房水槽的塞子，牙医治疗蛀牙一样，作为经济学家，我们的职责只是对财富的分配方法、对某个市场的运作方法进行非常具体、非常细致的调整。经济学确实有这样的作用，或许这就是经济学家所擅长的工作。

　　　　"但与此同时，经济学家也是知识分子的一员，我们思考经济作为整体如何运行，发展经济的目的是什么，应该如何设计制度，如何建立新的经济制度，以及该怎么应对气候变化、就业问题、数字化转型等各种各样的挑战。

　　　　"如果经济学家仅仅像管道工和牙医那样的话，就不能很好地发挥作用。

　　　　"在解决重大问题的时候，经济学家有必要保持谦虚。因为面对大问题时，我们不像解决小问题那样，拥有一整套正确的工具，所以更需要保持低调。我们必须理解，经济学知识是和很多现实情况、经济意识形态、政治意识形态混合在一起的。我们要向人们坦诚地说明这一点，防止某些人将自己的意识形态伪装成经济科学，使经济学本身受到不正当的评价。"

民主主义社会不可或缺的经济学智慧

罗德里克教授反对把经济学作为一种工具，对披着经济学的外衣兜售自己的意识形态的行为持否定态度，这来自他自身的经验。在《经济学规则：悲观科学的对与错》中，罗德里克教授回顾了他在普林斯顿高等研究院逗留期间的经历，当他与其他学科的来访者——与经济学并列的人类学、社会学、历史学、哲学和政治学等领域的人们——见面时，他感到惊讶的是，这些人从内心深处对经济学家投来的强烈的怀疑目光。[15]

那么，在民主主义中，经济学能否发挥重要作用？

"我认为经济学会起到非常重要的作用。经济学家有两个任务。一个是在学术领域做出非常具体的、技术性的、科学性的贡献；另一个是作为公知，对当时的社会问题进行讨论并提出建议。这两个任务多少有些不同，但都是必要的。

"但在第二种角色上，我并不认为经济学家一定要优先于其他知识分子，或是有着某种优越感，不管对方是法学家、记者、社会学家还是政治学家。

"我们只是众多声音中的一个，不一定能得到最多的听众。"

近年来，许多知识分子对民主主义和威权主义频频发表意见。罗德里克教授对此有何看法？

"我们（在民主主义方面）正面临着某种危机，其代价就是言论自由。"

至此，我们从不同于以往的视角对全球化和产业政策进行了分析和归纳。下一章我们将会介绍，专业人士是如何看待2023 年具有转折性的金融政策的。采访对象是印度央行前总裁、美国芝加哥大学布斯商学院教授拉古拉迈·拉詹。下一章将是本书中少有的、事实性很强的一章，其中的许多观点也值得我们参考。

注　释

1. Robert A. Mundell-Facts. NobelPrize.org. Nobel Prize Outreach AB 2023. Tue. 24 Jan 2023.

2. Joshua Aizenman & Hiro Ito, "The Political-Economy Trilemma," *Open Economies Review*, Springer, vol.31(5), pp.945-975, November 2020.

3. 伊藤宏之.《从〈政治经济的困境〉看世界政治》，经济产业研究所，2019 年。

4. Rodrik, D., Subramanian, A. & Trebbi, F. "Institutions Rule: The Primacy of Institutions Over Geography and Integration in Economic Development," *Journal of Economic Growth* 9, 131–165, 2004.

5. 丹尼·罗德里克，《全球化的悖论》，柴山桂太、大川良文译，白水社，2014 年。

6. 奥利维尔·布兰查德、丹尼·罗德里克，《消除不平等：重新思考政府的角色》，月谷真纪译，吉原直毅详解，日本庆应义塾大学出版社，2022 年。

7. 丹尼·罗德里克，《经济学规则：悲观科学的对与错》，柴山桂太、大川良文译，白水社，2018 年。

8. Joseph E. Stigliz, "Getting Deglobalization Right", May 31, 2022, *Project Syndicate.*

9. 丹尼·罗德里克，《贸易的真相：如何构建理性的世界经济》，岩本正明译，白水社，2019 年。

10. Stolterman, Erik, and Anna Croon Fors. "Information technology and the good life." *Information systems research.* Springer, Boston, MA, 2004. 687-692.

11. Rodrik D. "Prospects for Global Economic Convergence Under New Technologies."; 2022.

12. Park, M., Leahey, E. & Funk, R.J. "Papers and patents are becoming less disruptive over time," *Nature* 613, 138–144 (2023).

13. "Has economics run out of big new ideas? The AEA's conference did not provide evidence to the contrary", *The Economist*, January 12th, 2023.

14. 同注释 9。

15. 同注释 7。

第十二章

拉古拉迈·拉詹

全球化不会消亡

人物简介

◎芝加哥大学布斯商学院教授拉古拉迈·拉詹

　　2003—2006 年任国际货币基金组织首席经济学家兼调查局局长。2011 年任美国金融学会会长，2013—2016 年任印度央行行长。研究领域包括银行业、企业财务、发展经济学等。他还是美国艺术与科学院院士。代表作有《从资本家手中拯救资本主义：捍卫金融市场自由，创造财富和机会》（合著，日本庆应义塾大学出版社）、《断层线：全球经济潜在的危机》（日本新潮社）、《第三支柱：社群是如何落后于市场和国家的》（日本 Misuzu 书房）等。

正视实际问题的经济学家

最早预警次贷危机

本章的受访者是美国芝加哥大学布斯商学院拉古拉迈·拉詹教授。拉詹教授出生于印度，2013—2016 年担任印度央行行长，研究领域包括金融理论和银行业等。拉詹教授 1985 年毕业于印度理工学院，1987 年在印度管理学院艾哈迈达巴德管理学院（IIMA）获得工商管理硕士学位。1991 年获得美国麻省理工学院经济学博士学位。20 世纪 90 年代以来，他与 2022 年诺贝尔经济学奖获得者道格拉斯·戴蒙德开展长期合作，发表了许多有影响力的学术论文。拉詹教授现在重新回到了大学任教，他所著的经济学启蒙读物以缜密分析和清晰主张著称。同时，拉詹教授还拥有丰富的实战经验，综合实力不言而喻。

2005 年 8 月，主要国家的央行官员们在美国怀俄明州杰克逊霍尔举行了为期三天的全球央行年会，拉詹在会上警告了次贷的危险性，次贷正是引发 2008 年雷曼危机的导火索。这也是拉詹教授最广为人知的事迹之一。

这次年会是美国联邦储备委员会（FRB）（简称美联储）主席、被称为"经济大师"的艾伦·格林斯潘任期内的最后一次年会，因此格林斯潘时代的各种经济问题成为当时的议题。在研讨会上，有人要求格林斯潘提交在任职期间有关金融部门发展情况的报告。当时，从芝加哥大学调任国际货币基金组织首席经济学家兼调查局局长的拉詹教授整理了相关论文，但表示"这是个人观点"，并做出了以下分析。

"目前银行需要流动性更高的市场，以对冲自身的复杂产品和担保所带来的部分风险。如果市场对流动性的依赖过高，发生危机时银行的资产负债表就会变得很危险，从而无法保证此前提供的流动性。（中略）综上所述，尽管能够接受风险的市场参与者越来越多，但系统产生的金融风险确实越来越大。（中略）灾难性熔断（虽然现在可能性还很小）的可能性在提高。"[1]

也就是说，面对即将退休、等待鲜花和掌声的格林斯潘，拉詹不仅没有给予赞扬，反而认为"灾难可能即将来临"。

这一发言在当时甚至被批评为"亵渎神明"（blasphemy），"没有几个业界人士认同"。[2,3]

但是，拉詹的发言绝不是为了制造噱头。他原本是想写，在格林斯潘任职 18 年间，金融发展是如何让世界更加安全的。但是，调查越细致，他就越难以认同这个结论，最终只能写出这样一篇报告。[4]拉詹教授对当时紧张的会场气氛回忆道："我就像误入饥饿狮子集会的早期基督教徒，不知是否言过其实""批评我的人对于眼前正在发生的事情视而不见，这令我感到不安"。[5]

然而，众所周知的是，就在这一报告发表两年后，世界范围内爆发了自经济大萧条（1929—1933 年）以来最大的金融危机。拉詹教授表示："当时要想预见到这一点，并不需要多么敏锐的洞察力。我只是利用和同事们一起建立的理论框架，将点和点连接起来而已。"这个故事告诉我们，"忖度"[⊖]并不是

___
　㊀　在日语里指揣度。——译者注

日本的专利。当然，也可能是因为金融业界人士的思维模式都很相似，偏见很强，各自重视的信息也有偏差，最终导致他们未能识破危机。拉詹教授认为："此次危机的原因是政府和市场的作用被混淆了，应该重新找到正确的平衡。"[6] 在《断层线：全球经济潜在的危机》（日本新潮社，2011 年）一书中，拉詹教授写道："2008 年金融危机爆发之前，住房贷款的审查过于宽松。这是因为，政治家们担心贫富差距扩大会带来恶性后果，从而制定了这一转移低收入阶层注意力的政策。"[7]

日美金融政策动向

本次采访是因诺贝尔奖相关事宜，拉詹教授在百忙之中应戴蒙德先生的邀请，在瑞典斯德哥尔摩短暂逗留期间，通过网络远程进行的。2022 年 11 月，在国际货币基金组织和东京大学金融教育研究中心（CARF）共同举办的会议上，拉詹教授谈到了去全球化的未来，我也是因此对拉詹教授产生了兴趣。

2022 年 12 月 9 日，我有幸直接采访到拉詹教授本人。当时，无论美国还是日本，都即将迎来一次重要的金融政策决策会议，社会也都在关注通货膨胀的走向，因此我的提问自然也就从货币政策开始了。

拉詹教授预测说："美国联邦公开市场委员会（FOMC）将把加息幅度从之前的 0.75% 缩小到 0.5%。"提到日本的金融政策，他表示"这只是我个人的看法"，"日本央行⊖总裁黑田东

⊖　日本的中央银行（简称日本央行）是日本银行（在日本经常被简称为
　　日银）。——译者注

彦在 2023 年 4 月卸任时，通货膨胀率将会达到总裁设定的目标。黑田就任当初立下誓言要扭转通缩为通胀，显然他可以没有遗憾地离任了。接下来，下一任总裁的任务就是对宽松货币政策做出调整"。这是一段非常具有具体性的发言（参照采访正文）。

我对拉詹教授的这篇采访于 12 月 15 日刊登。此时美国联邦公开市场委员会会议已经召开，会议内容与拉詹教授的预测一致（这也是市场的共识）。很快，日本国内就出现了"下一任日本央行总裁要对宽松的货币政策做出调整"的报道。报道刊登 4 天后，日本央行在 12 月 19～20 日举行的金融政策决定会议上表示，收益率曲线控制政策下的 10 年期国债利率波动区间从原来的 ±0.25% 扩大到 ±0.5%，这一决定引起了社会的震惊。2023 年 3 月，日本央行新任总裁植田和男就任。

我平时的编辑和采访工作主要是和学界人士往来，而这次采访却给我一种置身于新闻现场的感觉。

市场、国家、社群的均衡很重要

拉詹教授关心的并不仅仅是金融理论。近年来，日本迅速确立了"不让任何人掉队"的可持续发展目标（SDGs）和 ESG 投资理念。这也许是因为政府主导下的"大政府"路线不能奏效，企业和投资者的自由至上主义也同时陷入困境，越来越多的著名学者指出，除了企业和政府，社群⊖，即非营利集团也很重要。在这种情况下，我想就拉詹教授的著作，聚焦社群重

⊖ 这里的社群有别于传统的"社群"。——译者注

要性的《第三支柱：社群是如何落后于市场与国家的》提几个
问题。

关于《第三支柱：社群是如何落后于市场和国家的》，拉
詹教授说其写作动机在于"自己目睹了世界日益两极化，延续
了 70 年的和平和繁荣或将不可持续"。[8]拉詹教授认为有必要
恢复"市场""国家""社群"三者的均衡，对抗破坏性的技术
革新和社会变化，重新关注社会成员一同生活的社群。这里所
说的社群包括教育委员会、地方自治团体、自治会议、城市议
会等。商业和制度的结构无法触及的对象，例如贫困家庭和老
年人等弱势群体，需要社群伸出援助之手。

拉詹教授指出，只有当社群及其成员实现更大利益的社会
化（一起长大的同伴或民族同质集团）或者是将促使成员合作
的剩余价值嵌入人际关系，使成员认为合作是有价值的时候，
社群才能有效地运作。

但是，如果社群一直处于小规模状态，就可能会错失发展
的机会。小规模社群有许多缺点，例如信息共享过度可能会导
致过度干涉，也容易发生所谓的"村八分"⊖式的骚动。

人在限制竞争、抵御外部力量、保护已有人际关系的同
时，也会产生积极创造人际关系的欲求。也就是说，人会有限
制地开放门户。很多人对过度的全球化产生反抗的冲动，其根
源是否也在于对社群重建存在欲求呢？人们置身于社交网络上
"想象的共同体"中，在相互牵制的同质化价值观中，沉浸在

⊖　村民联合起来孤立某一户居民。——译者注

虚实交织的信息中，这也是出于对同质性的渴求。

第十一章中罗德里克教授所阐述的"布雷顿森林体系式的有限全球化"，就是满足这种归属需求的解决方案之一。但是，适度的全球化真的成立吗？在第十章中我们介绍了，斯蒂格利茨教授所探究的一种重视自然和健康生活的"超越 GDP"。这种指标是符合我们目前时代背景（应对气候变化危机）的，它背后既不是金融资本主义，也不是股东资本主义，它是推动有限全球化的绝佳信条。

我在采访时经常能听到"去全球化"这个词，无论是友好国家还是敌对国家，都在重新审视错综复杂、过度扩大的全球化。

拉詹教授指出："'友岸外包'是危险的。"正如在社群的讨论中所提到的，友岸外包反而会威胁到均衡。

接下来，我们将进入访谈部分。我就日本和世界各国的经济走势向拉詹教授进行了请教。

◎访谈部分
通胀是否会继续

自 2022 年开始，世界多地都在经历通货膨胀，今后通货膨胀还会以目前的水平持续下去吗？

"我认为有三个力量在影响通货膨胀的走向。第一，经济发展的减速。在美国，由于此前的新冠疫情，物资短缺导致了价格上涨，而且人们需要把钱花在购买必要的物品上，导致一些商品的价格迅速上涨。新冠疫情之后，当时上涨的商品价格正在显著下降。

"第二，美联储主导的金融紧缩政策正在发力。以住宅市场为例，现在住房贷款利率翻了一倍以上，许多房地产项目建设开工大幅延迟，房产销售市场也不景气。

"如果现在卖掉房子，购买新房的成本会增加，所以人们不会卖掉现在住的房子。住宅的需求和供给都在减少，市场增速明显放缓。其他行业也变得更加谨慎。一般来说，在经济增速放缓的过程中，特别是对利率变动敏感的行业，其增长速度会下降，从而导致通胀率减缓。

　　"住宅在对通货膨胀的贡献中占很大比例。现在，估算租金（以市场价格评估持有房屋的计算租金）等指标有缓慢下降的倾向。预计到 2023 年第一季度，住宅相关数据由正转负，这也是通货膨胀将会放缓的主要原因。

　　"在缓解通货膨胀的各种因素中，最值得关注的是劳动力市场。从 2022 年 11 月的美国就业统计来看，招聘岗位还很多，对劳动力的需求紧张。最近的工资增长率虽然还低于通货膨胀率，但已经算很高了。这将成为美联储的一大忧虑，在劳动力市场供需得到缓解，工资上涨趋于稳定之前，美联储不会停止上调利率。美联储于 2022 年 2 月在美国联邦公开市场委员会会议上宣布，将加息幅度从此前的 0.75% 缩小到 0.5%，接下来它们可能还会寻求下调至 0.25%。如果美联储感觉到劳动力市场足够宽松，就可能会暂时停止加息。到那个时候，要么是工资增长率大幅下降，要么是失业率略微上升。

　　"此次金融紧缩的结果将在 2023 年 6 月或 9 月显现出来。因此，未来需要略微注意货币政策不要过于收紧。另外，一旦利率上调 0.5%，许多人会感到进入所谓的加强抑制的阶段。这是因为从那时起经济就会变得不好。

　　"所有人都有一个大大的疑惑，那就是美联储何时停止加息？

　　"我认为美联储正在努力创造'可以感受到经济放缓的程度'的余地。问题在于，在过度收紧货币之前，能否及时准确地捕捉到经济放缓的迹象。"

这是否意味着从 2022 年开始，通货膨胀将至少持续一年
或两年？

　　"我认为未来几个月通胀率将大幅下降，你还记得俄
乌冲突开始时多种商品价格上涨吗？冲突结束后，所谓
的'基数效应'（作为比较对象的前期指数较低时，与前
期相比的上涨率就会较高）会发挥作用，我们就可以根
据冲突结束后的物价来测定通胀率。因此，通胀率将因
为测量方法的原因（表面上）而下降。

　　"通胀率下降，主要是因为几种商品价格下降。例
如，作为 CPI 主要构成要素之一的二手车的价格在下降。
服务价格的上涨是否会开始放缓，这将成为一个大问题，
但目前我还找不到强有力的证据。工资是服务价格的重
要组成部分，如果工资继续上涨，服务价格也会上涨，
这将继续支撑通货膨胀。

　　"虽然通胀率本身会下降，但问题在于需要多长时间
才能降到美联储认为合适的 2%～2.5%。这最快也要到
2023 年末或 2024 年初。"

您的意思是我们只要观察二手车和服务的价格以及失业率
等数据就可以了吗？

　　"没错。另外也要注意工资的动向。2022 年 12 月发
布的美国就业统计数据显示，上次工资上调后，工资上涨
率看起来很高。但别忘了，它还低于通胀率。也就是说，

实际工资在下降，从这个意义上来说，解释工资的数据时需要注意通胀率的问题。"

软着陆的可能性不大

拉詹教授如何看待今后美国经济衰退的可能性？

"通货膨胀和经济衰退是密切相关的。我认为美国经济在今后有四种可能。

"第一种可能是，软着陆。也就是说，经济不会衰退，就业增长会放缓，但不会出现大幅降低，失业人数也不会太多，通胀率开始快速下降，美联储将在不引发经济衰退的情况下结束这轮加息。这一设想的实现概率在 2023 年初大概是 50%。但是现在只有 15%～20%，下降了很多。剩下三种情况的概率也差不多。

"第二种可能是，温和的经济衰退。尽管美联储减缓了经济增长，但过度的压力导致失业率上升。然后，在某个时间点，美联储意识到失业率正在上升，于是再次降低利率。

"第三种可能是，美联储看到原本紧张的劳动力市场出现了宽松的情况，暂时停止上调利率。之后，经济开始复苏。资产价格、金融资产价格、股价、债券价格等数据都会告诉美联储应该暂停加息。

"如果美联储加息告一段落，可能会突然引起股市的巨大反应。这样一来，人们的信心就会增强，重新开始消费，经济可能会再次迎来持续性增长。

"但这样一来，美联储就不得不重新启动已暂停的加息，因此，人们对经济的不安和经济增长迟缓所带来的不确定性将长期持续下去。这是比温和的经济衰退更糟糕的剧本。这是因为，虽然结果都是经济衰退，但这个剧本中，经济衰退会发生在较长的通货膨胀之后。

"第四种可能是，所有的事情一起发生，美国会陷入严重的经济衰退。

"我说过房价不会下降。但是，假设失业人数开始增加，于是人们不得不卖掉房子，供给增加，房价开始下降。很多人会觉得自己越来越穷，就会减少支出。

"劳动力市场如此紧张的原因之一是，雇主因为人手不足、招聘困难，不愿意解雇员工。但是，如果雇主开始解雇员工，就会有其他雇主认为'那我们也没有必要继续雇用，因为求职者很多，还可以再雇用'。

"这样一来，解雇人数就会剧增，失业率可能超过2～3个百分点，甚至上升至5个百分点之多，导致经济严重萧条。而且，由于房价下跌、失业人数激增、需求减少，金融系统内会产生很多负债，这些负债会引发金融风险。

"最近，加密资产（虚拟货币）市场刚刚出现了崩盘。例如，杠杆贷款市场以高杠杆（负债比率高）的企业会偿还债务为前提进行融资，但如果需求减少，就有可能出现无力偿还债务、经济大范围陷入困境的情况。"

拉詹教授如何看待美国以外国家的经济状况？

"其他国家面临的与其说是通货膨胀问题，不如说是经济增长问题。欧洲的通货膨胀水平与美国相当，但经济增长速度非常缓慢。由于能源价格暴涨，欧洲的经济增长率大幅下降。因此它们面临的主要问题不是通货膨胀问题，而是经济停滞问题。"

日本央行的"退出政策"掌握在下一任总裁手中

拉詹教授对日本的金融政策和经济走势有何看法？

"对日本来说，持续多年的低通胀可能会有一个答案，通胀率终于赶上了日本央行所期望的水平。对日本而言，最大的问题是如何摆脱目前的货币政策，但这并不容易。

"黑田东彦总裁在 2023 年 4 月卸任时，日本的通胀率将达到他所制定的目标。他实现了自己的誓言，可以自豪地离任了。之后，下一任总裁必须寻找调整宽松货币政策的路径。

"退出宽松货币政策对日本央行来说是一个非常棘手的问题。长期国债收益率通过收益率曲线的控制（长短利率操作）一直维持在较低水平，如何将其恢复到原来的水平是一大难题。

"当然，如果美国能够抑制通货膨胀，那么美国的利率就不会上升太多，因此利率水平很容易就能回复。但是，在日本调整货币政策时，如果美国还在与通货膨胀做斗争，为了防止日元大幅贬值，日本也必须相应地大幅上调利率。

"这样一来，当日本央行从宽松货币政策中'退出'时，就有可能出现经济不稳定。这是个大问题。要一次性从根本上改变宽松货币政策，还是等日本国债达到适当水平时再退出，抑或是逐步地退出？我认为日本央行目前必须解决的就是这个问题。

"我推测，表明通货膨胀已经稳定到日本央行期望水平的指标，在那个时候才会变得可靠。无论谁开始实施改革，只要能坚持到最后就可以了。据我预测，这恐怕会由下一任日本央行总裁来做决定。"

如何看待"去全球化"的趋势

接下来的几个问题是关于去全球化的。2022 年 11 月 17 日，国际货币基金组织和东京大学金融教育研究中心共同举办了一场政策会议，会议讨论了去全球化和供应链的未来。很多企业经营者都在关注重构供应链的问题。在中美矛盾日益明显的情况下，世界真的会脱钩断链吗？

"脱钩断链实际上正在发生。如果你问美国的企业家，他们中的很多人似乎都在寻找供应链环节的第二或第三供应者。如果供应链中已经有与中国相关的供应商，就采用'中国 +1'或'中国 +2'的模式。因为他们非常担心地缘政治紧张局势会升级。

> "在这之前，日本发生了东日本大地震，泰国发生了严重洪灾，全球爆发了新冠疫情……每当有供应链因灾害等原因断裂时，企业就会摸索出更加健全的供应链体系。
>
> "但是，我认为企业还没有做好大规模转移生产的准备。中国有完备的供应商生态系统，如果要在越南、泰国、印度等地建立一套代替的系统，可能需要一些时间。"

精益生产遇到困难了？

为了重构供应链，企业有多种选择，第一种是增加供应商，第二种是增加库存，以防万一。

以前，所有人都采用日式的、重视效率的精益生产方式（如准时制生产）。但是，要想让精益生产方式发挥出最大效能，就必须让一切链条都能正常运作。于是，企业开始增加库存，确保缓冲空间。

第三种选择是让系统具有灵活性。当某个零部件停止供应时，是否可以重新设计其周围的部分？为了能用在自己的机器上，能不能对现有的零件进行重新设计？这一点尤其适用于半导体芯片。例如，美国特斯拉当平时使用的芯片不足时，就会重新编程其他芯片。

第四种选择更为根本，就是供应链的区域化。也就是说，不再依赖全球化的供应链，转而构建只为该地区市场提供服务的区域性供应链。例如，向中国市场提供服务时，所有的供应商都设在中国，这样即使美国和中国之间发生摩擦，供应链也不会出现问题。

以上选择都是目前企业正在做的事情。

国际供应链的构建原本是为了在自由贸易的基础上提高生产和服务的效率。难道现在，效率已经变成次要的了吗？这会不会给经济增长蒙上阴影？

> "是的。很遗憾，效率会下降，竞争也会趋缓。可以预见，随着供应链效率的下降，抑制工资上涨的一部分力量也会消失。
>
> "我们将会过渡到与以往稍有不同的世界。我们需要担心的一个重大问题是应对气候变化的供应链。例如，在制造电动汽车电池时，会涉及很多不同的国家和地区。
>
> "生产电池必不可缺的物资大多在刚果等地开采。另外，还需要在一些有风险的国家和地区进行深加工。要大规模地更换这个链条，不仅需要巨大的成本，还需要时间。
>
> "另外，关于气候，我们还有很多不了解的地方，但是留给我们的时间不多了。虽然全球层面的气候合作同样重要，但更令人担忧的是在替换所有与气候相关的供应链之前可能需要很长的时间。"

"友岸外包"是一个危险的概念

在东京大学的会议上，出现了对"友岸外包"（在同盟国或

友好国家构建供应链）和"邻近外包"（在邻近地区构建供应链）
的讨论。

　　"由于不想依赖敌对势力，所以在部分战略性领域进
行'友岸外包'的想法是可以理解的。但是，从过去的
经验来看，这可能会成为更广泛保护主义的一种借口。

　　"为了国家安全，什么需求是必须保障的？仅仅是半
导体芯片吗？粮食和谷物也很重要，服装也很重要，不
能依赖其他国家。也就是说，原先划定的范围是可以进
一步扩大的。

　　"有人说钢铁在安全保障上很重要，我们不应该从其
他国家购买钢铁。也有人说，不能从别处买铜。在美国
还有人提出，稀土这种稀缺资源也不能依赖海外，必须
全部在美国国内生产。

　　"如果一味强调安全保障上的必要性，就可能会导致
一开始划定范围的扩大，直到完全陷入锁国主义。

　　"所以，我认为'友岸外包'是一个非常危险的概念。
首先，我们很难定义安全保障方面的重要需求是什么，
哪些资产可以用于'友岸外包'。

　　"而且区分敌友其实非常困难。几年前，美国和加拿
大因互相征收关税而发生纠纷。连美国和加拿大都会有
矛盾，如此看来其他任何国家的友好关系都不是绝对的。
'友岸外包'是一个极其模糊的概念。

　　"在新兴国家，'友岸外包'的问题在于政府的不稳

定，有些国家的政权更替过于频繁。今天这个政府说可以接受，明天另一个政府可能就不再接受了。

"例如，秘鲁在 2021 年出现了左派政权，之后又有了政权更迭。谁能判断秘鲁是不是友好国家？秘鲁是许多战略物资的来源地。如果能把贸易和可能导致投资不确定性的政治混乱区别开来，这对所有利益相关方来说都是件好事。"

对自由贸易所必需的约束

拉詹教授在《第三支柱：社群是如何落后于市场和国家的》一书中对社群的重建进行了讨论。他列举了小规模社群的缺点。比如，由于无法通过规模扩大实现增长而产生的成本，以及信息共享过于密集导致的过度干预等。也就是说，在"友岸外包"中，也可能会因为封闭关系而产生风险。那么，是否应该将政治与贸易区别开来呢？这样的事情能做到吗？

"不可能完全分开。但我想说，应该尽量分开，我们应该对自由贸易保持足够的热情。但遗憾的是，很多国家更希望的是贸易保护主义，而不是自由贸易。'友岸外包'是掩饰保护主义的简单手段。"

结算渠道不应成为制裁的对象

不仅供应链是复杂的，资本关系更是如此。在我看来，世界各国存在着深刻的联系，相互依存，几乎不可能切断联系，但如果发生金融上的去全球化，会怎样呢？

　　"我认为，去全球化最重要的推手之一就是结算渠道的分离。对结算渠道的制裁会马上反馈到贸易之上。众所周知，伊朗便是如此，这最终导致伊朗对外贸易的大幅缩水。

　　"也就是说，在没有形成更广泛的共识之前，我们不应该轻易地将结算渠道列为制裁对象。即使一个国家想要制裁其他国家，也不可能让其他所有国家都这么做。我们必须建立起广泛共识，在什么时候、对哪些领域可以采取制裁手段。如果不这样做，世界的结算系统就会出现分裂。而且，今后这样的例子会越来越多。

　　"实际上，最近几个月，一些国家的央行正在大量购买黄金，它们不希望持有欧元或美元作为外汇储备。这是小额分散的例子，比起关键货币，各国央行更希望以黄金储备外汇。

　　"另一个令人担忧的问题是，这些制裁措施见效的速度很快。特别是制裁结算渠道的情形尤甚。如果制裁起作用，贸易企业的销售额会瞬间下降。这将导致金融系统产生坏账，增加金融的脆弱性。例如，向贸易往来频繁的企业和跨境交易频繁的银行提供贷款的金融机构将受到巨大打击，资本量减少，有可能引发更大的金融动荡。

　　"因此，轻易将结算渠道作为制裁对象并非明智之举，而应该选择更加合理的制裁方式。"

拉詹教授认为我们应该保护结算系统。那么，我们是否需要有意识地加以考虑呢？

> "没错。我们应在建立更好的系统上达成共识，并构建需要一些主要参与者同意的集成系统。
>
> "所有人都同意是不可能的。但是，在有 50%～60% 的国家都同意的情况下，我们就能启动相应的保护机制来避免我们的系统因为一国的任性行为而失能。当一个国家的政权发生了变化时，有可能很多事情都会随之改变。如果没有共识和完善的体系，就会引发巨大的动荡。"

作为主要货币的美元会走弱吗？

> "我认为这是一个非常缓慢的过程，它需要时间。目前还没有能够撼动美元地位的挑战者。换句话说，我认为目前除非对结算制裁或更普遍的制裁感到明显的担忧，否则几乎没有什么能够取代美元。
>
> "欧洲追随美国，因此欧元不会挑战美元的地位，人民币也无法替代。
>
> "因此，部分国家的央行开始购买黄金，但它们不会将其出售，而是作为贷款的担保。"

为维持贸易稳定，对劳动者培训是必需的

最后，我就拉詹教授的著作《第三支柱：社群是如何落

后于市场和国家的》，提了一个问题。该书的第六章指出，在美国，非大学毕业的劳动者面临两个问题。如果就业困难的原因是技术变革，那么他们会尝试进行再培训。但如果是贸易摩擦的原因，他们则不愿意接受再培训。为什么会出现这样的情况呢？

　　"我认为美国一直以来没有很好地对劳动者进行再教育，政府似乎没有把再教育当作解决就业困难的方法。像瑞典这样对贸易敏感的国家，政府、企业、工会、劳动顾问之间建立起了强大的联系，由此，所有劳动者都在不断地重新评估自己的技能。

　　"当市场需求发生变化时，你是否拥有新需求所要求的技能？如果没有，那么该学什么好呢？应该上什么课程？需要怎样的再教育？在瑞典，为了让失去工作的人再就业，政府出台了各种各样的支援措施。这就是所谓的'积极的劳动力市场政策'。

　　"我认为美国必须认真考虑这样的政策。也许有更好的做法。但是，如果真的想让劳动者支持贸易，那么就必须帮助劳动者拥有迅速适应社会变化的能力。否则，在像美国这样规模庞大的经济体中就会存在这样的倾向：人们会质疑'为什么需要贸易'。他们会认为可以禁止贸易，所有需求全部依赖国内解决。当然，禁止贸易会导致经济成本极高，最终，可能会使国家失去竞争力。

　　"我们需要的是更好的面向劳动者的培训以及再教育

制度。《第三支柱：社群是如何落后于市场和国家的》聚焦的问题是，在很多失业率高、经济恶化的地区，失业者很难在社会、经济上回归正常。

"我们无法从税金中获得资金。房地产价格低，固定资产税也低。由此，社群无法建立强大的社群大学（在地区设立的单科大学）。没有工作的人会有精神上抑郁的倾向，滥用药物的情况也会增多，还可能患上酒精依赖症，导致家庭破裂。

"人一旦失去经济机会，就会陷入某种恶性循环。全世界的社群都是如此，欧洲是如此，老龄化问题日益严重的日本也是如此。

"因此，最大的问题是，如何才能让这样的社群起死回生。怎样才能让这里成为人们想去的地方，而不是想离开的地方呢？与大城市相比，地方上堵车的情况较少，物价也相对便宜。

"但是，地方上的工作机会也会比大城市少，地方上的教育机构和学校质量也不太好，年轻人可能不会选择去地方。但是，从新冠疫情中学到的方法之一就是远程办公，这也许能成为解决方案。

"随着互联网的出现，即使是小型企业也可以开展远程办公了。顾客可以在网上订购，然后物流服务就会把商品送到顾客身边。服务业也可以开展远程工作。有些企业在新冠爆发的前几年就开始远程办公了。分散经济活动的据点或许是振兴落后地区的方式之一。

　　"首先要创造更多的工作岗位，其次要建立更多强有力的社群，这样才可以留住人才。只有做好了以上两点，地方振兴才有可能。"

把社群振兴看作"自己的事"

重建已经崩溃的社群，最重要的是什么呢？

　　"首先，要有振兴社群的意愿。社群内部的成员自身要有驱动力，外部力量无法实现社群的再生。

　　"地方社区的负责人为了社区采取行动这当然是好事。但更重要的是，他要能唤醒整个社群的公理心。对当地居民来说，只要觉得社群振兴不是自己的事情，他们就不会积极参与，社群就无法振兴。所以，将社群凝聚为一个整体非常重要。

　　"有时，只要稍微完善一下基础设施、公共设施，就能让人刷新对一个地区的看法。如果有漂亮的公园，就会有年轻人带着孩子来公园玩。此外，在该地区建设价格适中的住宅也是吸引人们的好方法。另外，如果有主干铁路和公路的话，人们的工作就会更加方便。

　　"同时，还要有高速的网络服务设施。实际上，很多地区至今还没有接入高速网络。基础设施很重要。

　　"最后是资金。贫困的社群没有资金。如果由地方行政部门提供资金，就不能设置太多附加条件。如果附加条件是'必须用到这里，也必须用到那里'，就不能让社

群自行判断。只有让社群自行做决定，才能让社群中的
人们思考自己应该做什么，这是答案的一部分。"

为了使国家的经济社会重新充满活力，地方的振兴是关
键吗？

"从多个意义上来说肯定是这样，但是这个事情非常
艰难。例如在英国，保守党政府正在讨论如何振兴地方
经济，但进展并不顺利。这是政府应该采取行动的重要
问题。日本似乎也在担心个别地区的衰落，此类担心本
身是正确的。"

注 释

1. "The Greenspan Era: Lessons for the Future," Speech by Raghuram G. Rajan, Economic Counsellor and Director of the IMF's Research Department, August 27, 2005.
2. Michael Schuman, "A Global Financial Guru Who Predicted the Crisis of 2008 Says More Turmoil May Be Coming," *TIME*, August 11, 2014.
3. Justin Lahart, "Mr. Rajan Was Unpopular (But Prescient) at Greenspan Party," *Wall Street Journal*, January 2009.
4. 同上。
5. 拉古拉迈·拉詹,《断层线:全球经济潜在的危机》,伏见威蕃、月泽李歌子译,新潮社,2011 年。
6. 同注释 3。
7. 同注释 5。
8. 拉古拉迈·拉詹,《第三支柱:社群是如何落后于市场和国家的》,月谷真纪译,Misuzu 书房,2021 年。

后　记

　　通过物品和服务的交换，人们可以获得更高质量的生活，这就是经济。而经济学是分析这一过程及其影响的学科。经济学受到人们价值观的影响。面对社会的变化，人们是应该坚守自己一直所信仰、遵循的传统，还是应该改变自己的价值观去适应变化呢？

　　我有幸于 2003 年到美国普林斯顿大学研究生院进行深造，学习经济学。当时，这个研究生院还被称为伍德罗·威尔逊学院，其名字源自 1902 年的校长、诺贝尔和平奖获得者、行政学之父、美国前总统伍德罗·威尔逊。2020 年，学院更名为公共和国际事务学院。据说，这次更名是因为有人发现伍德罗·威尔逊生前推动过种族歧视政策。

　　时任校长的克里斯托弗·艾斯格鲁伯在给校友们的信中写道：

　　"普林斯顿大学一直在赞美威尔逊先生，有意地无视他的种族歧视，这才是最根本的问题。普林斯顿大学是轻视、无视种族歧视，为种族歧视提供借口，允许歧视黑人体制持续存在的美国的一部分。"[1]

收到这封邮件时，我十分震惊。我感受到了一所大学敢于直面社会规范、果断采取行动的决心。即使是获得过诺贝尔和平奖的前校长，一旦被认为涉及种族歧视问题，普林斯顿大学也毫不犹豫地对他进行了惩罚。虽然为世人所熟知的"伍德罗·威尔逊学院"这一名称被撤销了，但正是如此才体现了普林斯顿大学适应变革的坚决态度，这一举措是在保护这所学校一贯的传统。

人的价值观和社会规范会随着社会的变化而变化，尽管两者的变化并不一直是步调一致的。研究和理论也是如此，时代不同，它们的定位和作用也不尽相同。对于变化，我们应该持有一种怎样的态度？这是埃尔文·罗斯先生穷尽一生探讨的课题。

正如我们在前文提及的那样，GDP 的提出从一开始就存在不合理之处，然而如果我们选择忽视这些根本性的问题，掩耳盗铃地进行"规模化"，我们最终将不得不为此付出巨大的代价。约瑟夫·斯蒂格利茨教授，以及未在本书登场的阿马蒂亚·森教授、詹姆斯·赫克曼教授等人一直在致力于提出衡量社会经济新指标的工作。从斯蒂格利茨教授的发言和过去的历史来看，人们似乎一直将旨在了解经济情况"有多糟糕"的GDP 这一经济指标神化，我认为这似乎与气候变化的部分问题有关。

我们所应该追求的是"最大化""满足化"，还是"最优化"？由于各自的专业背景和价值观不同，每位读者对这些词语意义的理解也会有所不同。我在普林斯顿大学深造期间，选修过一门名为"说服和谈判技巧"的课。在课上，有这样一种谈判技巧：在首次进行谈判时，你需要先确定自己最初的最高渴望价格，然后再开始进行谈判，在谈判过程中，逐渐降低自己的渴望价格，最终使价格达到双方都满意的水平。从这种思考方式来看，"最大化"或许只能是理想，你从一开始就不应该将其作为前提。当然，如果你试图将人们卷入讨论（以讨论的方式来推动美国和世界政治经济发展的弗里德曼也是基于这样的思考），那就太过天真了。在反复阅读本书中的访谈后，我常常在想，所有的经济学家，无论方法和途径有多么不同，他们的最终目的都是一样的，就是要建立一个对解决社会问题有益的模型。站在第三者的视角来看，所有的经济学家虽然有强弱之分，但都有着某种内在联系。

这本书总结了我对多位世界顶尖经济学家的采访内容，包括我认为"有趣"的经济学家的相关话题以及与日本有关的议题。深入研究每个专业领域的理论细节是专家和学者的职责，而我只是一位观察者，因此这超出了我的能力范围。要理解各个领域和理论的纵向理论结构，还请各位读者务必参考各个领域的专业书籍。比如，在介绍斯蒂格利茨教授的章节中我们探讨了幸福度和"超越 GDP"的相关问题。在本书撰写的过程中，就有这样一本好书——《超越 GDP：测度福利和可持续性研究》（马克·弗勒拜伊著，坂本德仁译、解说，日本评论社）在日本出版了。

　　我从自身的兴趣和现实问题出发，通过留学和工作，作为一名观察者就经济学和管理学领域进行了长期的、大量的采访。除此以外，我自己也在大学开展相关的研究工作。在本书的最后，我想分享给大家自己这么多年来的四点心得体会。

　　第一，学术研究也有地域之分。每个国家都有自身独特的历史，各国的国情也会在文化、社会环境、国际关系的影响下不断变化。即使是数理领域的研究，也不能忽视来自文化和社会环境的影响。有时，由于政治体制和语言障碍，一些重要的思想无法在全球进行传播。虽然继英国之后，国力强盛的美国成为经济学研究的中心，但德国有德国的经济学讨论方式、法国有法国的经济学讨论方式、日本有日本的经济学讨论方式、中国有中国的经济学讨论方式。即便如此，目前，包括经济学、管理学、政治学、社会学在内的各个社会科学学科正在慢慢地实现标准化。除此以外，社会科学的学术研究还在逐步吸收贯通社会心理学、医学、物理学、工程学、生物学等的分析方法，与自然科学的结合越发深入。

　　第二，学术界也有潮流。在美国，研究的潮流往往是由大学推动的。对于各个大学来说，在经济学领域的诸多奖项中，最能彰显一所大学实力就是诺贝尔经济学奖。获得诺贝尔奖的理论往往会得到社会广泛的认知、接受和普及，成为新的潮流。

　　比如说，发展经济学领域就得益于麻省理工学院的大力推动，特别是在班纳吉、迪弗洛等人的主导下，这一领域得到了极大的发展。自 20 世纪 80 年代以来，斯坦福大学、哈佛大学、麻省理工学院相互间的学术竞争推动了组织经济学的发展。它们竞争的目的是在一个新的领域获得学术主导权，因为只有获得了学术主导权才能向全世界发出自己的声音。

不仅是经济学领域，现代气候变化问题的提出同样如此。20 世纪 50 年代中期，麻省理工学院为了对抗哈佛商学院，创办了一所新的商学院，将系统动力学的开创者、计算机科学家杰伊·福雷斯特（已故）调到了管理学院。1970 年，读了福雷斯特著作的、美国达特茅斯学院教授德内拉·梅多斯女士以特别研究员的身份来到麻省理工学院，提出并建立了"系统动力学派"。1972 年，德内拉·梅多斯等人合著的罗马俱乐部里程碑式报告——《增长的极限》（钻石社）一书风靡了全世界。[2]由此可见，气候变化问题之所以得到广泛关注是麻省理工学院赌上学校声誉，举全校之力才有的结果。顺便一提，梅多斯女士曾是一位化学家和生物物理学家，她后来转行成了一名记者。"通过传播新概念来提高声誉和影响力"是每一所顶尖学府都必须面对的重要课题。

许多获得诺贝尔奖的研究者也不是一直以来就只专注于某一个领域的研究。例如，本书提到的米尔格罗姆、罗斯、赫克曼、班纳吉、斯蒂格利茨等人都是如此。在获得诺贝尔奖后，很多学者都会重新投入他们最初"想做的事情"当中。在技术创新和社会规范不断变化的大背景之下，许多曾经被遗忘的旧概念和旧领域重新焕发了活力，并在知名学者、智库以及顶尖学府的引领下成为研究热点（比如，本书提到的拍卖理论、发展经济学、买方垄断的概念等都是如此）。值得注意的是，以管理学的相关概念为例，便于人们记忆的理论（如哈佛大学的迈克尔·波特教授的五力分析模型、CSV 经营目标等）、发表在管理学类杂志上的理论、畅销科普书中介绍的理论（如"志本经营""双元经营""心理安全"等）更容易引起社会的讨论，成为下一个研究的热点。

第三，研究潮流的兴起还与研究者个人有着很大的关系。教授们个人的人际交往、自身努力以及识人接物的时机都会对某项研究潮流的兴起产生相当大的影响。对于这种影响是否合理，本书暂不讨论。有时，一些顶级明星的个人兴趣和动向会影响政策和舆论，并最终影响整个学术界的发展趋势，这种影响可能会形成一个反向的循环。要提出真正具有影响力的前沿理论并在竞争中脱颖而出，非常重要的是能够处于知识圈的内部，或者在内部讨论中能够占据自己的一席之地（这并不一定意味着必须具有某种头衔）。要进入这个圈子，不仅需要与世界顶尖人士接触，还需要学会积极、切实地推销自己。我曾经采访过的许多研究者都十分忧虑地表示"日本人还没有进入全球学术网络"，其中的缘由似乎就是如此。

第四，在经济学界被认可的研究者不一定在社会认知中也具有很大的影响力。同行间的知名度和评价与社会的知名度和评价之间常常存在着很大的鸿沟。其中并无好坏之分，仅仅是因为立场不同而导致的评价标准不同。然而，有时也会出现在两方都受到推崇的高人，弗里德曼、加里·贝克尔、保罗·克鲁格曼、约瑟夫·斯蒂格利茨等人便是如此。他们在获得诺贝尔经济学奖之后，或在此之前，成功出版了启蒙书籍，并且不局限于获奖领域或个人研究经历（专业性），积极地发表基于自己信念的见解。

　　未来有望成为上述一员的很可能是持续不断地在播客等平台上进行独特且积极的发声的、全球畅销书《魔鬼经济学》的共同作者之一的列维特先生。我在我的上一本书《世界巅峰的管理学教室》中详细介绍过的，同时本书也多次提到的苏珊·阿西女士也在积极地发声。此外，阿西莫格鲁先生也开始面向一般公众积极地发出自己的声音。

　　聆听研究者的声音，观察政策、商业、自媒体达人发布的议题趋势等，我们就能够知道未来可能会对社会产生影响的领域是什么。在我看来，人工智能、气候变化、福祉问题未来仍将是持续讨论的重要议题。

　　我想要对在写作过程中帮助过我的各位研究者和我的同事们表示衷心的感谢。如果没有他们的帮助，仅凭我浅薄的知识难以完成这本书的撰写。日本国内的研究者有赤林英夫先生（庆应义塾大学）、依田高典先生（京都大学）、伊藤秀史先生（早稻田大学）、小野浩先生（一桥大学经营管理研究科）、菊池信之介先生（麻省理工学院博士生）、小岛武仁先生（东京大学）、泽田康幸先生（东京大学）、田中知美女士（Match Group）、古川知志雄先生（横滨国立大学）、森口千晶女士（一桥大学）、安田洋祐先生（大阪大学）等（排名按照姓氏的五十音图顺序）。他们十分慷慨地挤出宝贵的时间，接受了我的采访，还帮助我审校了文章。

　　同时，因为要出版成书，所以需要对过去的采访进行重新编辑。这就需要再次联系每一位以前采访过的教授，取得他们的同意。有些教授已经十几年没有联系了，起初我还感到十分紧张，但从结果上看这是一次非常温馨的经历。保罗·米尔格罗姆教授在很短的时间内就校对了我当时用拙劣的英文撰写的采访内容并给了我反馈意见。此外，约翰·李斯特教授听闻我即将出书立即回复表示"恭喜"，拉古拉迈·拉詹教授向我回复说"谢谢"。达龙·阿西莫格鲁教授也立即同意了，虽然没有将之前的采访内容全部收录在这本书中，但他很愿意再次接受我的采访。同时，阿西莫格鲁教授还将当时尚未出版的最新著作的英文草稿发给我，说"希望能对你有所帮助"。丹尼·罗德里克教授和罗斯教授也非常迅速地同意了。塞勒教授和赫克曼教授尽管非常忙碌，但还是拨冗审阅了包括人物简介在内的英文草稿。特别是赫克曼教授，他还将写满评语的手写 PDF 文件亲自发送给我。

本书访谈部分之外的概要部分的写作还要感谢杰西卡·潘女士（新加坡国立大学）、北村周平先生（大阪大学）、植田健一先生（东京大学），同他们的交流给我带来了非常多的启发。

此外，我在本书中多处引用了"通过采访视频解读世界大脑"直播节目的内容。这是 2020 年新冠疫情期间，我和《日经商业周刊》编辑部（当时的）直播团队一起制作的一档系列节目。这是一个非常耗费精力的节目，因为在采访经济学家和管理学家时，首先要征得他们的同意，然后需要录制视频，之后由我们自己编辑、翻译并添加字幕，最后再以主持人的身份进行解说。尽管现在得益于技术的发展，网络研讨会的现场直播、编辑以及字幕工作已经变得相对简单，但在当时，我们缺乏足够的经验和技术，付出了大量心血。

在这个节目的经济学板块中，我还邀请了多位嘉宾与我一同进行现场解说并展开对谈。除了之前提到的泽田先生（当时是亚洲开发银行首席经济顾问兼经济调查与区域合作局局长）、小岛先生（当时在美国斯坦福大学任教）、田中先生（当时在世界银行任职）外，还有斯科特·科明纳斯先生（美国哈佛大学）、坂井丰贵先生（庆应义塾大学）和今井诚先生（Economics Design Inc.）。此外，我还邀请安田先生（大阪大学）和知名管理学家入山章荣先生（早稻田大学）二位学者来到网络研讨会上，以专业人士的视角对我的上一本书《世界巅峰的管理学教室》进行解读。谢谢他们帮我这个非专业人士进行宣传。

和我一起在晚间进行经济学和管理学在线直播的是我原来的同事细田孝宏先生和大竹刚先生，每一次直播都是在摸索中进行的。当时，我缺乏在公开场合讲话的经验，对此感到不安，因此一直在回避主持人的角色，是细田先生和大竹先生给了我这样一次挑战的机会。

2021 年，我作为项目主管举办了为期 3 天共 9 场的大型网络研讨会——日经商业 LIVE "资本主义的重建与创新复兴"。在经济学主题会议上，小岛先生、埃尔文·罗斯先生（美国斯坦福大学）、理查德·塞勒先生（美国芝加哥大学）、小林庸平先生（三菱 UFJ 研究与咨询）以现场直播的形式发表了演讲，这些发言也被引用在本书中。这次网络研讨会的成功举办离不开新入职的同事藤原明穗先生和兼职员工佐佐木方子女士的大力协助。作为团队成员，除了各种细致的事务和沟通工作，他们还全程陪同我参加了各种工作会议。金东洋先生还承担了与罗斯先生进行协调和撰写剧本的工作。

此外，我的现任（2023 年 4 月）上司、《日经商业周刊》的总编辑矶贝高行先生也对本书的问世给予了最大的支持。还有担任本书编辑的日经 BOOKS 第一编辑部的田口恒雄先生，他向我提出了很多有益的修改建议，并在我遇到困难的时候给予了我很多鼓励。如果没有田口先生等人以及专业的编辑团队的鼎力相助，本书的出版也只能是天方夜谭。本书的内容比最初的计划增加了许多，这也多亏了田口先生，才使我能毫无顾虑地从记者的角度畅谈自己的想法。另外，在此特别感谢设计师新井大辅先生和 Marlin crane 公司。

最后是我个人的一些感慨。这本书得以问世还要感谢我的家人。在三十四五岁生下第一个孩子之前，我长期以来一直是所谓的"独家新闻记者"。在当时的社会环境下，我认为生了孩子之后就无法继续留在一线工作了，因此我一度感到非常绝望。在这种情况下，我只好"被迫地"（实际上是自愿申请）转岗去做了一名学术记者（兼编辑）。这是部门内谁也不愿意做的工作，在这个岗位工作之初我面临着各种困难，但是随着工作的深入，我发现自己的个性非常适合这份工作，渐渐地将其视为终身事业。所以没有我的家人，也就不会有这本书了。

我用我自己的方式搜寻学术新闻，虽然中间也有空档，但我仍持之以恒地追踪各个前沿经济学家所关心的话题和他们的研究动向。有时为了摸清一个新闻，我必须跨越管理学、社会学、心理学，甚至是计算机科学和医学等学科。

正是得益于过往复杂的经历，我才能以自己的价值观和兴趣为中心，找到真正有用的、有趣的知识。不拘泥于某个专业领域，对任何人的任何见解都持开放的态度，这是我作为一名记者的优势。

非常荣幸的是，2023 年春天我成了日本经济产业省下属的政策智库机构——独立行政法人经济产业研究所的一名顾问研究员。未来，我将继续捕捉世界发展动向，持续关注为解决社会问题所进行的各种相关研究。

广野彩子

2023 年 6 月 10 日

注　释

1. "艾斯格鲁伯校长就将伍德罗·威尔逊的名字从公共政策学院和威尔逊学院除名一事发表声明"，普林斯顿大学宣传办公室，2020 年 6 月 27 日。
2. 德内拉·梅多斯，《系统之美：决策者的系统思考》，枝广淳子译，小田理一郎详解，英治出版，2015 年。